Tremp, Thaler (Hrsg.)

DIE PÄDAGOGISCHE
HOCHSCHULE GESTALTEN

Die Pädagogische Hochschule gestalten

Festschrift für Walter Bircher

Herausgegeben von Peter Tremp und Reto Thaler

hep der bildungsverlag
www.hep-verlag.ch

Mit Beiträgen von: Sebastian Brändli, Ivo Brunner, Barbara Fäh, Elisabeth Hardegger Rathgeb, Andreas Hoffmann-Ocon, Hans-Jürg Keller, Bruno Leutwyler, Roger Meier, Michael C. Prusse, Heinz Rhyn, Hans-Rudolf Schärer, Alois Suter, Reto Thaler, Peter Tremp

Peter Tremp, Reto Thaler (Hrsg.)
Die Pädagogische Hochschule gestalten
Festschrift für Walter Bircher
ISBN 978-3-0355-0364-7

Fotos: Alessandro Della Bella, Reto Klink, Mike Krishnatreya, Dieter Seeger
Umschlag und Gestaltung: pooldesign, Zürich

Bibliografische Information der Deutschen Nationalbibliothek: Die Deutsche Nationalbibliothek verzeichnet diese Publikation in der Deutschen Nationalbibliografie; detaillierte bibliografische Daten sind im Internet über http://dnb.dnb.de abrufbar.

1. Auflage 2015
Alle Rechte vorbehalten
© 2015 hep verlag ag, Bern

www.hep-verlag.ch

Inhaltsverzeichnis

VORWORT   7

HOCHSCHULE REALISIEREN   15
    Zur Einleitung
    Peter Tremp

EINEN NEUEN HOCHSCHULTYPUS GESTALTEN   45
    Anmerkungen zur Entwicklung und zur Besonderheit der
    Pädagogischen Hochschulen in der schweizerischen Hochschullandschaft
    Hans-Rudolf Schärer

«UNIQUE SELLING POINT» DER PÄDAGOGISCHEN
HOCHSCHULEN?   63
    Zur Bedeutung der Fachdidaktik
    Michael C. Prusse

PÄDAGOGISCHE HOCHSCHULEN UND
IHRE STANDORTE   89
    Die Lehrerbildung als Teil des Zürcher Schmelztiegels
    Sebastian Brändli

TRINATIONALE HERAUSFORDERUNGEN IN DER
PÄDAGOGINNENBILDUNG   111
    Errichtung einer Bildungswissenschaftlichen Universität
    Vorarlberg als regionaler Lösungsansatz
    Ivo Brunner

BOLOGNA ALS EINSTIEGSHILFE IN DIE NATIONALE
UND INTERNATIONALE HOCHSCHULLANDSCHAFT   141
    Hans-Jürg Keller

KOOPERATION UND DISKURS FÖRDERN 167
Zwanzig Jahre Forum Lehrerinnen- und Lehrerbildung
Heinz Rhyn und Bruno Leutwyler

DIE SGL ALS MITGESTALTERIN PÄDAGOGISCHER HOCHSCHULEN 187
Dynamiken und Grenzen verbandspädagogischer Debatten durch Kongresse und fachinterne Arbeitsgruppen
Andreas Hoffmann-Ocon und Elisabeth Hardegger Rathgeb

PÄDAGOGISCHE HOCHSCHULEN – VOR ALLEM DER LEHRE VERPFLICHTET? 215
Über die Bedeutung des Leistungsbereichs Ausbildung an Pädagogischen Hochschulen
Barbara Fäh

ANGEKOMMEN, ABER NOCH NICHT AM ZIEL 237
Weiterbildung und Forschung als neue Leistungsbereiche in den Institutionen der Lehrerinnen- und Lehrerbildung
Alois Suter und Peter Tremp

VERWALTUNG ZWISCHEN SUPPORT, RAHMENSETZUNG UND EIGENLEBEN 267
Roger Meier

«EINE SOLCHE BERUFLICHE LAUFBAHN LÄSST SICH NICHT IM VORAUS PLANEN» 289
Ein Gespräch mit Walter Bircher
Peter Tremp und Reto Thaler

Verzeichnis der Autorinnen und Autoren 303

Vorwort

Ende 2015 verabschiedet sich Walter Bircher als Rektor der Pädagogischen Hochschule Zürich – nach über dreissigjähriger Tätigkeit in der Zürcher Lehrerinnen- und Lehrerbildung. Als Nachfolger des Gründungsrektors und nach einer Gründungsphase, die stark von Fusionsprozessen und organisatorischen Herausforderungen geprägt war, trug Walter Bircher wesentlich zur Weiterentwicklung der Pädagogischen Hochschule Zürich und des Hochschultyps «Pädagogische Hochschulen» bei.

Walter Bircher ist als Person stark mit der Profession der Lehrberufe verbunden, gleichzeitig an Innovationen und hohen Ansprüchen orientiert. Dies dokumentieren auch die verschiedenen Tätigkeitsfelder, die er in seiner Amtszeit als Rektor der Pädagogischen Hochschule Zürich gepflegt hat.

Mit der vorliegenden Publikation nehmen die Autorinnen und Autoren diese Tätigkeitsfelder auf und beschreiben einige Entwicklungen dieses Hochschultyps und der Pädagogischen Hochschule Zürich – in ihren persönlichen Einschätzungen.

Mit der Einrichtung von Pädagogischen Hochschulen hat sich die Schweizer Lehrerinnen- und Lehrerbildung seit einem guten Jahrzehnt auf Hochschulstufe etabliert – sie bleibt aber gleichzeitig stark von Traditionen geprägt. Damit stellen sich auch weiterhin Herausforderungen der Profilierung dieser Hochschulen im Spannungsfeld von akademischen Ansprüchen und beruflichem Handwerk, von internationaler Orientierung und lokalem Bedarf. Die Diskussion um das Selbstverständnis als Hochschule ist denn auch nach wie vor sehr präsent.

Für *Hans-Rudolf Schärer* («Einen neuen Hochschultypus gestalten – Anmerkungen zur Entwicklung und zur Besonderheit der Pädagogischen Hochschulen in der schweizerischen Hochschullandschaft») ist die Profilierung als eigener Hochschultypus – neben der notwendigen inneren Tertiarisierung – die zentrale aktuelle Herausforderung. In seinem Beitrag lässt er die Entwicklung der Pädagogischen Hochschulen in der Schweiz Revue passieren und erinnert nochmals an damalige (und weitgehend erfüllte) Erwartungen. Eine Besonderheit von Pädagogischen Hochschulen sieht er in einer spezifischen Unternehmenskultur, die sich als «Aufgabenkultur» beschreiben lässt.

Auch *Michael C. Prusse* («‹Unique Selling Point› der Pädagogischen Hochschulen? Zur Bedeutung der Fachdidaktik») thematisiert eine Besonderheit der Pädagogischen Hochschulen: Fachdidaktik wird hier als (mögliches) konstituierendes Element dieses Hochschultypus diskutiert. Dabei weist Prusse darauf hin, dass Fachdidaktik stets sehr unterschiedlich konzipiert wird: beispielsweise, was ihre sprachkulturellen Besonderheiten oder aber ihre Bezugswissenschaften betrifft. Unter dem zusammenfassenden Titel «Vom Aschenputtel zum Profilierungsthema» werden sodann einige Entwicklungen zu einer Professionalisierung der Fachdidaktik in der Schweiz seit den 1990er-Jahren nachgezeichnet.

Die Etablierung von Pädagogischen Hochschulen war nicht zuletzt ein grosser Fusionsprozess und also mit einer enormen Reduktion der Zahl der Ausbildungsstätten, die auf den Lehrberuf vorbereiten, verbunden. *Sebastian Brändli* («Pädagogische Hochschulen und ihre Standorte – Die Lehrerbildung als Teil des Zürcher Schmelztiegels») zeigt anhand zentraler historischer Entwicklungen, wie sich Hochschulen etabliert haben und warum die Lehrerinnen- und Lehrerbildung nie als regionales, überkantonales Hochschulprojekt verstanden wurde. Mit den jetzigen Pädagogischen Hochschulen sei damit allerdings erst ein «vorläufiger» Abschluss geschafft. Eine konsequentere Regionalisierung dürfte bald zu einem notwendigen Diskussionspunkt werden. Gleichzeitig stellen sich damit auch Fragen nach der Zusammenarbeit zwischen den verschiedenen Hochschultypen und nach der Bedeutung des neuen Hochschulförderungs- und -koordinationsgesetzes, mit der – so

Brändli – eine eigentliche «Quadratur des Zirkels» angestrebt wurde.

Wie Hochschulentwicklungen von einer umsichtigen Umschau auf Modelle anderer Länder profitieren können, zeigt *Ivo Brunner* («Trinationale Herausforderungen in der PädagogInnenbildung – Errichtung einer Bildungswissenschaftlichen Universität Vorarlberg als regionaler Lösungsansatz»). Er beschreibt das Projekt einer Bildungswissenschaftlichen Universität Vorarlberg als zukunftsorientierten Lösungsansatz, wobei sich dieses Projekt unter anderem von Erfahrungen in Deutschland, Schottland und der Schweiz inspirieren lässt.

Hans-Jürg Keller («Bologna als Einstiegshilfe in die nationale und internationale Hochschullandschaft») beschreibt die Entwicklung einer weitgehend kantonalen Lehrerinnen- und Lehrerbildung der 1990er-Jahre hin zu Bologna-Studiengängen. Keller selbst hat als Vorsitzender einer Arbeitsgruppe zur Umsetzung der Deklaration von Bologna in der Lehrerinnen- und Lehrerbildung wesentlich zu dieser Entwicklung beigetragen – und damit auch zur schnellen Platzierung der Pädagogischen Hochschulen in der nationalen und internationalen Hochschullandschaft. Und die Pädagogischen Hochschulen dürften sich sogar, so Keller, bei den weiteren Entwicklungen «deutlicher und pointierter vernehmen lassen und sich nicht scheuen, ab und zu auch den Lead zu übernehmen».

Die nächsten beiden Beiträge rücken mit dem «Forum Lehrerinnen- und Lehrerbildung» sowie der «Schweizerischen Gesellschaft für Lehrerinnen- und Lehrerbildung» Einrichtungen ins Zentrum, bei denen Walter Bircher während Jahren eine wichtige Rolle eingenommen hat.

Heinz Rhyn und Bruno Leutwyler («Kooperation und Diskurs fördern – Zwanzig Jahre Forum Lehrerinnen- und Lehrerbildung») berichten über eine inzwischen gut etablierte Austauschplattform für Führungspersonen von Pädagogischen Hochschulen in der Schweiz. Diese Tagungen folgen, so die Autoren, der «Philosophie einer zivilgesellschaftlichen Initiative» und sehen sich damit als Ergänzung zu den offiziellen bildungspolitischen Gremien im Rahmen der COHEP resp. neuerdings der Kammer Pädagogische Hochschulen von swissuniversities. Mit diesem Beitrag dokumentieren Rhyn und Leutwyler die Entstehung und Entwicklung des Forums Lehrerinnen- und Lehrerbildung in seiner «anachronistischen Informalität».

Der Beitrag von *Andreas Hoffmann-Ocon und Elisabeth Hardegger Rathgeb* («Die SGL als Mitgestalterin Pädagogischer Hochschulen – Dynamiken und Grenzen verbandspädagogischer Debatten durch Kongresse und fachinterne Arbeitsgruppen») befasst sich mit der strategischen Ausrichtung der Schweizerischen Gesellschaft für Lehrerinnen- und Lehrerbildung resp. ihrer Vorgängerverbände. Die Gesellschaft hat im Zusammenhang mit der Etablierung von Pädagogischen Hochschulen und damit zusammenhängenden bildungspolitischen Verschiebungen ihre Position und Aufgaben neu finden müssen – und bleibt nicht zuletzt mit ihren Arbeitsgruppen und im Rahmen der Konferenz der Hochschuldozierenden bedeutsamer Akteur.

Die drei folgenden Beiträge sind je von einem Mitglied der Hochschulleitung der PH Zürich verfasst. Sie halten grundsätzliche Überlegungen zu den von ihnen verantworteten Leistungsbereichen fest.

Barbara Fäh («Pädagogische Hochschulen – Vor allem der Lehre verpflichtet? Über die Bedeutung des Leistungsbereichs Ausbildung an Pädagogischen Hochschulen») zeigt – ausgehend von professionstheoretischen Überlegungen – zentrale Referenzüberlegungen der Studiengänge der Pädagogischen Hochschule Zürich und damit die unterschiedlichen Logiken von Studium und Berufspraxis oder Hochschule und Bildungsverwaltung. Diskutiert wird zudem die Herausforderung, Forschung und Lehre zu verbinden. Als mögliche Antwort werden «organisationale Netzwerke» vorgeschlagen, um «die strukturelle Verbindung von Forschenden, Lehrenden, Praktikerinnen und Praktikern produktiv» zu nutzen.

{VORWORT}

Mit der Gründung von Pädagogischen Hochschulen sind Forschung und Weiterbildung in die Institutionen der Lehrerinnen- und Lehrerbildung integriert worden. *Alois Suter und Peter Tremp* («Angekommen, aber noch nicht am Ziel – Weiterbildung und Forschung als neue Leistungsbereiche in den Institutionen der Lehrerinnen- und Lehrerbildung») beschreiben einige Entwicklungen an der Pädagogischen Hochschule Zürich, welche in ihrer kurzen Geschichte bereits unterschiedliche Organisationsformen erprobt hat. Diskutiert werden einige Spannungsfelder und Herausforderungen, zu denen insbesondere auch Fragen der akademischen Personalentwicklung und der Berufslaufbahnen gehören.

Die Verwaltungen an Pädagogischen Hochschulen und Fachhochschulen haben seit Beginn eine bedeutende Rolle gespielt und prägen stark die Struktur der Hochschulen. Damit ist aber auch die Frage verbunden, wie viel Verwaltung eine Hochschule erträgt, welches die adäquate Stellung einer Verwaltung im Gefüge einer Hochschule ist und wie viel «kreative Unorganisiertheit» für eine Hochschule notwendig ist. Der Beitrag von *Roger Meier* («Verwaltung zwischen Support, Rahmensetzung und Eigenleben») plädiert für eine fruchtbare Zusammenarbeit, indem – auf Basis des gegenseitigen Respekts und der Akzeptanz, dass die verschiedenen Organisationseinheiten unterschiedliche Funktionen und Berechtigung haben – das Miteinander gepflegt wird.

Abschliessend lassen wir Walter Bircher zu Wort kommen: In einem Interview hat er uns Auskunft gegeben über seine Berufsbiografie, seine Zielsetzungen als Rektor oder die persönliche Einschätzung seiner Leistungen. Mit Walter Bircher verabschiedet sich nicht irgendein Rektor von unserer Hochschule, sondern einer, der mit seiner eigenen Berufsbiografie einen besonderen Typus «Lehrerbildner» repräsentiert – ein Typus, der im Wechsel von Lehrerbildungsseminaren zu Pädagogischen Hochschulen allmählich im Verschwinden begriffen ist.

Die Autorinnen und Autoren der Beiträge standen in den letzten Jahren mit Walter Bircher in unterschiedlichen beruflichen Kontakten. Mit ihren Texten danken sie Walter Bircher für seine Arbeit und die Zusammenarbeit.

Insgesamt werden mit den in dieser Publikation versammelten Beiträgen auch Entwicklungen thematisiert, die gerade in der hektischen, stark von Fusions- und Organisationsfragen bestimmten Aufbauphase der Pädagogischen Hochschule Zürich bisher kaum dokumentiert und bearbeitet sind. Insofern ist diese Publikation auch ein Beitrag zur Geschichte dieser Hochschule.

Wir bedanken uns bei allen Personen, die zu dieser Publikation beigetragen haben.

Insbesondere bedanken wir uns bei Nora Heinicke und Kay Janina Hefti für die sorgfältige Lektoratsarbeit sowie die immer zuvorkommende und unkomplizierte Zusammenarbeit.

Wir bedanken uns bei Robert Fuchs für die anfängliche Begleitung dieser Publikation und bei Reto Klink, Leiter Kommunikation der PH Zürich und damit Hüter des Fotoarchivs unserer Hochschule, für die Bildauswahl.

Und wir danken sehr herzlich allen Autorinnen und Autoren für ihre Bereitschaft, mit einem Beitrag diese Publikation überhaupt ermöglicht zu haben.

Peter Tremp und Reto Thaler
Zürich, im Dezember 2015

Hochschule realisieren

Zur Einleitung

Peter Tremp

Mit der Einrichtung von Pädagogischen Hochschulen hat sich die Lehrerinnen- und Lehrerbildung auf Hochschulstufe etabliert. Wie lässt sich eine Hochschule für die Lehrerinnen- und Lehrerbildung realisieren, worin zeigt sich «Hochschulförmigkeit»? Inwiefern wurden die Eröffnung der Pädagogischen Hochschule Zürich und die folgenden «Gründungs-» resp. «Hochschultage» als Gelegenheiten genutzt, den Hochschulcharakter zu betonen? Welche Bedeutung hatte der Umzug in den neuen Campus? Und wie lässt sich vermeiden, «Hochschule» lediglich als Übernahme oberflächlicher Zeichen zu inszenieren?

Die Pädagogische Hochschule Zürich kennt erst eine kurze Geschichte. Mit Walter Bircher verabschiedet sich Ende 2015 der zweite Rektor dieser Hochschule. Wesentliche Aufgabe seiner Amtszeit war es – nach der Gründungsphase und der Fusion vorangehender Einrichtungen der Lehrerinnen- und Lehrerbildung –, die Hochschule weiterzuentwickeln und also ein Selbstverständnis als Hochschule zu gewinnen und die Pädagogische Hochschule in der Hochschulwelt zu etablieren.

«Magnifizenz!», so lautet die traditionelle Anrede für Universitätsrektoren – wenn diese auch heute nur mehr selten gebraucht wird. Ein Rektor oder eine Rektorin einer Schweizer Pädagogischen Hochschule wird wohl kaum noch jemals mit diesem Ehrentitel angesprochen worden sein.

Und auch auf eine Insignie müssen sie verzichten: Ihnen wird zu Amtsbeginn keine Rektorenkette in feierlicher Art übergeben, die sie dann zu wichtigen Anlässen – insbesondere zum Dies academicus – tragen dürfen. Diese Rektorenkette – sie ist kein globales Phänomen, sondern hauptsächlich an deutschsprachigen Universitäten und auch dort erst in den letzten 200 Jahren verbreitet (vgl. Stemmler 2002) – wird an einigen Universitäten geradezu als Zeichen der Amtswürde inszeniert.

Während beispielsweise bereits die frisch gegründete Humboldt-Universität zu Berlin 1810 beschlossen hatte, «der Rektor sollte eine ‹doppelt schwere Kette› mit dem Bild des Königs auf einer Medaille bei feierlichen Gelegenheiten und bei Hofe tragen» (Stemmler 2002, 56), und später in §45 der Statuten festhielt: «Seine [des Rektors] Amtskleidung besteht in einem gewöhnlichen schwarzen Staatskleide, gleichen Unterkleidern, einer goldenen Halskette mit Unserem Brustbildnisse und, wenn er nicht von der theologischen Fakultät ist, in stählernem Degen mit weisser Scheide» (Koch 1839, 50), so musste der Rektor der Universität Zürich lange auf diese Insignie warten. Die Rektorenkette wurde zum Anlass des 125-jährigen Jubiläums der Universität von einem Mitglied des Zürcher Hochschulvereins gestiftet. «Durch dieses hochherzige Geschenk», so schreibt der damalige Rektor im Jahresbericht 1957/1958, «tritt die Universität Zürich als letzte unter den schweizerischen Universitäten in den Kreis derjenigen ein, welche ihren Rektor zu festlich-akademischen Anlässen im Schmuck dieser durch hohen Bürgersinn gestifteten Kette entsenden. [...] Möge jeder, der die Kette trägt, der Verantwortung seines hohen Amtes bewusst sein.» (Universität Zürich 1957/1958, 26).

Also (zumindest vorerst): Weder die Anrede «Magnifizenz» noch eine Rektorenkette für den Rektor der Pädagogischen Hochschule Zürich. Und auch kein Hochschulsiegel, keine Porträtgalerie im Flur. Vielleicht kann eine Hochschule gut auf diese äusserlichen Zeichen verzichten, zumal inszenierte Praktiken ohne akademische Leistungen der Hochschule und zugeschriebene Reputation lächerlich wirken würden. Dennoch: Wie lässt sich die Zugehörigkeit zum Typus der Hochschulen verdeutlichen?

1. Was sind Hochschulen?

Hochschulen werden in sehr unterschiedlichen Formen realisiert. Entsprechend schwierig ist es, zu bestimmen, was eigentlich eine «Hochschule» ausmacht. Diese Vielfalt zeigt sich nicht nur in der historischen Übersicht, sondern bereits bei einem Blick über die Landesgrenzen hinweg.

1.1 Hochschulwerte – Hochschulfunktionen

Die Besonderheiten der Hochschulen können beispielsweise in einer bestimmten Wertorientierung gesehen werden. So hat Ronald Barnett (1990, 8) versucht, «Higher Education» durch eine Reihe von Ideen und Werten zu definieren, die seiner Ansicht nach traditionell zur Hochschulbildung gehören. Dazu zählt er:

1. *The pursuit of truth and objective knowledge;*
2. *Research;*
3. *Liberal education;*
4. *Institutional autonomy;*
5. *Academic freedom;*
6. *A neutral and open forum for debate;*

7. *Rationality;*
8. *The development of the student's critical abilities;*
9. *The development of the student's autonomy;*
10. *The student's character formation;*
11. *Providing a critical centre within society;*
12. *Preserving society's intellectual culture.*

Solche umfassenden Wertefächer dokumentieren zum einen die Schwierigkeit, die Besonderheiten der Hochschulen zu verdeutlichen, sie betonen aber gleichzeitig eine immer wieder unterstellte deutliche Grenzziehung zwischen Schulen und Hochschulen.

Diese Grenzziehung zwischen Schule und Hochschule resp. Universität war in früheren Zeiten vor allem durch universitäre Rechte und Privilegien definiert. Rudolf Stichweh hat darauf hingewiesen, dass diese Grenzziehung für die frühe Neuzeit undeutlicher war, und «dort, wo wir Grenzziehungen von Schule und Universität finden, erfolgen sie nicht primär in curricularen, sondern in rechtlichen, politischen und institutionellen Termini» (Stichweh 2013, 170). So heisst es beispielsweise im «Zedler Universal-Lexicon» unter dem Lemma «Universität, Academie, hohe Schule»:

> *Eine Universität bedeutet eigentlich ein Collegium oder Corpus von Lehrenden und Lernenden, welche gleichsam eine eigene Republik unter sich machen, ihre eigne Jurisdiktion und Gesetze haben, von niemand als des höchsten Landes-Obrigkeit, dependieren, und die Ehren-Grade aller Facultäten denen Candidaten conferieren können.* (Band 49, Spalte 1771)

Zur Universität als traditionellem Hochschultypus gehört damit insbesondere die Berechtigung, akademische Grade zu verleihen, die universell gelten (vgl. Frijhoff 1996, 67).

Gerade das fehlende Recht, einen Doktortitel zu verleihen – den höchsten akademischen Grad –, ist ein zentrales Unterscheidungsmerkmal zwischen den Schweizer Pädagogischen Hochschulen und Fachhochschulen einerseits und den Universitäten andererseits. «Seit dem Mittelalter ist das ius promotionis (Promotionsrecht) eines der wichtigsten Privilegien und Merkmale der Universität. [...] Es ist daher nicht erstaunlich, dass diese ihr entscheidendes Monopol mit aller Kraft verteidigen» (van Ditzhuyzen 2008, 45). Insofern kann die stete Forderung nach dem Promotionsrecht auch als Teil der Hochschulinszenierung verstanden werden. Hier wird zwar die Distinktion zwischen den Hochschultypen immer wieder gezeigt, aber gleichzeitig die Zugehörigkeit zum *gemeinsamen Hochschulraum* betont.

Andere Versuche, Besonderheiten von Hochschulen zu bestimmen, gehen dahin, diese als Kombination von Aufgaben und Leistungen zu beschreiben. So hat vor einigen Jahren der deutsche Wissenschaftsrat dieses Leistungsspektrum in vier Felder gegliedert (vgl. Wissenschaftsrat 2010, 17–18). Hochschulen erbringen demnach Leistungen für

— Individuen:
   Hochschulen sind Orte der Bildung und Ausbildung, der Zertifizierung von Qualifikationen und der Ermöglichung von Berufslaufbahnen.
— spezifische Gesellschaftsbereiche:
   Hochschulen sind Orte der Qualifizierung und Weiterbildung für wissenschaftsgestützte Berufsfelder, der Dienstleistung für öffentliche Aufgaben und ein Antrieb für soziale Transformationsprozesse.
— die Gesamtgesellschaft:
   Hochschulen sind Orte intellektueller Freiheit und Reflexion in einer pluralen Gesellschaft, ein Wissensspeicher mit universalem Anspruch.

— das Wissenschaftssystem:
Hochschulen sind Orte der systematischen wissenschaftlichen Erkenntnis(-suche), der Weiterentwicklung der Disziplinen und organisatorischer Kern von Expertenkulturen.

Die Besonderheit liegt dann gerade in der spezifischen Kombination von Funktionen resp. Leistungen. Zentraler Kern ist dabei die Verknüpfung von Forschung und Lehre: Hochschulen sind nicht lediglich Bildungseinrichtungen, nicht lediglich Forschungsinstitute, sondern eben beides gleichzeitig. Dieses Konzept ist modern und beschreibt insbesondere das Programm der Universität der letzten 200 Jahre (vgl. Tremp 2011). Diese moderne Universität – in ihrer idealistischen Version – akzentuiert in Abgrenzung zur vertikal gegliederten alten Universität eine horizontale Struktur, indem nun über die Forschung eine gemeinsame Ausrichtung von Universitätslehrenden und Studierenden erfolgt. Damit rückt die funktionale Differenz zwischen Professoren bzw. Professorinnen und Studierenden in den Hintergrund, der Professor bzw. die Professorin verabschiedet sich – jedenfalls programmatisch – vom Lehrenden (vgl. Olbertz 1997). Das Verhältnis von Lehrpersonen und Lernenden ist hier realisiert als *scientific community:* Professoren bzw. Professorinnen und Studierende unterscheiden sich in diesem Konzept also nicht prinzipiell, sondern graduell, Studierende werden bereits als Forscherinnen und Forscher wahrgenommen. An die Stelle der Tradierung, oder besser vielleicht in Ergänzung zur Tradierung und Auslegung, tritt der Anspruch, neues Wissen durch Forschung zu generieren.

Das ist das Programm, das sich traditionell hinter der idealistischen Formel einer Verknüpfung von Forschung und Lehre versteckt. Und weil wir es bei Wissenschaft mit einem «noch nicht ganz aufgelösten Problem» (Humboldt 1964/1810, 256) zu tun haben, gibt es streng genommen auch keinen Endpunkt des Studiums, der sich inhaltlich begründen liesse. Vielmehr geht das

Studium in eine Grundhaltung über, die als *forschende Haltung* bezeichnet werden kann. Diese forschende Haltung wird vorbildlich durch den Professor bzw. die Professorin personifiziert. Lehre ist hier eigentlich ein Teil der Forschung: In der Lehre wird Wissenschaft öffentlich, diskutiert und damit auch (mindestens teilweise) validiert. Die notwendige Voraussetzung ist damit eine Forschungskompetenz.

Auch hier wird die Universität in grundsätzlicher Differenz zur Schule – und damit nicht als *höhere Schule* – konzipiert. Hier ist auch kein «Lehrer» mehr vorgesehen, weil eben die Universität keine Schule ist. Die prägnanten Formulierungen von Wilhelm von Humboldt machen auf eine bedeutsame Differenz aufmerksam, indem er im «Königsberger Schulplan» drei Stufen unterscheidet:

> *Es gibt, philosophisch genommen, nur drei Stadien des Unterrichts: Elementarunterricht – Schulunterricht – Universitätsunterricht. [...] Wenn also der Elementarunterricht den Lehrer erst möglich macht, so wird er durch den Schulunterricht entbehrlich. Darum ist auch der Universitätslehrer nicht mehr Lehrer, der Studierende nicht mehr Lernender, sondern dieser forscht selbst, und der Professor leitet seine Forschung und unterstützt ihn darin.* (Humboldt 1964/1809, 169–170)

Zwar steckt hinter diesem Postulat einer Verknüpfung von Forschung und Lehre, das in seiner traditionellen Realisierung an bestimmte Rahmenbedingungen geknüpft ist, auch eine *universitäre Vergleichsfalle*, gleichwohl bleibt diese Verknüpfung für die Pädagogischen Hochschulen auch ein gutes Jahrzehnt nach ihrer Etablierung eine besondere Herausforderung. Dabei sind es insbesondere zwei Hindernisse, die hier bedeutsam sind: zum einen das überaus geringe Forschungsvolumen der Pädagogischen Hochschulen, zum anderen die Forschungsqualifizierung ihrer Dozierenden.

1.2 Glücksfall Bologna-Reform

Die Diskussion um die *Idee der Universität* wird seit knapp zwei Jahrzehnten durch europäische Abkommen – insbesondere die Bologna-Deklaration – bestimmt. Diese wurde 1999 zu einem Zeitpunkt unterzeichnet, als die verschiedenen Kantone in der Schweiz ihre konkretisierende Planung der Pädagogischen Hochschulen gerade aufnahmen – und entsprechend anstehende Entwicklungen frühzeitig berücksichtigen konnten. Allerdings: Damit sind insbesondere Fragen zu Studium und Lehre thematisiert, kaum aber die Hochschule in ihrer Breite der Funktionen und Leistungen (vgl. den Beitrag von Hans-Jürg Keller in diesem Band).

Die Umsetzung der Bologna-Reform in der Schweiz verbindet verschiedene Elemente, die sich nur teilweise aus der eigentlichen Deklaration ableiten lassen. Diese über die Deklaration hinaus in die Reform einfliessenden Aspekte können als Ausdruck einer veränderten Konzeption von Hochschulstudiengängen verstanden werden, wie sie typisch ist für das ausgehende 20. Jahrhundert.

Bologna-Studiengänge zeichnen sich aus durch (vgl. dazu Tremp u. Hildbrand 2015):

— Lernprozess- und Kompetenzorientierung:
Das Bologna-Modell nimmt in seiner lerntheoretischen Fundierung Bezug auf Grundsätze, die inhaltlich auf Erkenntnissen der Hochschuldidaktik basieren und auch Erfahrungen aus der Mobilitätsförderung berücksichtigen. Zentral sind die Perspektive der Studierenden, das heisst des lernenden Subjekts (Studentin/Student), und die Perspektive der durch das Studium qualifizierten akademischen Person (Absolventin/Absolvent). Diese Perspektiven stellen durchaus andere und teilweise auch neue Anforderungen sowohl an die Definition und an die Ziele des Curriculums als auch an die Dokumentation des Bildungsprozesses und des Bildungsergebnisses; und selbstverständlich müssen auch die Dozierenden für sich und ihre Aufgaben ein neues Selbstverständnis entwickeln.

— Stufung und Modularisierung:
Mit dem Bologna-Modell wird für den tertiären Bildungsbereich auch in der Schweiz eine formale Unterteilung geschaffen, die *fachunabhängig* und für alle Hochschultypen gelten soll: Ein erster Abschluss ist nach drei bis vier Jahren bzw. mit insgesamt 180 ECTS-Punkten (Bachelor) vorgesehen, ein zweiter Abschluss nach weiteren eineinhalb bis zwei Jahren bzw. mit 90 oder 120 ECTS-Punkten (Master; einzige Ausnahme: Medizin).
Bologna-Prozess und Modularisierung werden zwar oft in einem Atemzug genannt, doch von Modularisierung ist in der Erklärung von Bologna (1999) und in den Kommuniqués der Folgekonferenzen nichts zu lesen, jedenfalls ist Modularisierung der Hochschulbildung nicht explizit gefordert. Entsprechend findet sich kein europäisches Referenzdokument dazu. Dass sich das Konzept der Modularisierung dennoch im Zusammenhang mit der Bologna-Reform weitgehend durchgesetzt hat, wenn auch von Land zu Land verschieden interpretiert (vgl. Keller 2006), dürfte mit der Bologna-Forderung zur Verwendung eines Kreditpunktesystems zusammenhängen.
— Unterstützende Instrumente:
Der entstehende europäische Hochschulraum hat Instrumente geschaffen, welche die *Harmonisierung durch einen gemeinsamen Themenhorizont* unterstützen. Solche Instrumente sind:
  - Einführung des Aspekts des Student Workload;
  - Einführung des ECTS, auch als akkumulatives Kreditpunktesystem;
  - Definition der Studienstufen durch ECTS-Kreditpunkte;
  - Dokumentation der Studienleistungen im Transcript of Records;
  - Dokumentation des Bildungssystems im Diploma Supplement;

- Präzisierung der Studienstufen durch einen europäischen Referenzrahmen und darauf bezogene nationale Qualifikationsrahmen;
- Einführung des Learning Agreement zur Begleitung des Mobilitätsstudiums.

Inhaltlich ist mit der Bologna-Reform insbesondere die Frage der Verbindung von Hochschule und Arbeitswelt zu einem zentralen Diskussionsfeld geworden: *Employability* wird zu einer der gemeinsamen Fragen des europäischen Hochschulraums. Während die Fachhochschulen von Anfang an diesen Berufsbezug stark betonen und die Pädagogischen Hochschulen aus der Tradition der Lehrerinnen- und Lehrerbildung mit einer traditionellen Antwort aufwarten können, sind die Universitäten gerade in ihren geistes- und sozialwissenschaftlichen Studiengängen herausgefordert. Insgesamt findet – trotz aller abgrenzenden Rhetorik – nicht zuletzt durch diese Frage nach der Berufsrelevanz der Studiengänge eine leichte Annäherung zwischen den drei Schweizer Hochschultypen statt.

Die Bologna-Reform ist insofern zum Glücksfall für die Pädagogischen Hochschulen geworden, weil diese sich mit der Übernahme der Konzepte und Instrumente gleichzeitig in den europäischen als auch in den Schweizer Hochschulraum eingliedern konnten. Unterstrichen wurde diese Integration beispielsweise durch die Mitarbeit von Vertreterinnen und Vertretern der Pädagogischen Hochschulen bei Absprachen zur Gestaltung des «europäisierten» Hochschulraums Schweiz oder durch die Einrichtung von *International Offices*, welche den traditionellen lokalen Bezug der Lehrerinnen- und Lehrerbildung erweitern. Und nicht zuletzt wurde diese Einbindung in die Hochschulwelt betont durch die souveräne Verwendung der «Bologna-Begriffe» von Anfang an.

Die verschiedenen Versuche, «Hochschulförmigkeit» zu definieren – wie dies für den Leistungsbereich Lehre und Studium in den letzten Jahren weitgehend durch die Bologna-Reform geschehen ist –, sind auch immer wieder wichtige Anstösse für die Diskussion an Pädagogischen Hochschulen und über Pädagogische Hochschulen gewesen. Hier war bald der Tenor einer notwendigen «inneren Tertiarisierung» (Forneck 2009) bestimmend, nachdem sich die Einrichtungen der Lehrerinnen- und Lehrerbildung dank gesetzlich verankertem vierfachem Leistungsauftrag neu positioniert hatten. «Innere Tertiarisierung» meint insbesondere auch die Beteiligung an der «internationalen Wissensproduktion und -distribution» (a. a. O., 208) und damit auch eine stärkere Disziplinorientierung mit Berücksichtigung disziplinärer Logiken. Als Ausdruck einer inneren Tertiarisierung könnten allerdings auch «kleine Praktiken» gesehen werden, welche als «typisch» hochschulisch gelten und sich beispielsweise in Kommunikations- und Interaktionsmustern ausdrücken können.

2. Eröffnung – Gründungstage – Hochschultage

Eine Hochschule misst sich in erster Linie an akademischen Leistungen in Forschung und Lehre. Entsprechend muss eine Struktur etabliert werden, um hervorragende Leistungen zu ermöglichen. Die Pädagogische Hochschule Zürich hat unterschiedliche Strukturen und Formen erprobt, um geeignete akademische Rahmenbedingungen zu schaffen. Und sie hat immer wieder den Austausch mit anderen Hochschulen und akademischen Kolleginnen und Kollegen gesucht, um sich weiterzuentwickeln und den erweiterten Ansprüchen gerecht zu werden (vgl. die Beiträge von Barbara Fäh, Alois Suter und Roger Meier in diesem Band).

Neben dieser Fokussierung auf akademische Leistungen können auch ausgewählte Anlässe genutzt werden, um den Hochschulcharakter zu betonen. So gehören beispielsweise Feierlichkeiten rund um eine Hochschulgründung zu diesen «Makroriten» (Bretschneider u. Pasternack 1999): Es sind Gelegenheiten, sich darzustellen und die eigenen Absichten zu explizieren – und so die Zugehörigkeit zur Hochschulwelt zu unterstreichen. Wie hat die Pädagogische Hochschule Zürich diesen Gründungsakt vollzogen?

Der eigentliche Festakt fand am Donnerstag, dem 3. Oktober 2002, im Zürcher Schauspielhaus statt. Vorangegangen war eine Pressekonferenz, bei welcher neben den Mitgliedern der Schulleitung der damalige Regierungspräsident und Bildungsdirektor Ernst Buschor sowie die Rektoren der Universität und ETH Zürich, Hans Weder und Konrad Osterwalder, anwesend waren. Zusammen mit dem Gründungsrektor der Pädagogischen Hochschule Zürich, Walter Furrer, informierten sie insbesondere über das neu eingerichtete «Zürcher Hochschulinstitut für Schulpädagogik und Fachdidaktik», welches damit als gemeinsames Hochschulinstitut präsentiert wurde.

Für den Festakt im Schauspielhaus hatten sich insgesamt 587 Personen angemeldet. Walter Furrer stellte an den Anfang seiner Rede die Frage: «Wie gründet man eine Hochschule?» Dabei verwies er insbesondere auf einige organisatorische Anstrengungen bei der Überführung aus den bisherigen Einrichtungen und betonte die hauptsächlichen Leistungen der einzelnen (neuen) Organisationseinheiten. Während er mit dem Stichwort «Bologna» zwar implizit an einer Stelle auf die Einbindung ins Hochschulsystem verwies, bezeichnete er die Gründung einer Hochschule dennoch hauptsächlich als organisatorischen Kraftakt.

Neben dem Gründungsrektor sprachen der Bildungsdirektor Ernst Buschor sowie die Kantonsrätin Esther Guyer, während Studierende der damaligen HMT (Hochschule für Musik und Theater; unter der Leitung von Peter Danzeisen) Studienübungen für Schauspielschülerinnen und -schüler zeigten.

Das anschliessende Mittagessen mit einer Reihe von Grussworten und Kurzansprachen fand an der Rämistrasse 59 und damit im eigentlichen Hauptgebäude der PH Zürich statt – mit Gästen aus Politik und Hochschulen, Vertretungen von Berufsfachschul- und Mittelschulrektorinnen und -rektoren und Schulpflegen – und den Mitarbeitenden der Pädagogischen Hochschule Zürich.

In der Folge wurde mit dem sogenannten «Gründungstag» jährlich an die Eröffnung der Pädagogischen Hochschule Zürich erinnert. Der erste Gründungstag fand 2003 in der Aula des Hauptgebäudes der PH Zürich statt: Im Zentrum stand die Bauübergabe der renovierten und umgebauten Häuser «Turnegg» und «Zum Vorderen Florhof» sowie des neuen Pavillons. Die Hauptreferate hielten die Architektin Tilla Theus («Architektur und Pädagogik im Wechselspiel») und Kantonsbaumeister Stefan Bitterli («Hochschulstandort Zürich – bereit für das 21. Jahrhundert»).

An den Gründungstagen 2004 und 2005 wurden «Innensichten» präsentiert und damit ein erstes Fazit der Eröffnungsjahre: Barbara Zumsteg referierte unter dem Titel «Polaritäten in der Entwicklung zur Hochschule – eine Innensicht» neun Auffälligkeiten, die ihr «in der täglichen Arbeit zu- und eingefallen sind». Dabei ging es hauptsächlich um Fragen von Lehre und Studium und implizit auch immer wieder um den Hochschulcharakter. Im Schlussabschnitt nahm Barbara Zumsteg diese Frage explizit auf:

Auch die etwas angestrengt wirkende Positionierung als Hochschule und die verkrampfte Beziehung zur grossen Schwester Universität, das Auflisten möglichst vieler Nachdiplomstudiengänge und wohlklingender Master- und anderer Titel werden relativiert, wenn wir weniger das Etikett Hochschule pflegen und dafür weit erkennbar und anerkannt die hohe Schule der Lehrerinnen- und Lehrerbildung betreiben.

Regula Julia Leemann thematisierte in ihrer Rede 2005 unter dem Titel «Forschung und Entwicklung an der Pädagogischen Hochschule Zürich: Mauerblümchen, Orchidee oder Blumenwiese für alle?!» hauptsächlich den Leistungsbereich Forschung und Entwicklung. Sie fragte: «Was sind die Gründe dafür, dass wir uns an der PHZH noch kaum auf den Weg gemacht haben, von der seminaristischen Ausbildung weg in Richtung Hochschule zu gehen?» Weiter bemängelte sie, dass Forschung und Entwicklung «noch nicht Teil der Ausbildungskultur» geworden seien und dass es keine Hinweise gebe, dass sich eine Forschungskultur entwickle. Sie plädierte insbesondere für eine stärkere Integration aller Dozierenden in die Forschung – und damit für andere Beschäftigungsstrukturen.

Die Innensichten waren also in den Anfangsjahren stark geprägt von der Frage, wie es gelingt, Hochschule zu realisieren. Es waren hauptsächlich Fragen des Übergangs, keine Hochglanz-Antworten für das Publikum aus anderen Hochschulen. Auch an den weiteren Gründungstagen waren es hauptsächlich Referentinnen und Referenten aus der eigenen Hochschule, die über Entwicklungen in bestimmten Organisationseinheiten berichteten. Zwar wurden gelegentlich auch externe Referierende eingeladen, doch insgesamt entsteht der Eindruck, dass diese Gründungstage stark intern und lokal geprägt waren. Damit entsprach die Pädagogische Hochschule einer verbreiteten Erwartung, für lokale Interessen eingerichtet zu sein, sie verpasste aber gleichzeitig die Möglichkeit, zu zeigen, dass Wissenschaft und Hochschulen auf internationale Anschlüsse angewiesen sind.

Diese lokale Ausrichtung wird unterstrichen durch die Vergabe des Bildungspreises, der gemeinsam von der Pädagogischen Hochschule Zürich und der Stiftung Pestalozzianum seit 2005 vergeben wird. Der Preis orientiert sich an bestimmten Kriterien, die unterschiedlich gewichtet werden:

- *Engagement, das sich nicht primär an pekuniären Zielen oder unternehmerischen Interessen orientiert,*
- *Einzigartigkeit der geförderten Projekte und Vorhaben,*

- *Relevanz für die Nutzerinnen und Nutzer öffentlicher Bildungseinrichtungen,*
- *Verbreitung und Bekanntheit der unterstützten Projekte und gewonnenen Erkenntnisse in Institutionen und Medien,*
- *Orientierung an den Prinzipien nachhaltiger Entwicklung.* (Stiftung Pestalozzianum o. J.)

Der Bildungspreis setzt also nicht auf forschungs- resp. erkenntnisorientierte Leistungen, sondern insbesondere auf Engagement und öffentlichen Nutzen. Der Bildungspreis kann als Pendant für die traditionell bei solchen Anlässen vergebenen Ehrenpromotionen verstanden werden, mit denen sich die Universitäten seit dem 19. Jahrhundert mit dem Glanz der ausgezeichneten Personen schmücken – und er ist in der inhaltlichen Ausrichtung gleichzeitig ein Statement der Hochschule.

Die bisherigen Preisträgerinnen und Preisträger mit den Begründungen der Jury

2005   Klaus J. Jacobs, in Anerkennung seiner herausragenden und vorbildlichen Verdienste um die Förderung der öffentlichen Bildung im Kanton Zürich, in der Schweiz und international.

2006   Remo H. Largo, in Anerkennung seiner herausragenden und vorbildlichen Verdienste um die Förderung der öffentlichen Bildung im Kanton Zürich, in der Schweiz und international.

2007   Deborah Meier, in Anerkennung ihrer herausragenden und vorbildlichen Verdienste im Bereich der Demokratisierung und in der öffentlichen Bildung.

2008   Branco Weiss, in Anerkennung seiner herausragenden und vorbildlichen Verdienste um die Förderung von Innovation und Wissenstransfer in Bildung, Wissenschaft und Kultur.

2009   Daniela Rüdisüli Sodjah, in Anerkennung ihrer herausragenden und vorbildlichen Verdienste um die nachhaltige Reintegration von Strassenkindern in die Gesellschaft Ghanas.

2010   Werner Schmitt, in Anerkennung seiner herausragenden und vorbildlichen Verdienste um die Förderung der Künste in Schulen sowie seines Engagements für eine ganzheitliche Bildung.

2011   Kurt Bannwart, in Anerkennung seines kontinuierlichen Engagements bei der Initiierung, Förderung und Umsetzung von Schulentwicklungsprojekten und Reformen im Schulfeld.

2012   Nicht verliehen.

2013   Emil Wettstein, in Anerkennung seines kontinuierlichen Engagements, seiner Innovationskraft und seiner verdienstvollen Impulse für die schweizerische Berufsbildungslandschaft.

2014   Ellen Ringier, in Anerkennung ihres nachhaltigen Engagements an der Nahtstelle Schule–Elternhaus und für ihre gesellschaftlichen und erzieherischen Anliegen.

Der Gründungstag lehnte sich zwar stark an die Tradition des Dies academicus an, vermied aber die traditionell universitäre Begrifflichkeit. Mit dem Umzug in den Campus, zum zehnjährigen Jubiläum der Pädagogischen Hochschule Zürich, wurde dieser Anlass dann in «Hochschultag» umbenannt. Auf diesen Namenswechsel spielte auch die Regierungsrätin Regine Aeppli in ihrer Ansprache an: «Die PHZH hat nun ihre Gründungsphase abgeschlossen und den bisher als Gründungstag bezeichneten ‹Dies paedagogicus›, wenn ich so sagen darf, durch den Hochschultag ersetzt, der heute zum ersten Mal und in nigelnagelneuer Umgebung gefeiert wird» (Aeppli 2012).

3. Der Campus als räumliche Inszenierung der Hochschule

Hochschulen, die aus Vorgängereinrichtungen hervorgehen und diesen Übergang mit dem bisherigen Personal und in den bisherigen Räumlichkeiten bewerkstelligen wollen, sind insbesondere mit der Herausforderung konfrontiert, das Neue zeigen und erfahrbar machen zu können. Die Pädagogische Hochschule Zürich bezog in den ersten Jahren einige Gebäude, die vorher von anderen Bildungseinrichtungen benutzt wurden. Sie konnte sich damit in das bestehende Hochschulquartier eingliedern, was half, den Hochschulcharakter zu unterstreichen. Gleichwohl blieb die Hochschule insgesamt auf viele Gebäude und über die ganze Stadt verteilt.

Der Umzug in den Campus an der Europaallee bot der Pädagogischen Hochschule Zürich dann eine gute Gelegenheit, diesen Übergang zur Hochschule – mit zehnjähriger Verzögerung – erneut zu verdeutlichen und gewissermassen den Vorläufergeist definitiv in den bisherigen Gebäuden zurückzulassen. Dieser Umzug in den Campus ist dann wohl auch das sichtbarste äusserliche Zeichen der Hochschulentwicklung in der *zweiten Phase* der PH Zürich unter Rektor Walter Bircher, welche auf die eigentliche Gründungsphase folgte.

3.1 Der Begriff «Campus»

Seit Beginn wurden diese neuen Örtlichkeiten als «Campus» bezeichnet. Wenn auch der Begriff inzwischen inflationär verwendet wird, so unterstreicht die PH Zürich damit ihre Zugehörigkeit zur Hochschulwelt.

Hochschulen sind Einrichtungen, die anregende Austauschorte und gleichzeitig Orte des stillen, vertiefenden Studiums sein wollen (vgl. Tremp 2012). So, wie akademische Bildung mehr ist als das, was in einer Vorlesung vorgetragen wird, so ist Hochschule mehr als nur der Hörsaal. Hochschulen sind immer auch als *Gesamtformen* verstanden worden. Dies drückt sich wohl an den klassischen Campus-Universitäten – der Begriff «Campus» hat sich im amerikanischen Kontext etabliert – mit ihrer spezifischen Verbindung von Studium, studentischen Freizeitaktivitäten und studentischem Wohnen am deutlichsten aus. Damit ist auch eine bestimmte Konzeption von Hochschulen verbunden, die akademische Bildung gerade auch als Erziehungsprojekt versteht.

Seit den deutschen Universitäts-Neugründungen der 1960er-Jahre wird der Begriff «Campus» auch vermehrt im deutschen Sprachraum verwendet. Diese neuen deutschen Campus-Hochschulen, wie sie in der Folge der Bildungsexpansion entstanden sind, verstehen sich als Konkretisierungen von Bildungskonzeptionen. So formuliert beispielsweise das Architektenteam der Campus-Universität Bielefeld:

> *Keinen Repräsentationspalast galt es zu bauen, sondern eine Werkstatt für geistige Auseinandersetzung. Sie lässt Spielraum zu schöpferischem Handeln. Dennoch sollte keine Funktionskiste, sondern Umwelt für hochempfindliche Kommunikationsprozesse entstehen. Einerseits werden die funktionalen Anforderungen immer komplexer und wird Offenheit für alles, bis hin zur völligen Neutralität verlangt, andererseits besteht das Bedürfnis der Menschen nach Identität, sinnlicher Erfahrbarkeit, Entfaltungsmöglichkeit und Mitgestaltung, aber auch nach Geborgenheit und Überschaubarkeit.* (Schäfers 2010, 51)

Die Planung «auf der grünen Wiese» erleichtere zwar die Realisierung solcher Konzepte, umgekehrt allerdings werde «durch die städtebauliche Isolierung die wissenschaftliche Praxis dem Modell der Industriearbeit angeglichen» (a. a. O., 53–54).

3.2 Studienräume

Hochschulen kennen traditionelle Studienräume, die als Ausdruck bestimmter Lern- resp. Studienkonzepte verstanden werden können (bereits in Tettenborn u. Tremp 2011). So lässt sich beispielsweise ein Hörsaal charakterisieren durch ein Verständnis von Lernen, bei dem Studierende vorwiegend *rezeptiv* tätig sind resp. als *aktive Zuhörerinnen und Zuhörer* fungieren. Der Hörsaal ist die räumliche Entsprechung der Vorlesung – der traditionellen Lehrform an Hochschulen –, welche ein systematisches Grundlagen- und Orientierungswissen vermitteln will oder einen wissenschaftlichen Gedankengang und damit Expertise präsentiert. Hier zeigt sich auch, wie der Hörsaal mit typischen Abläufen verbunden ist, die sich als Erwartungen an Studierende manifestieren.

In dieser Verbindung von räumlicher Anordnung und Lehr- resp. Lernform übernimmt der Hörsaal eine bestimmte Funktion in einem Studienkonzept, das sich gerade durch die Kombination verschiedener Räume beschreiben lässt. Dazu gehören insbesondere:

— der Seminarraum als Ort des Austauschs. Hier wechseln sich Information und diskursive Durchdringung ab, hier wird das *wissenschaftliche* Gespräch als Form des Lernens gepflegt.
— das Labor als Ort der (naturwissenschaftlichen) Untersuchung. Hier wird gemessen und überprüft, hier wird erprobt und protokolliert. Lernen ist hier als eigenständige *kontrolliert-systematische* Erfahrung strukturiert.
— oder die Bibliothek. Diese ist Ort des Selbststudiums, das sich mit dem bestehenden Wissensschatz auseinandersetzt und in individueller Erarbeitung und Vertiefung zeigt.

Selbstverständlich: Die traditionelle Typologie von Hochschulräumen greift heute zu kurz. Zwar gibt es weiterhin Hörsäle, Seminarräume und Bibliotheken, doch zeigen sich in diesen traditionellen Studienräumen veränderte Ausstattungen und technologische

Entwicklungen, die damit auch neue Lehr- und Lernkonzepte ermöglichen. Dazu gehören beispielsweise der inzwischen weitgehende Verzicht auf die klassische Wandtafel und die zunehmende Verbreitung von Beamer und Internetzugang. Die technologische Entwicklung hat zudem eine Entgrenzung ermöglicht, die *Hochschulkommunikation* nicht mehr an einen gemeinsamen Ort und eine gemeinsame Zeit bindet. So können Vorlesungen beispielsweise in andere Räume übertragen oder aber zu individuellen Zeiten abgerufen werden.

3.3 Campus und Hochschulcharakter

Silja Rüedi hat in einem Beitrag zum Campus der PH Zürich, der ein knappes Jahr vor der Eröffnung erschienen ist, den Campus explizit mit dem Hochschulcharakter verknüpft:

Das neue Raumprogramm für die PH Zürich in den Campusgebäuden zeugt vom Verständnis einer Hochschule, die über Vorlesungssäle, Seminarräume, eine Bibliothek, Sporträume sowie Arbeitsplätze für Studierende, Begegnungs- und Verpflegungsmöglichkeiten verfügen muss, um ihren Auftrag zu erfüllen. Die Anordnung der Räume berücksichtigt überdies, dass für Lehre, Forschung und Entwicklung – mit Ausnahme der Physik- und Chemieräume – zwar keine Labors, aber doch geeignete Arbeitsräume benötigt werden. Das Raumprogramm im Campus PH Zürich stellt dafür Büros zur Verfügung, in denen die physischen Hindernisse für den informellen Austausch und Informationsfluss möglichst niedrig sind. Die Arbeitsplätze in den Gruppenbüros sind dementsprechend nicht durch Türen, sondern lediglich durch dazwischengeschobene grössere und kleinere Besprechungszimmer getrennt. Offene Bereiche, in denen sich Kolleginnen und Kollegen ad hoc treffen und etwas bereden können, ohne andere damit zu stören, stehen ebenfalls zu Verfügung.

Einzelbüros bilden die Ausnahme. Dieses neue Hochschulverständnis wurde auch im Zürcher Kantonsrat vertreten: «Mit dem Neubau Sihlpost kann die PHZH ihr heutiges Raumprogramm, das immer noch auf dem Betrieb einer Mittelschule beruht und von Klassengrössen von 22 bis 24 Studierenden ausgeht, auf einen Hochschulbetrieb ausrichten. Gegenwärtig müssen Vorlesungen doppelt und dreifach in kleinen Räumen abgehalten werden, was kosten- und zeitintensiv ist. Dringend benötigt werden in diesem Zusammenhang grössere Seminarräume sowie Hörsäle und Vorbereitungsräume zu den Unterrichtsräumen. Handlungsbedarf besteht auch bei den Büros, die teilweise durch Umwandlung bestehender Schulräume entstanden sind. Diese sind für eine Einzelnutzung häufig zu gross und verloren.» (Rüedi 2011, 362)

Im letzten Abschnitt schliesslich wird eine Hoffnung ausgedrückt, die wohl immer mitschwang, nach den ersten Erfahrungen aber als übertrieben erscheint: «Die PH Zürich wird sich in den neuen Gebäuden und Räumen in wesentlichen Teilen als Hochschule neu erfinden» (A. a. O., 364).

Anlässlich des ersten Hochschultags, der zugleich der erste Dies academicus und somit Hochschulfeiertag im neuen Campus war, betonte auch Regierungsrätin Regine Aeppli diese Übereinstimmung zwischen Gebäude und Hochschule: «Hier in den neuen Gebäuden der PHZH lässt es sich gut tagen, hier stimmt das Selbstverständnis der Hochschule mit dem Campus-Gedanken überein» (Aeppli 2012). Und Rektor Walter Bircher hielt in seinem Referat unter dem Titel «Lehrerinnen- und Lehrerbildung im neuen Campus» fest:

Erstmals seit zehn Jahren, seit ihrer Gründung, ist die PH Zürich als Institution wahrnehmbar. Die Wahrnehmung und die Erkennbarkeit in der Öffentlichkeit sind wichtige Elemente, wenn es darum geht zu kommunizieren, wofür die PH steht, nämlich für eine zukunftsgerichtete und nachhaltige Lehrerinnen- und Lehrerbildung. (Bircher 2012)

Damit betonte Walter Bircher, dass die PH Zürich während ihrer ersten zehn Jahre nicht als *eine* Institution wahrnehmbar war. Zudem ist dieses Zitat deshalb interessant, weil hier die neue Hochschule eigentlich für dasselbe steht, wofür bereits die Vorgängereinrichtungen gestanden haben: für eine gute Lehrerinnen- und Lehrerbildung. Unerwähnt bleibt damit beispielsweise die typische Aufgabenkombination von Hochschulen.

Dieser *traditionellen* Sicht auf Lehrerinnen- und Lehrerbildung entspricht auch die Gestaltung der Treppen, die zum Campus-Platz führen: Hier sind Begriffe aus einem Begriffsnetz von Bildung und Lernen gewählt, die auch bei irgendeinem Schulhaus stehen könnten. Hätten die Autoren und Autorinnen nicht die Schule, sondern speziell die Hochschule vor Augen gehabt, hätten Begriffe gewählt werden müssen, die anregende Brechungen und Distanzierungen beinhalten und die den intellektuellen Anspruch betonen, den eine Hochschule stellt.

4. Notwendige Ausweitung der Studienangebote?

Hochschulen kennen verschiedene Traditionen, die sie als Hochschulen auszeichnen. Wenn sich auch einzelne Formen durchaus auch in anderen Bildungseinrichtungen finden lassen, so machen diese hochschultypischen Traditionen doch Hochschule erfahrbar.

Sicherlich gehören Professorinnen und Professoren als Titelbezeichnung zu Hochschulen – wobei der Regierungsrat diese Titel bereits an Personen der Vorgängereinrichtungen der Pädagogischen Hochschule Zürich verleihen konnte. Die Pädagogische Hochschule Zürich hat diese Titel von Anfang an entsprechend dem neuen Reglement der Zürcher Fachhochschule verwendet, wobei jener ein «inflationärer Gebrauch» der Titel und das Fehlen eines adäquaten akademischen Leistungsausweises vorgeworfen wurde. Der Fachhochschulrat hat dann auch das entsprechende Reglement angepasst, sodass heutige Professuren ungefähr den *Lehrprofessuren* entsprechen, wie sie in Deutschland diskutiert, aber kaum eingeführt (Hilbrich u. Schuster 2014) werden.

Eine bedeutsame Frage ist auch die Integration der Studierenden in Entscheidungen und ihre Bedeutung für das *Hochschulleben*. Die Pädagogische Hochschule Zürich hat beispielsweise früh versucht, die Organisierung der Studierenden zu unterstützen und insbesondere auch ihre Eingliederung in das Schweizer Netzwerk der Studierendenorganisationen (anfänglich insbesondere im Zusammenhang mit Bologna-Fragen) zu fördern. Studierende sind aber auch vertreten in verschiedenen Gremien der Hochschule, insbesondere sind sie beteiligt in Ernennungsverfahren. Die Studierenden der PH Zürich tragen zudem mit der Studi-Bar und einer Zeitung zur Hochschulkultur bei. Gerade die Zeitung («rephlex») zeigt einige Ähnlichkeiten zu studentischen Produkten an anderen Hochschulen: Hier wird über die eigene Hochschule und das Studium diskutiert und gelästert – bisweilen in witzig-anregendem Duktus.

Zu den kleineren Formen der Hochschulinszenierung gehören beispielsweise auch Abschiedsvorlesungen, die hin und wieder stattfinden. Bei verschiedenen Praktiken lässt sich allerdings kaum unterscheiden, ob sie eher den Prozessen einer *inneren Tertiarisierung* zuzurechnen sind oder aber einem *academic drift,* und somit äusserer Repräsentation geschuldet sind. Auch diese Publikation ist Teil einer Hochschulinszenierung. Denn hier wird eine hochschulische Gepflogenheit übernommen, wie sie bisher in den Einrichtungen der Lehrerinnen- und Lehrerbildung nicht üblich war.

Insgesamt lässt sich wohl feststellen, dass sich die Pädagogische Hochschule Zürich in ihrer Anfangszeit wohl stärker an der eigenen Tradition der Lehrerinnen- und Lehrerbildung orientiert hat, als dass sie in grossem Stile Formen der akademischen Selbstinszenierung von anderen Hochschulen übernommen hätte. Aus gutem Grund: Die blosse Übernahme äusserlicher Zeichen und die Inszenierung von akademischen Praktiken wirken nur dann nicht lächerlich, wenn auch auf eine ansonsten gelebte Hochschulkultur und ausgewiesene akademische Leistungen hingewiesen werden kann, die auch als solche anerkannt sind. Diese Anerkennung musste zuerst geschaffen werden.

Die Umschreibung von Hochschulen, wie sie der deutsche Wissenschaftsrat vorgelegt hat (s. o.), wäre wohl geeignet, um eine Diskussion über die Bedeutung von Hochschulen zu führen, die eben mehr sind als eine *Produktionsstätte für genügend Lehrpersonen*. Wie liesse sich, so wäre beispielsweise zu fragen, eine angemessene Hochschulautonomie gewinnen, die heute durch die Nähe der Pädagogischen Hochschule zur kantonalen Bildungspolitik mit ihren spezifischen Ansprüchen bei gleichzeitiger finanzieller Abhängigkeit erschwert ist?

Zu prüfen wäre beispielsweise, wie das Spektrum der Studiengänge ausgeweitet werden könnte, um diese Eingrenzung des Begriffs «pädagogisch» in «*Pädagogische* Hochschule» auf unterrichtliche Tätigkeit in der Volksschule (und der Berufsschule) zu durchbrechen. Sind *Bildung*, *Didaktik* und *Kommunikation* die zentralen Themen, dann könnten Angebote für Museumspädagoginnen ebenso integriert werden wie Studiengänge für Erwachsenenbildung und Journalismus. Dies wäre eine Entwicklungsaufgabe der Pädagogischen Hochschule Zürich für ihre dritte Phase. Und vielleicht spendet dann auch jemand gelegentlich eine Rektorenkette.

Literaturverzeichnis

Aeppli, Regine. 2012. O.T. Online verfügbar unter http://www.phzh.ch/Documents/phzh.ch/Ueber-uns/Veranstaltungen/Gruendungstage/2012_Referat-RegineAeppli.pdf (12.8.2015).
Barnett, Ronald. 1990. *The Idea of Higher Education*. Buckingham: Society for Research into Higher Education & Open University Press.
Bircher, Walter. 2012. *Lehrerinnen- und Lehrerbildung im neuen Campus*. Online verfügbar unter http://www.phzh.ch/Documents/phzh.ch/Ueber-uns/Veranstaltungen/Gruendungstage/2012_Referat-WalterBircher.pdf (12.8.2015).
Bretschneider, Falk und Peer Pasternack. 1999. «Rituale der Akademiker.» *hochschule ost. leipziger beiträge zu hochschule & wissenschaft* (3–4): 9–46.
Ditzhuyzen, Reinildis van. 2008. «Selbstdarstellung der Universität. Feier und Zeremoniell am Beispiel der Doktorpromotionen.» In *Universität im öffentlichen Raum*, hrsg. v. Rainer Christoph Schwinges, 45–75. Basel: Schwabe.
Forneck, Hermann J. 2009. «Von der äusseren zur inneren Tertiarisierung – Entwicklungslinien der Professionalisierung.» In *Professionalisierung von Lehrerinnen und Lehrern. Orientierungsrahmen für die Pädagogische Hochschule FHNW*, hrsg. v. Hermann J. Forneck, Albert Düggeli, Christine Künzli David, Helmut Linneweber-Lammerskitten, Helmut Messner und Peter Metz, 207–221. Bern: hep.
Frijhoff, Willem. 1996. «Grundlagen.» In *Geschichte der Universität in Europa. Band 2: Von der Reformation zur Französischen Revolution*, hrsg. v. Walter Rüegg, 53–102. München: C.H. Beck.
Hilbrich, Romy und Robert Schuster. 2014. «Die Lehrprofessur in der hochschulpolitischen Diskussion und der universitären Praxis.» In *Aufwertung von Lehre oder Abwertung der Professur? Die Lehrprofessur im Spannungsfeld von Lehre, Forschung und Geschlecht*, hrsg. v. Romy Hilbrich, Karin Hildebrandt und Robert Schuster, 111–124. Leipzig: Akademische Verlagsanstalt.
Humboldt, Wilhelm von. 1964. *Schriften zur Politik und zum Bildungswesen*, Band 4, hrsg. v. Andreas Flitner und Klaus Giel. Darmstadt: Wissenschaftliche Buchgesellschaft.
Keller, Hans-Jürg. 2006. «Die Modularisierung und der Bologna-Prozess.» *Beiträge zur Lehrerbildung* 24 (3): 303–314.
Koch, Johann Friedrich Wilhelm, Hrsg. 1839. *Die Preussischen Universitäten. Eine Sammlung der Verordnungen, welche die Verfassung und Verwaltung betreffen. Erster Band: Die Verfassung der Universitäten im Allgemeinen*. Berlin, Posen und Bromberg: Ernst Siegfried Ritt.
Olbertz, Jan-Hendrik. 1997. «Hochschulpädagogik – Hintergründe eines Transformationsverzichts.» In *Vom Wünschbaren zum Machbaren. Erziehungswissenschaft in den neuen Bundesländern*, hrsg. v. Adolf Kell und Jan-Hendrik Olbertz, 246–284. Weinheim: Deutscher Studien Verlag.

Rüedi, Silja. 2011. «Neue Hüllen für die Pädagogische Hochschule Zürich» – Von der Stadtentwicklung zur Hochschulentwicklung.» *Beiträge zur Lehrerbildung* 29 (3): 360–365.
Schäfers, Bernhard. 2010. «Die Universität als Lehrgemeinschaft. Soziologische Anmerkungen über ihren Wandel und ihre Architektur.» In *Architektur für Forschung und Lehre: Universität als Bauaufgabe*. Beiträge zur Tagung des Kunsthistorischen Instituts der Christian-Albrechts-Universität zu Kiel am 5. bis 7. Juni 2009, hrsg. v. Klaus Gereon Beuckers, 41–55. Kiel: Ludwig.
Stemmler, Gunter. 2002. «Die Rektorkette – eine kreierte Insignie.» *Das Hochschulwesen* 50 (2): 55–57.
Stichweh, Rudolf. 2013. *Wissenschaft, Universität, Professionen: Soziologische Analysen*. Bielefeld: transcript.
Stiftung Pestalozzianum. O. J. O. T. Online verfügbar unter http://www.pestalozzianum.ch/de/Preise/Bildungspreis/Jury/ (12.8.2015).
Tettenborn, Annette und Peter Tremp. 2011. «Räume der Lehrerinnen- und Lehrerbildung: Eingangspassagen ins Thema.» *Beiträge zur Lehrerbildung* 29 (3): 301–311.
Tremp, Peter. 2011. «Universitäre Didaktik: Einige Überlegungen zu Lehrkompetenzen an Hochschulen.» In *Lernwelt Universität. Die Entwicklung von Lehrkompetenz in der Hochschule*, hrsg. v. Rudolf Egger und Marianne Merkt, 15–28. Wiesbaden: VS Verlag für Sozialwissenschaften.
Tremp, Peter. 2012. «Vertiefung und Austausch: Die Forschung zwischen internationaler Vernetzung und lokaler Präsenz.» In *Pädagogische Hochschule Zürich: Jahresbericht 2012*, 24–25.
Tremp, Peter und Thomas Hildbrand. 2015. «Enhancing Flexibility: Ten years of experience with new academic structures in Swiss universities.» *Higher Education Forum, Hiroshima University* 12 (March 2015): 37–55.
Universität Zürich: *Jahresbericht 1957/1958.*
Wissenschaftsrat. 2010. *Empfehlungen zur Differenzierung der Hochschulen*. Lübeck: Wissenschaftsrat.
Zedler, Johann Heinrich. 1731–1754. *Grosses vollständiges Universal-Lexicon aller Wissenschaften und Künste*. Online verfügbar unter www.zedler-lexikon.de (12.8.2015).

Einen neuen Hochschultypus gestalten

Anmerkungen zur Entwicklung und zur Besonderheit der Pädagogischen Hochschulen in der schweizerischen Hochschullandschaft

Hans-Rudolf Schärer

Der Beitrag erinnert an die bei der Entstehung vorhandenen, inzwischen weitgehend erfüllten Erwartungen, die mit der Neuansiedlung der Lehrerinnen- und Lehrerbildung an Pädagogischen Hochschulen verbunden waren. Gleichzeitig werden zwei hauptsächliche Herausforderungen genannt, die sich heute zeigen: innere Tertiarisierung und Profilbildung. Damit ist die Frage nach den spezifischen Merkmalen von Pädagogischen Hochschulen als eigenständigem Hochschultypus verbunden. Als charakteristische Besonderheit von Pädagogischen Hochschulen erweist sich ihre Unternehmenskultur, die als «Aufgabenkultur» beschrieben werden kann – dies im Unterschied zu einer «Machtkultur», einer «Rollenkultur» und einer «Personenkultur».

Ich bin Walter Bircher erstmals als Absolvent der Management-Weiterbildung der Universität Zürich im Jahr 2001 begegnet. Wir beide bereiteten uns auf eine Leitungsaufgabe im Management der neu entstehenden Pädagogischen Hochschulen vor – er eine Jahrgangsklasse früher als ich. Obwohl die Kontakte zwischen den beiden Lerngruppen eher sporadisch waren, fiel er mir sofort auf: Er prägte mit seiner ausserordentlich zugänglichen und zugleich eindringlichen Art nicht nur die unverbindlichen Pausengespräche unter den Weiterbildungsabsolvierenden, sondern auch die gelegentlichen Sachdiskussionen, die sich dabei ergaben. Es war deshalb nur natürlich, dass er auf Anfrage der Studiengangsleitung sofort Einsitz nahm in die Jury, welche die Projektarbeiten auswählte, die im Rahmen der Management-Weiterbildung publiziert werden sollten.

Diese prägende Präsenz hat Walter Bircher auch in der Entwicklung der Pädagogischen Hochschulen an den Tag gelegt – nicht nur als Prorektor Lehre und später als Rektor der PH Zürich, sondern auch als Mitgestalter der neu entstandenen Pädagogischen Hochschulen in der Schweizer Hochschullandschaft. Ausdruck davon ist bekanntlich seine jahrelange massgebliche Mitwirkung im Vorstand der COHEP, bevor diese Ende 2014 in die Kammer Pädagogische Hochschulen der Schweizerischen Rektorenkonferenz swissuniversities überführt worden ist.

1. Damalige Erwartungen – aktuelle Herausforderungen

Inzwischen sind die Pädagogischen Hochschulen – je nach individueller Geschichte – zehn bis fünfzehn Jahre alt, und es lohnt sich, einen Blick zurückzuwerfen. Ich tue dies unter dem Motto eines Satzes, der wohl die Gefühlslage vieler beschreibt, die sich am Aufbau der Pädagogischen Hochschulen beteiligten. Der Satz findet sich in Peter Handkes Buch «Nachmittag eines Schriftstellers» und lautet: «Mit dem Plan eines Weges kam die Freude am Unterwegssein» (Handke 1987, 19).

Welche Erwartungen waren beim Start mit der Neuansiedlung der Lehrerinnen- und Lehrerbildung (im Folgenden LLB) an Pädagogischen Hochschulen verbunden? Ich meine, die damaligen Erwartungen lassen sich in zehn einfache Sätze fassen:

1. Die LLB an Pädagogischen Hochschulen koordiniert die verschiedenen Studiengänge für die Volksschule und fördert deren Kooperation.
2. Die LLB an Pädagogischen Hochschulen umfasst vielfältige Zugänge und Wege und bietet den Studierenden einfache und zweckmässige Ausstiegsmöglichkeiten bei Nichteignung.
3. Die LLB an Pädagogischen Hochschulen gewährleistet gesamtschweizerisch die volle rechtliche, aber auch die faktische gegenseitige Anerkennung.
4. Die LLB an Pädagogischen Hochschulen ist attraktiv nicht nur hinsichtlich ihrer Ausbildungsqualität, sondern auch im Hinblick auf ihren bildungspolitischen Status.
5. Die LLB an Pädagogischen Hochschulen umfasst einen für beide Seiten fruchtbaren Theorie-Praxis-Bezug.
6. Die LLB an Pädagogischen Hochschulen gewährleistet eine verstärkte Flexibilität in der Lehr- und Lernorganisation.
7. Die LLB an Pädagogischen Hochschulen verknüpft die verschiedenen Phasen der Lehrerinnen- und Lehrerbildung (Grundausbildung/Berufseinführung/Weiterbildung).
8. Die LLB an Pädagogischen Hochschulen bietet eine erweiterte Palette von Zusatzausbildungen an.

9. Die LLB an Pädagogischen Hochschulen verknüpft Ausbildung, Weiterbildung, berufsfeldbezogene Forschung und Entwicklung sowie Dienstleistungen miteinander.
10. Die LLB an Pädagogischen Hochschulen nutzt die Möglichkeiten der Zusammenarbeit mit den Universitäten und mit den Fachhochschulen.

Ich denke, dass alle diese Erwartungen erfüllt worden sind; zugegebenermassen in je unterschiedlichem Ausmass und manchmal nicht so, wie man es ursprünglich erwartet hat. Die PHs sind aber insgesamt zu einer Erfolgsgeschichte geworden – und dies teilweise gegen erbitterten politischen Widerstand, wie etwa die diversen Petitionen und Volksinitiativen zeigen, die in der zweiten Hälfte der 1990er-Jahre in den Zentralschweizer Kantonen gegen die Tertiarisierung der Lehrerinnen- und Lehrerbildung lanciert worden sind. Die PHs sind attraktiv – das zeigen die überall steigenden Studierendenzahlen; sie sind flexibel – das zeigt beispielhaft die produktive Art und Weise, wie sie Quereinsteigende in ihre Studiengänge integrieren; und sie sind innovativ und übernehmen direkt Verantwortung für die Entwicklung der Schweizer Schulen – das zeigen, wiederum beispielhaft, die massgebliche Mitwirkung von zahlreichen PH-Mitarbeitenden an der Erarbeitung des Lehrplans 21 und das Vertrauen, das die Bildungsdirektionen den Pädagogischen Hochschulen auch bei der Implementation des Lehrplans 21 entgegenbringen. Mit dem Übergang der COHEP zur Kammer PH von swissuniversities ist nun die formale Integration der Lehrerinnen- und Lehrerbildung in die schweizerische Hochschullandschaft erfolgreich abgeschlossen.

Doch die Pädagogischen Hochschulen sind trotz ihrer Erfolgsgeschichte auch mit zahlreichen Unvollkommenheiten und ungelösten Herausforderungen konfrontiert. 2012, beim zehnjährigen Jubiläum der COHEP, hat Lucien Criblez stichwortartig acht diesbezügliche Kritikpunkte aufgezählt:

— unvollendete Harmonisierung in wichtigen Bereichen (Zulassung und Lehrpersonenkategorien);
— Fehlen einer institutionenübergreifenden inhaltlichen Debatte über die Lehrerinnen- und Lehrerbildung;
— Fehlen weitergehender akademischer Rechte (Promotions- bzw. Habilitationsrecht);
— im Vergleich zu anderen Hochschulen geringe Ressourcenallokation im Bereich Forschung und Entwicklung;
— schwache Verbindung von Forschung und Lehre;
— schwache Laufbahnperspektiven (Rekrutierung/Ausbildung/Berufseinführung/Weiterbildung);
— unterkritische «Masse» an Studierenden in den Studiengängen einzelner Hochschulen;
— heikler Autonomiestatus.

Einige der aufgeführten Defizite sind inzwischen ganz oder teilweise behoben worden; andere haben sich in den vergangenen Jahren aber auch verschärft.

Meines Erachtens kann man, etwas summarisch gesagt, zwei miteinander verbundene Hauptherausforderungen unterscheiden, denen sich die Pädagogischen Hochschulen heutzutage stellen müssen. Die *erste Hauptherausforderung* besteht darin, dass die Pädagogischen Hochschulen nach ihrer erfolgreichen äusseren Tertiarisierung nun auch die «innere Tertiarisierung» vollziehen müssen. «Innere Tertiarisierung» ist inzwischen zu einem Schlagwort geworden. Der Begriff hat aber bei näherem Hinsehen einen ganz konkreten, vielfältigen Gehalt. «Innere Tertiarisierung» an Pädagogischen Hochschulen meint aus meiner Sicht Folgendes:
— das verstärkte Bestreben, die Lehrenden und Forschenden an PHs optimal zu qualifizieren;
— die prägende Mitwirkung an der Qualifizierung des eigenen Nachwuchses auf Augenhöhe und im Rahmen von gemeinsamen Doktoratsprogrammen mit Universitäten sowie die

Führung von spezifischen Fachdidaktik-Masterstudiengängen;
— die Akzentuierung der Hochschul- und Erwachsenendidaktik als Kernkompetenz von Pädagogischen Hochschulen;
— die Fokussierung auf die Fachdidaktik als zentrale Expertise der PHs im Dienst eines optimierten Unterrichts;
— die Behebung der massiven strukturellen Unterfinanzierung der Forschungsaktivitäten der PHs;
— innerhalb der Kammer PH ein verstärktes Commitment der einzelnen, institutionell sehr disparaten PHs für den Hochschultypus Pädagogische Hochschule als Ganzes.

Die *zweite zentrale Herausforderung* besteht darin, neben den Universitäten und Fachhochschulen die Pädagogischen Hochschulen als eigenen Hochschultyp zu konsolidieren und zu profilieren – dies innerhalb der schweizerischen Hochschulrektorenkonferenz swissuniversities, aber auch gegenüber der Öffentlichkeit generell. Voraussetzung für die Bewältigung dieser zweiten Herausforderung ist die Bewältigung der ersten. Meiner Meinung nach wird es nur gelingen, Pädagogische Hochschulen als den institutionspolitisch richtigen Ort der schweizerischen Lehrerinnen- und Lehrerbildung auch langfristig plausibel zu machen,
— wenn die PHs massiv in die Weiterentwicklung der fachlichen und didaktischen Qualität ihrer Lehrenden und Forschenden investieren;
— wenn sich die Pädagogischen Hochschulen bei der Qualifizierung ihres eigenen Nachwuchses unabhängiger von den Universitäten machen;
— wenn die PHs ihr Commitment gegenüber den einzelnen kantonalen Trägern um ein Commitment für die Anliegen der Lehrerinnen- und Lehrerbildung an Pädagogischen Hochschulen insgesamt ergänzen;

— wenn die fachdidaktische Expertise von Pädagogischen Hochschulen nicht infrage gestellt wird;
— wenn die Mittel, die den Pädagogischen Hochschulen für berufsfeldbezogene Forschung und Entwicklung zur Verfügung stehen, zukünftig mehr als nur ein Zehntel ihrer Gesamtaufwendungen betragen.

2. Merkmale von Pädagogischen Hochschulen und ihre Begründungzusammenhänge

Not tut eine Besinnung darauf, was die Pädagogischen Hochschulen gegenüber den beiden anderen Hochschultypen der Schweiz auszeichnet: Welche Merkmale weisen die Pädagogischen Hochschulen auf, die sie heutzutage gegenüber den Universitäten und den Fachhochschulen in besonderem Mass für die Ansiedlung der Lehrerinnen- und Lehrerbildung prädestinieren? Es gibt dafür meines Erachtens vier rechtliche, zwei politische und fünf pädagogische Begründungszusammenhänge:

Rechtlich:
— PHs sind, anders als die Fachhochschulen, bekanntlich in der Verantwortung der Kantone tätig, nicht in der Verantwortung des Bundes. Zuständig für sie ist die Schweizerische Erziehungsdirektorenkonferenz (EDK), nicht das Staatssekretariat für Bildung, Forschung und Innovation.
— PHs werden, anders als die Fachhochschulen, fast ausschliesslich kantonal finanziert.
— Der Regelzugang zu den PHs ist die gymnasiale Maturität, nicht, wie bei den Fachhochschulen, die Berufsmaturität.
— Die Master-Regelabschlüsse sind im Verhältnis zu den Bachelor-Regelabschlüssen an den PHs häufiger als an den Fachhochschulen.

Politisch:
— PHs sind das zentrale Instrument für die Umsetzung der kantonalen Bildungspolitiken. Wer Schulen entwickeln will, muss die Aus- und Weiterbildung der Lehrpersonen gestalten. Den PHs kommt deshalb für die kantonale Bildungspolitik eine immense strategische Bedeutung zu, die den Fachhochschulen in dieser Form abgeht.
— Aufgrund der Tatsache, dass der weitaus grösste Teil der Absolventinnen und Absolventen der PHs in den staatlichen Schuldienst eintritt, bilden die Kantone an den PHs gewissermassen ihr eigenes Personal aus. Sie sind nicht nur Träger, Finanzierer und Auftraggeber, sondern auch Abnehmer und künftige Arbeitgeber der Absolventinnen und Absolventen von PHs.

Pädagogisch:
— Die PHs vermitteln Erziehungswissenschaften und Fachdidaktiken miteinander, verbunden an einem Ort.
— An den PHs erfolgen Fachdidaktik und Fachwissenschaften aus einer Hand.
— An den PHs lassen sich die einzelnen Fachdidaktiken in optimaler Weise transdisziplinär miteinander vernetzen.
— Die Dozierenden-Studierenden-Relation an PHs erfolgt in einem überdurchschnittlichen Mass in ausbildungspraktischen Sequenzen.
— Ausbildung und Weiterbildung an PHs kooperieren eng miteinander und vermitteln so tatsächlich lebenslanges Lernen.

Das folgende Dreieck stammt aus dem Bericht der EDK und der COHEP mit dem Titel «Wirksame Lehrerinnen- und Lehrerbildung – gute Schulpraxis, gute Steuerung», der zur Bilanztagung II der Pädagogischen Hochschulen im Jahr 2011 erarbeitet worden ist:

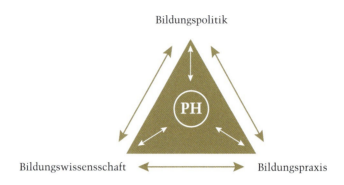

Quelle: Ambühl u. Stadelmann 2011

Mit dieser einfachen Skizze wollten wir in der Vorbereitungsgruppe zur Bilanztagung (in der unter der Leitung von Beat Bucher neben Walter Bircher und mir noch Madeleine Salzmann, Sonja Rosenberg, Christian Leder und Raphaël Rohner mitarbeiteten) die besondere, spannungsvolle Lage zum Ausdruck bringen, in der sich die Pädagogischen Hochschulen ihren zentralen Anspruchsgruppen gegenüber im Politsystem, im Schulsystem und im Wissenschaftssystem befinden. Die Skizze bildet die spezifische Akteurskonstellation ab, in der sich die Pädagogischen Hochschulen – im Unterschied zu den Universitäten und den Fachhochschulen – befinden. Alle drei gesellschaftlichen Systeme «beanspruchen» die PHs – umgekehrt «beanspruchen» die PHs auch ihrerseits die drei Systeme. Die besondere Schwierigkeit besteht nun darin, dass die drei gesellschaftlichen Systeme teilweise sehr unterschiedliche Interessen verfolgen und dass deshalb die Anforderungen, die sie an die PHs stellen, teilweise höchst unterschiedlich sind. Dies bedeutet, dass die PHs ihren Anspruchsgruppen gegenüber permanent Äquilibristik betreiben müssen: Sie haben, um erfolgreich zu sein, nicht nur Ansprüche zu erfüllen, sondern immer auch Ansprüche miteinander zu vermitteln.

Ich habe nun in den vergangenen Jahren, in denen ich die Entwicklung der Lehrerinnen- und Lehrerbildung in Zürich von aussen beobachten konnte, den entschiedenen Eindruck gewonnen, dass sich die PH Zürich unter der Leitung von Walter Bircher in einem immer stärkeren Mass um diese Vermittlungsarbeit bemüht: Sie strebt ein konstruktives Verhältnis zur Bildungsdirektion an, sie ist im Berufsfeld immer stärker akzeptiert, und sie setzt sich ein für eine fruchtbare Zusammenarbeit mit den anderen Hochschulen auf dem Platz Zürich.

3. «Aufgabenkultur»

Ich habe vorhin einige «Alleinstellungsmerkmale» der Pädagogischen Hochschulen erwähnt. Unerwähnt gelassen habe ich dabei ein Merkmal, das meiner Meinung nach zwar «weich», aber vielleicht gerade deshalb besonders wichtig ist. Es ist die spezifische «Lehrerinnen- und Lehrerbildungskultur». Diese Kultur unterscheidet sich meines Erachtens tendenziell beträchtlich von Kulturen, wie sie in der Regel in den anderen Hochschultypen herrschen. Charles Handy, Mitbegründer der London Business School und Präsident der British Royal Society of Arts, hat vereinfachend vier verschiedene Unternehmenskulturen voneinander unterschieden (vgl. Handy 1999):

— Die *Machtkultur:* Sie wird durch charismatische Leitungsfiguren geprägt; ihr Symbol ist das Spinnengewebe, bei dem der Schlüssel für die ganze Organisation im Zentrum liegt. Je näher man sich bei der «Spinne» befindet, umso grösser sind die Einflussmöglichkeiten. In Machtkulturen gilt die Führung mehr als Kunst denn als lernbare Wissenschaft; die Entscheidungsfindung ist primär abhängig von den einzelnen Akteuren und der personellen Konstellation, in der sie sich befinden, und weniger vom Sachverstand aller Angehörigen des Unternehmens. Als Lerntyp herrscht das Modell- bzw. Imitationslernen vor.

Quelle: Handy 1999, 146

— Die *Rollenkultur:* Sie ist eine Regelungskultur mit bürokratischen Elementen; ihr Symbol ist das herkömmliche, hierarchische Schema einer Spartenorganisation. Die Interaktion verläuft häufig auf dem vertikalen Dienstweg; die Rollen- bzw. Stellenbeschreibungen erscheinen bisweilen wichtiger als die Personen, welche die Stellen ausfüllen. Die Rollenkultur zeichnet sich durch Funktionalität, Rationalität und Standardisierung aus und vermittelt den Mitarbeitenden Sicherheit, Regelmässigkeit und Status. Ihr Lerntyp ist das rezeptive Lernen von Fachwissen.

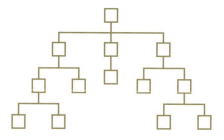

Quelle: Handy 1999, 148

— Die *Personenkultur:* Sie bietet den einzelnen Mitarbeitenden maximale Gestaltungsspielräume. Im Zentrum steht die Einzelleistung; die Kooperation mit anderen ist demgegenüber blosses Mittel zum Zweck. Ihr Symbol ist die unstrukturierte Galaxie individueller «Stars». Die Mitarbeitenden fühlen sich weniger dem Unternehmen verpflichtet als vielmehr ihrem eigenen Erfolg. Die persönliche Entwicklung hat mehr Bedeutung als Expertenmacht oder Positionsmacht. Der in Personenkulturen vorherrschende Lerntyp ist das unkoordinierte, individuelle Lernen Einzelner.

Quelle: Handy 1999, 151

— Die *Aufgabenkultur:* Ihr entspricht eine projekt- und teamorientierte Organisationsform, in welcher der Einzelne überindividuelle Ziele verfolgt; dementsprechend schätzt sie das Produkt der Teamarbeit hoch. Im Hinblick auf die gemeinsamen Aufgaben werden Status- und Stilunterschiede zwischen den einzelnen Mitarbeitenden in ihrer Bedeutung relativiert. Wissen von Expertinnen und Experten ist wichtiger als Positionsmacht oder charismatische Macht. Ihr Symbol ist das Netzwerk. Als Führungsstil wird «Management by Objectives and Consultation» praktiziert. Der Handlungsspielraum der einzelnen Mitarbeitenden ist gross bzw. wird mit entsprechenden Entscheidungskompetenzen versehen. Gedacht wird eher in Begriffen fähiger Menschen («Resourceful Humans») als in Begriffen menschlicher Fähigkeiten («Human Resources»).

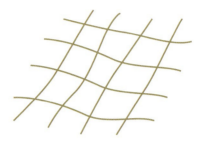

Quelle: Handy 1999, 150

Aus meiner Sicht eignet sich die «Aufgabenkultur» besser als jede andere Kulturtypologie für Institutionen, die sich der Vorbereitung auf den Lehrberuf als Beziehungsberuf par excellence widmen; die «Aufgabenkultur» zu pflegen, stärkt die Pädagogischen Hochschulen insgesamt.

Nach Handy (1999) gedeihen Aufgabenkulturen dann gut,
— wenn das Arbeitsklima gut ist;
— wenn die Nachfrage nach Produkten der Unternehmung gross ist;
— wenn Werte wie Integration, Sensitivität und Kreativität gepflegt werden.

Diese drei Ziele waren Walter Bircher ein grosses Anliegen, und er hatte in seiner Amtszeit viel Erfolg dabei, sie umzusetzen. Ich wünsche der PH Zürich, «seiner» Institution, dass sie auch in Zukunft – ohne die Leitung von Walter Bircher, aber in deren Tradition – Lehrerinnen-und-Lehrerbildungskultur als Aufgabenkultur pflegt, ihren Studierenden, Mitarbeitenden und Partnerinnen bzw. Partnern im Sinne Handkes «Freude am Unterwegssein» bereitet und so stets von Neuem bisher unbegangene Wege plant, welche die Zukunft erschliessen.

Literaturverzeichnis

Ambühl, Hans und Willi Stadelmann, Hrsg. 2011. *Wirksame Lehrerinnen- und Lehrerbildung – Gute Schulpraxis, gute Steuerung. Bilanztagung II.* Bern: EDK.
Criblez, Lucien. 2012. *Die Entwicklung der Pädagogischen Hochschulen in den letzten 10 Jahren – und einige Perspektiven für die Weiterentwicklung.* Referat an der Jubiläumsveranstaltung «10 Jahre COHEP» am 13. Juni 2012 in Lausanne.
Handke, Peter. 1987. *Nachmittag eines Schriftstellers.* Salzburg: Residenz.
Handy, Charles. 1999. *Inside Organizations. Twenty-one Ideas for Managers.* London: Penguin Books.

«Unique Selling Point» der Pädagogischen Hochschulen?

Zur Bedeutung der Fachdidaktik

Michael C. Prusse

Fachdidaktik ist eine kulturell, historisch und national geprägte Wissenschaft. So unterscheiden sich nicht nur die Definitionen, sondern auch die Bezugswissenschaften. Und auch die Ausbildungsangebote für Fachdidaktikerinnen und Fachdidaktiker. Der Beitrag erörtert einige Konzepte von Fachdidaktik und zeichnet die Entwicklung einer Professionalisierung der Fachdidaktik in der Schweiz seit den 1990er-Jahren nach. Mit den im Rahmen des Hochschulförderungs- und -koordinationsgesetzes bereitgestellten Geldern darf nun ein nächster Entwicklungsschritt erwartet werden.

> *Ziel aller Tätigkeiten der Pädagogischen Hochschulen ist eine hohe Qualität der Bildung unserer Kinder durch eine hohe Qualität des Unterrichts an unseren Schulen. Dies kann nur durch eine hohe Qualität der Aus- und Weiterbildung der Lehrerinnen und Lehrer erreicht werden. Fachdidaktik spielt dabei eine zentrale Rolle; sie bildet das eigentliche Rückgrat für die Qualität der Pädagogischen Hochschulen.* (Stadelmann 2009, 3)

1. Zum Verhältnis von Fach und Fachdidaktik

Wie das dem Text vorangestellte Zitat aus der Feder Willi Stadelmanns, des ehemaligen Rektors der PH Zentralschweiz, deutlich aufzeigt, stehen die Fachdidaktiken zunehmend im Brennpunkt der Weiterentwicklung der Lehrer- und Lehrerinnenbildung in der Schweiz. Während in Deutschland gemeinhin von einer dreisäuligen Ausbildung von Lehrpersonen gesprochen wird – Erziehungswissenschaft, Fachwissenschaft und Fachdidaktik (vgl. Vollmer 2007) –, konstituieren in der Schweiz und insbesondere in Zürich traditionell die Fachdidaktiken zusammen mit der Erziehungswissenschaft die beiden tragenden Säulen in der Ausbildung von Lehrerinnen und Lehrern. Diese Differenz erklärt sich einerseits aus der Tatsache, dass in der deutschsprachigen Schweiz die Ausbildung bei Lehrpersonen für die Primarstufe und für die Sekundarstufe I in einer grösseren Anzahl von Fächern als in Deutschland erfolgt (sodass in den Curricula lediglich ein bescheidener bis gar kein Raum für fachwissenschaftliche Module vorhanden ist), andererseits aus der Tradition, vielerorts auf der Sekundarstufe I die fachwissenschaftliche Ausbildung den Universitäten zuzuordnen. So sind zum Beispiel in Zürich die Ausbildungen von Lehrpersonen für die Eingangs- und Primarstufe mit sehr beschränkten fachwissenschaftlichen Studieninhalten komplett an der Pädagogischen Hochschule angesiedelt. Im Gegensatz dazu findet die Ausbildung von Lehrpersonen für die Sekundarstufe I in Fachwissenschaft an der Universität Zürich statt, in Erziehungswissenschaft und Fachdidaktik an der Pädagogischen Hochschule. Diese Separierung in universitäres Fachwissen einerseits und an der Pädagogischen Hochschule vermitteltes pädagogisches und fachdidaktisches Wissen andererseits ist nicht unproblematisch. Wie Bernhard Dressler in einem anderen Kontext anmerkt, ist das in den Fachdidaktiken vermittelte Schulwissen nicht deckungsgleich mit dem an der Universität vermittelten Fachwissen, da Schülerinnen und Schüler sich mit «generellen, sie selbst oder die Gesellschaft allgemein betreffenden Fragen» auseinandersetzen und nicht mit dem fachwissenschaftlichen Expertenwissen (Dressler u. Beck 2010, 17). Die aufgrund dieser lokalen Eigenheit notwendige Fokussierung auf die beiden Säulen Erziehungswissenschaft und Fachdidaktik soll allerdings weder das Verhältnis zwischen Fach und Fachdidaktik vernachlässigen noch die bereits seit geraumer Zeit fest etablierte Diskussion um Gemeinsamkeiten und Abgrenzungen zwischen Fachdidaktiken und der Allgemeinen Didaktik unterschlagen (vgl. Rossa 2013; Arnold 2007). Verschiedentlich wird allerdings die Ansicht geäussert, dass diese Diskussion ohnehin wenig produktiv sei und es erfolgversprechender wäre, das von Shulman postulierte «pedagogical content knowledge» (Shulman 1987, 8) professioneller Lehrpersonen als den zentralen Wissensbestand zu betrachten. Dieser setzt sich aus fachlichem, fachdidaktischem und erziehungswissenschaftlichem Wissen zusammen (vgl. Baumert u. Kunter 2006; Arnold 2007).

Seit der Gründung der Pädagogischen Hochschulen in der Schweiz und der damit einhergehenden Professionalisierung der Lehre sind die Fachdidaktiken in den letzten Jahren jetzt noch deutlicher in den Fokus der laufenden Entwicklungen gerückt. Es geht im Diskurs über die Ausbildung von Lehrerinnen und Lehrern, die im schweizerischen Kontext auch eine Frage der Hochschulspezifizierung ist, in erster Linie darum, ob die Fachdidaktik *das* konstituierende Element der Pädagogischen Hochschule (PH) darstellt, das die PH von den Fachhochschulen und Universitäten im Sinne eines Alleinstellungsmerkmals unterscheidet. Die folgende Situationsanalyse versucht, aus der Perspektive der Situation an der PH Zürich das Zustandekommen der gegenwärtigen Entwicklungen in der Schweiz etwas genauer zu beleuchten und im Kontext zu situieren.

2. Die Fachdidaktik: Definitionsschwierigkeiten, Modelle, Positionen

Eine Definition des Begriffs «Fachdidaktik» ist nicht ganz einfach, auch wenn der Terminus an und für sich selbsterklärend scheint. Es handelt sich um die Didaktik eines bestimmten Fachs oder, präziser, aus Sicht der Fachdidaktikerinnen und Fachdidaktiker, um die «Wissenschaft vom fachspezifischen Lehren und Lernen innerhalb und ausserhalb der Schule» (KVFF 1998, 13). Im schulischen Kontext definiert das fachspezifische Lehren und Lernen bis in die Details hinein die Gestalt des Unterrichts: «Dies beginnt mit Vorstellungen über die Sequenzialität und Anordnung von inhaltlichen Komponenten und reicht bis hin zum Modus der Repräsentationen und Erklärungen» (Baumert u. Kunter 2006, 492). Es wird aber zu Recht festgehalten, dass es je nach Perspektive höchst divergente Definitionsansätze für Fachdidaktik gibt, die sich durch unterschiedliche Schwerpunktsetzungen auszeichnen (vgl. Rossa 2013, 38–46). Zudem – und das ist eine weitere Schwierigkeit – gibt es mehrere Fächer umfassende Bereichsdidaktiken wie die Fachdidaktik der Naturwissenschaften oder die Fremdsprachendidaktik (in neueren Diskussionen die Mehrsprachigkeitsdidaktik) und, im Gegensatz dazu, Didaktiken, die nur Teilbereiche eines Fachs abdecken, wie zum Beispiel die Literaturdidaktik oder die Didaktik des Experimentierens. Die Definitionsschwierigkeiten potenzieren sich noch bei der Ausbildung von Berufsfachschullehrpersonen im Bereich der Berufskunde, denn hier erscheinen die Fachdidaktiken je nach Beruf und nach Wirtschaftszweig (zum Beispiel industrielle und gewerbliche Berufe, Gesundheits- und Betreuungsberufe, kaufmännische Berufe) in sehr vielen unterschiedlichen Facetten, gleichzeitig aber weisen sie Überschneidungen zu den traditionellen nach Schulfächern geordneten Fachdidaktiken auf. Als Beispiel können die Naturwissenschaften aufgeführt werden, die sowohl bei Chemielaborantinnen, Dentalhygienikern, Coiffeusen oder etwa Optikern in unterschiedlichen beruflichen Anwendungsbereichen fachdidaktisch vermittelt werden müssen. Im Weiteren ist zu berücksichtigen, dass die einzelnen Fachdidaktiken immer an den Schnittstellen zu anderen Wissenschaftsbereichen definiert werden – und diese sind aufgrund der Fachlogik und der fachlichen Tradition höchst unterschiedlich. Wie sich diese Bezugswissenschaften zusammensetzen können (und im allgemein-didaktischen und erziehungswissenschaftlichen Bereich ergibt sich natürlich eine Schnittmenge, die bei allen Fachdidaktiken gleich ist), soll das unten aufgeführte Beispiel für die Fachdidaktik Englisch verdeutlichen. Hinzugezogen wird eine Darstellung der Wissenschaften, mit welchen die Fachdidaktik Englisch in einer Wechselbeziehung steht.

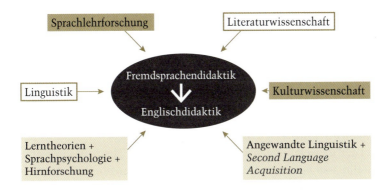

Quelle: PH Zürich, basierend auf Hass 2006, 10

Selbst unter den verschiedenen Fachdidaktikerinnen und Fachdidaktikern, die über ihr Arbeitsfeld publizieren, herrscht betreffend die für ihre Fachdidaktik relevanten Wissenschaftszweige keine Einigkeit. In anderen Varianten, wiederum am Beispiel der Fachdidaktik Englisch, werden bei den Bezugswissenschaften auch noch Soziologie, Philosophie und – ganz generell – Pädagogik aufgeführt (vgl. z.B. Weskamp 2001; Hinz, Nold u. Papenberg 2007).

Angelsächsische Fachdidaktikerinnen und Fachdidaktiker gehen diesbezüglich äusserst pragmatisch vor und definieren den Rahmen ihres Betätigungsfeldes ganz einfach nach dem zentralen Ziel, als *Teaching English as a foreign language* (TEFL) oder als *Teaching English to speakers of other languages* (TESOL), und fügen dann genau die Elemente hinzu, die aus allfälligen Bezugswissenschaften sinnvollerweise eingebaut werden sollen. Als Fachdidaktiker oder Fachdidaktikerin für das Fach Englisch rezipiert man im deutschsprachigen Raum selbstverständlich nicht nur den deutschsprachigen Diskurs über Englischunterricht, sondern auch den weltweiten angelsächsisch geprägten Diskurs. In der Englischdidaktik machen sich diese beiden Bezugspunkte deutlich bemerkbar –

sie führen gelegentlich zu fruchtbaren gegenseitigen Impulsen oder zu weniger produktiven Abgrenzungsversuchen. Diesem Kontext eines englischsprachigen Verständnisses von Unterricht und der Ausbildung von Lehrpersonen sind aber auch, in abgewandelter Form, alle anderen Fachdidaktiken ausgesetzt. Als Beispiel kann die Bereichsdidaktik der Naturwissenschaften aufgeführt werden, die stark durch die amerikanische Tradition der «science education» beeinflusst ist (Arnold 2007). Auf verschiedenen Schulstufen in der Schweiz werden naturwissenschaftliche Themen (sowie eine Reihe von weiteren Themen) unter dem Sammelbegriff «Mensch und Umwelt» fächerübergreifend unterrichtet.

Für ein übergreifendes Modell der Fachdidaktiken und ihrer Bezugsdisziplinen werden je nach Perspektive neben Fachwissenschaft und Praxisfeld häufig die Lehr-Lern-Forschung, die empirische Bildungsforschung, die Soziologie und die geisteswissenschaftliche Pädagogik genannt (vgl. Leuders 2015) oder die Erziehungswissenschaft, die Allgemeine Didaktik, die Lern- und Lehrforschung, die Lern- und Unterrichtspsychologie und die Bildungssoziologie (vgl. Terhart 2011).

In einem Vortrag, den Timo Leuders am 22. Januar 2015 anlässlich der Tagung «Professionalisierung in den Fachdidaktiken» an der PH Bern hielt, führte er anekdotisch auf, welche Erfahrungen er gesammelt hatte und auf welchen Wegen er schliesslich zum Fachdidaktiker wurde. Sein Bonmot, «Fachdidaktik kann man nicht studieren, Fachdidaktiker wird man», drückt aus, dass sehr viele unterschiedliche Erfahrungen und Kenntnisse zusammenfliessen müssen, um diese Tätigkeit umfassend ausführen zu können. Das Anforderungsprofil ist in der Tat äusserst umfangreich und möglicherweise reichhaltiger als manche spezialisierten Qualifikationen, die für vergleichbare akademische Berufe erforderlich sind. In der Regel haben Fachdidaktiker und Fachdidaktikerinnen ein Lehrdiplom der Zielstufe, einen fachwissenschaftlichen Abschluss, einen fachdidaktischen Abschluss, eine Promotion, Erfahrung in

Forschung und Lehre auf Hochschulstufe und selbstverständlich mehrjährige praktische Unterrichtserfahrung auf der Zielstufe, für die sie Lehrpersonen ausbilden. Des Weiteren sollten sie sowohl mit fachwissenschaftlichen als auch mit sozialwissenschaftlichen Forschungsmethoden vertraut sein und das relevante erziehungswissenschaftliche Wissen rezipiert haben. Es ist nicht schwierig, sich auszumalen, dass es wie bei der ominösen eierlegenden Wollmilchsau nur wenige Fachdidaktiker und -didaktikerinnen gibt, die diesem Kompetenzprofil vollumfänglich entsprechen. Im Bewusstsein, dass diese anspruchsvoll zu erreichenden und breit gefächerten Erfordernisse, denen sie zu genügen haben, nur schwer in einer Person zu vereinen sind, hielt die Schweizer Expertengruppe zur Fachdidaktik noch vor der Jahrtausendwende fest, dass Einzelpersonen diese Anforderungen in all ihren Dimensionen kaum überzeugend ausfüllen können (vgl. Fachkommission Fachdidaktik 1998). In Deutschland hat die Gesellschaft für Fachdidaktik, der Dachverband für die Zusammenarbeit der Fachdidaktiken in Wissenschaft und Praxis, in einem gemeinsamen Papier die fächerübergreifenden Kompetenzen, Standards und Inhalte der Module in der Ausbildung von Lehrpersonen zu definieren versucht (vgl. Vollmer 2007). Auch die Liste dieser fachdidaktikübergreifenden Anforderungen an Fachdidaktiker und Fachdidaktikerinnen ist eindrücklich in ihrer Komplexität und Breite.

Wenn nun ersichtlich ist, auf welchen komplexen und langwierigen Wegen die Ausbildung von Fachdidaktikern und Fachdidaktikerinnen zwangsläufig erfolgt, wird vermutlich auch verständlich, warum die allgemeine und übergreifende Diskussion über Fachdidaktik in erster Linie aus erziehungswissenschaftlicher Perspektive geführt wird. Anne-Elisabeth Rossa (2013) beispielsweise betrachtet und vergleicht die verschiedenen Fachdidaktiken mit der Brille der Erziehungswissenschaft. Auch wenn es vermehrt Stimmen aus den Fachdidaktiken gibt, die über die Grenzen ihres Fachs hinausschauen und für alle Fachdidaktiken

Gemeinsamkeiten feststellen (vgl. z.B. Vollmer 2007; Leuders 2015), sind es interessanterweise in erster Linie Mathematikdidaktiker und -didaktikerinnen, die hier die Initiative ergreifen (Timmerhaus 2001; Leuders 2015). Dass sich die Fachdidaktik Mathematik früh etabliert hat, vielleicht sogar als erste Fachdidaktik überhaupt, mag zu dieser Entwicklung beigetragen haben. Viele Fachdidaktikerinnen und Fachdidaktiker sind jedoch noch immer so stark auf ihr Fach fokussiert und vom Navigieren zwischen den verschiedenen Bezugswissenschaften und der Geschichte ihrer Disziplin absorbiert, dass sie – wenn sie nun eine breitere Sicht einzunehmen wünschen – allenfalls ihre Fachdidaktik in der ganzen Breite und mit einem historischen Blick zu erfassen vermögen. Im Wissen um die Komplexität des eigenen Fachs hüten sie sich deshalb aber meist davor, Aussagen über den Unterricht eines anderen Fachs zu machen, über das sie weit weniger Bescheid wissen. Dieses Phänomen erklärt auch das Erscheinen von diversen Sammelbänden, in denen unter einem gemeinsamen Dach die Positionen der verschiedenen Fachdidaktiken erläutert werden, wie zum Beispiel Dressler und Beck (2010) mit «Fachdidaktiken im Dialog» oder Marko Demantowsky und Bettina Zurstrassen (2013) mit «Forschungsmethoden und Forschungsstand in den Didaktiken der kulturwissenschaftlichen Fächer». Ein solider fachwissenschaftlicher Hintergrund scheint unabdingbar für einen effektiven Fachunterricht; er ist aber nicht das ausschliessliche Merkmal für einen qualitativ hochstehenden Unterricht oder für das Erreichen von Lernzielen durch Schülerinnen und Schüler. Aber: «Fachwissen ist die Grundlage, auf der fachdidaktische Beweglichkeit entstehen kann» (Baumert u. Kunter 2006, 496). Deshalb benötigen gut ausgebildete Lehrpersonen grundsätzlich eine solide Basis, sowohl beim Fachwissen als auch beim fachdidaktischen Wissen.

3. Fachdidaktik im internationalen Kontext: Ein deutschsprachiges Konstrukt

Der Begriff der Didaktik wird meist auf Johan Amos Comenius und Wolfgang Ratke zurückgeführt, die die «Lehrkunst» als Erste mit diesem Begriff umschrieben haben (vgl. Rossa 2013). Als direkte Konsequenz davon kann festgehalten werden, dass die Didaktik (und somit auch die Fachdidaktik) ein deutschsprachiges Konstrukt ist, das neben diesem Sprachraum nur in Zentraleuropa und mit einer teilweise etwas anderen Bedeutung in Skandinavien Fuss gefasst hat, nicht aber in französisch- oder englischsprachigen Ländern (vgl. Kansanen 1999; Heitzmann 2013; Rossa 2013). Allerdings müssen auch historische Veränderungen, die vielen nicht bewusst sind, in Betracht gezogen werden. Fakt ist, dass in den USA bis zum Ersten Weltkrieg das didaktische Denken durchaus von Autoren wie Johann Friedrich Herbart, Otto Willmann oder Wilhelm Dilthey geprägt war. Es wird sogar von «The German Tradition» gesprochen, was manchen Fachdidaktikern und Fachdidaktikerinnen nicht mehr präsent ist (Arnold 2007, 39).

Das Verständnis dafür, dass Fachdidaktiken kulturell, historisch und national geprägte Wissenschaften sind, ist nicht zu unterschätzen, denn nur mit diesem Wissen können Lehrende und Forschende an Pädagogischen Hochschulen in der Schweiz in einen fruchtbaren internationalen Austausch treten. Dieser ist im deutschsprachigen Raum sicher einfacher zu bewerkstelligen als mit Vertretungen aus der angelsächsisch geprägten Welt oder mit Repräsentanten aus der frankofonen Tradition. Bereits im nationalen Diskurs, der zum Beispiel im Rahmen des seit 2013 bestehenden Schweizerischen Doktoratsprogramms in Fachdidaktik in den *Autumn* und *Winter Schools* interdisziplinär und über die Sprachgrenzen hinaus geführt wird, zeigen sich die klaren Unterschiede der Forschungsansätze und der unterschiedlichen Wissenschaftstraditionen zum Beispiel der Lehrpersonenbildung der Universität Genf im Gegensatz zu denen, die in der Deutschschweiz vorherrschen. Dieser innerschweizerische Dialog über die Sprachgrenzen hinaus ist mit Sicherheit eine Bereicherung, bedingt aber, dass die Doktorandinnen und Doktoranden sich auf das jeweils andere Verständnis von Fachdidaktiken einlassen, und insbesondere, dass sie die andere Sprache ausreichend beherrschen, um den Diskurs zu verstehen und an ihm teilhaben zu können. Wenn dies gelingt, erschliesst sich den interessierten Fachdidaktikerinnen und Fachdidaktikern eine weitere Perspektive, geprägt von durchaus divergierenden Bildern von Unterricht, Schule und vom Lernen und Lehren.

Der finnische Erziehungswissenschaftler Pertti Kansanen, der sich ausgiebig mit der deutschsprachigen Tradition der (Fach-)Didaktik beschäftigt hat, beschreibt, wie ihm die Lektüre von Wolfgang Klafkis Schriften zur Didaktik und weitere, im Anschluss daran gelesene Texte eine völlig neue Welt eröffneten und bewusst machten, dass es möglich ist, über die gleichen Probleme im Bildungswesen auf höchst unterschiedliche Weise nachzudenken (vgl. Kansanen 1999). In Kansanens Betrachtung ist die Fachdidaktik in der Tat eine spezifisch deutschsprachige Wissenschaft, die in Skandinavien allenfalls noch in abgewandelter Form gefunden werden kann. In den USA ist die Tradition mittlerweile eine gänzlich andere: Wenn man sich beispielsweise für die fachbezogene Unterrichtsforschung an der renommierten Stanford University interessiert, entdeckt man rasch, dass das, was im deutschsprachigen Europa als Fachdidaktik bezeichnet wird, dort klar der Erziehungswissenschaft zugeordnet ist, spricht man doch von *Science Education* oder *Mathematics Education*. Eine nicht ganz vergleichbare Dichotomie kann in Deutschland beobachtet werden, wo im Zug der Aufhebung der PHs (mit Ausnahme von Baden-Württemberg) die Ausbildung von Lehrpersonen an die Universitäten delegiert wurde und die Fachdidaktiken jeweils in den entsprechenden Fachbereichen mit zusätzlichen Lehrstühlen angesiedelt wurden (vgl. Rossa 2013; Vollmer 2007). Naheliegend für diesen Entscheid ist die Tatsache, dass der fachliche Bezug für jede Fachdidaktik gleichzeitig «Lebensberechtigung und Erkenntnisquelle» darstellt (Leuders 2015). Die enge Beziehung zwischen Erziehungswissenschaft und Fachdidaktik findet sich nun aber eher in Pädagogischen Hochschulen als in den Modellen, bei denen die Fachdidaktiken den Fächern angegliedert sind – «eine kurzfristige Strategie» (Terhart 2011, 24).

Die Entwicklung in Deutschland war nicht einheitlich: An der Universität Hamburg existiert beispielsweise das bekannte «Hamburger Modell», in dem alle Fachdidaktiken zusammengefasst und in die Erziehungswissenschaft eingegliedert wurden, aufgrund der ebenfalls nachvollziehbaren Argumentation, dass die Nähe zu fruchtbarem, interdisziplinärem Austausch führen solle (vgl. Vollmer 2007). Grundsätzlich sind die meisten Fachdidaktiken aber noch immer auf dem Weg zur eigenständigen Wissenschaft; die Forschung in den Fachdidaktiken muss sich noch deutlicher etablieren, in Abgrenzung zur Erziehungswissenschaft und Fachwissenschaft.

Für die Bedeutsamkeit der Fachdidaktiken argumentieren Dressel und Beck im deutschen Kontext (Fachdidaktiker und Fachdidaktikerinnen sind bei den Fachwissenschaften angesiedelt), dass die Fachdidaktiken zur «wissenschaftstheoretischen Selbstreflexion ebenso wie [zur] Universität insgesamt als einer *Bildungs*institution» beitragen (Dressler u. Beck 2010, 7). Allerdings hat die Konstituierung der Fachdidaktiken als eigene Wissenschaften – Jürgen Baumert und Mareike Kunter sprechen vom fachdidaktischen Wissen, das sich als unabhängig vom eigentlichen Fachwissen als «eine Wissenskomponente *sui generis*» konstituiert (Baumert u. Kunter 2006, 493) – auch zu einer Relativierung des Praxisbezugs geführt, indem sich die wissenschaftlich geprägten Fachdidaktiken vermehrt gegenüber der Methodik abzugrenzen versuchen (vgl. Terhart 2011).

4. Fachdidaktik in der Schweiz: Vom Aschenputtel zum Profilierungsthema des Hochschultyps PH

Die Voraussetzungen für die Etablierung der Fachdidaktik in der Schweiz waren vor der Jahrtausendwende nicht optimal. In der Ausbildung von Lehrpersonen an den Seminaren reduzierte sich die Fachdidaktik oftmals, aber nicht ausschliesslich, auf das Umsetzen von Unterricht auf Grundlage der kantonal vorgeschriebenen Lehrmittel. Erste positive Schritte in einem grösseren Rahmen zur Professionalisierung der Fachdidaktiken in der Schweiz waren in den 1990er-Jahren einerseits die Durchführung einer Reihe von Kongressen zur entsprechenden Thematik, andererseits das Konzipieren eines Nachdiplomstudiums Fachdidaktik der Konferenz der Lehrerbildungsinstitutionen, das an der Universität Bern durchgeführt wurde. Allerdings beklagte beispielsweise die Fachkommission Fachdidaktik in der Zeit unmittelbar vor der Gründung der Pädagogischen Hochschulen in den «Beiträgen zur Lehrerbildung» den Mangel einer Tradition an fachdidaktischer Forschung (Fachkommission Fachdidaktik 1998). Sie forderte zudem, dass fachdidaktische Forschung sich als ein selbstständiger Forschungsbereich mit seinen eigenen Forschungsfragen und Forschungszielen zu konstituieren habe. Die Diskussionen um die Positionierung der Fachdidaktiken bei der Erziehungswissenschaft oder bei der Fachwissenschaft wurden ebenfalls bereits zu diesem Zeitpunkt geführt. Die Stellungnahme der Fachkommission war allerdings unmissverständlich: Fachdidaktik könne weder «ein Anhängsel der Erziehungswissenschaften noch eines der jeweiligen Bezugsdisziplin» sein (a. a. O., 228).

In der Gründungsphase der Pädagogischen Hochschulen in der Schweiz, als zahlreiche Dozierende aus den vormaligen Seminaren in die neuen Hochschulstrukturen überführt wurden, existierte auf nationaler Ebene einzig das Angebot des Nachdiplomstudiums Fachdidaktik an der Universität Bern. Zahlreiche ehemalige Angehörige der Seminare absolvierten diese Nachdiplomstudien in verschiedenen Fachdidaktiken, um sich für eine Dozierendentätigkeit an einer PH zu qualifizieren. Ein Hauptgrund für diese Nachqualifikation lag in der «latenten Legitimationsunsicherheit» (Badertscher u. Steinhöfel 2009, 85), der sich Fachdidaktikerinnen und Fachdidaktiker ausgesetzt sahen, da sie nicht wie die Dozierenden insbesondere der Erziehungswissenschaft mit der Basis eines grundständigen Studiums für ihre Tätigkeit gerüstet waren.

Trotz der erfolgreichen Nachqualifikationen stellte die Erziehungsdirektorenkonferenz der Schweiz (EDK) 2004 dringenden Handlungsbedarf bei der Qualifikation des lehrenden und forschenden Personals fest und formulierte ein erstes Mandat zum Aufbau der wissenschaftlichen Fachdidaktiken in der Schweiz zugunsten der Ausbildung von Lehrpersonen (vgl. Abt et al. 2007). Dieses Mandat, mit dem verschiedene Fachpersonen aus Pädagogischen Hochschulen und Universitäten betraut wurden, resultierte in den «Parametern für die Einrichtung der Fachdidaktik-Zentren», auf die sich in der Folge die Entwicklung von Masterstudiengängen in Fachdidaktik und von fachdidaktischen Forschungszentren abstützte. Begründet wurde die Notwendigkeit der Entwicklung auch mit der Feststellung, dass bezüglich der Volksschulstufe sowohl die Fachdidaktik im Allgemeinen als auch die fachdidaktische Forschung im Spezifischen in der Schweiz zum betreffenden Zeitpunkt noch als unterentwickelt erachtet wurden (vgl. Stadelmann 2009, 3). Das vorgesehene zentrale Ziel für diese Fachdidaktik-Zentren war also die Behebung dieses Mangels durch die Aus- und Weiterbildung von Fachpersonen im Bereich der Fachdidaktik insbesondere für die Volksschule und durch stufenspezifische Forschungsprojekte (vgl. a.a.O., 4). Der Entscheid, diese Entwicklung über den Aufbau von Fachdidaktik-Zentren zu fördern, basierte auf der Erkenntnis, dass die Manifestation sowohl von fachwissenschaftlichen als auch fachdidaktischen Kompetenzen bei Lehrpersonen von ihrer Ausbildung abhängt (vgl. Baumert u. Kunter 2006, 495) – im Gegensatz zum oben erwähnten Bonmot von Leuders, man «werde» zum Fachdidaktiker. Um den eigenen Nachwuchs an PH-Dozierenden fördern zu können, bezweckt diese Ausbildung nun eine Verkürzung der bisherigen langen Qualifikationswege von Fachdidaktikern und Fachdidaktikerinnen, indem sich Absolventinnen und Absolventen der PH mit Praxiserfahrung im Schulfeld über einen fachdidaktischen Masterstudiengang und eine fachdidaktische Promotion rascher für Forschung und Lehre an einer PH qualifizieren.

Die Fachdidaktik-Zentren in der Schweiz sind das Ergebnis eines föderalistischen Kompromisses. Es wurde darauf verzichtet, Kompetenzen zu bündeln und diese zum Beispiel in einem gemeinsamen Zentrum zusammenzuführen. Ein solches Zentrum hätte zum Beispiel direkt bei der COHEP (Schweizerische Konferenz der Rektorinnen und Rektoren der Pädagogischen Hochschulen) angesiedelt werden und einen virtuellen Rahmen für die Forschenden und Lehrenden an den verschiedenen PHs bieten können. Stattdessen gab es einen Wettbewerb für das Einrichten von Fachdidaktik-Zentren mit Gewinnern und Verlierern und ein paar Redundanzen wie zum Beispiel bei der Erstsprache Deutsch mit zwei Angeboten (vgl. unten stehende Tabelle). Zudem sind die Studierendenzahlen für einen sehr überschaubaren Arbeitsmarkt verhältnismässig klein, und die Angebote und die dazugehörige Infrastruktur sind deshalb dementsprechend aufwendig. Grundbedingung für die Errichtung eines Fachdidaktik-Zentrums ist jeweils die Zusammenarbeit mindestens einer Pädagogischen Hochschule und einer Universität. Selbstverständlich ist diese institutionelle Zusammenarbeit zwischen alteingesessener Universität und relativ junger Pädagogischer Hochschule von den jeweiligen Standortkantonen erwünscht, in der Realität aber aufgrund unterschiedlicher Ziele und Zielgruppen von Studierenden nicht ganz so einfach zu bewerkstelligen. Die

Website von swissuniversities zeigt, dass es gegenwärtig ein Angebot von insgesamt sieben Masterstudiengängen in Fachdidaktik gibt. Davon sind aber erst sechs Studiengänge wirklich mit eingeschriebenen Studierenden in der Ausbildung aktiv – das Angebot für Erstsprache Italienisch ist vorläufig noch in Vorbereitung.

Beteiligte Hochschulen	Fachdidaktik
PH FHNW; Universität Basel	Fachdidaktik Deutsch
PH Zürich; Universität Zürich	Fachdidaktik Schulsprache Deutsch
PH Waadt; Universität Genf	Fachdidaktik Französisch
PH Freiburg; Universität Freiburg; PH Bern	Fachdidaktik Fremdsprachen
SUPSI; Universität Lugano; Universität Lausanne	Fachdidaktik Italienisch
PH FHNW; Universität Genf	Fachdidaktik Mathematik
PH Zürich; ETH Zürich; Universität Zürich	Fachdidaktik Naturwissenschaften

Quelle für die tabellarische Auflistung: swissuniversities (2015)

Die Modelle, die hinter den verschiedenen Masterstudiengängen in Fachdidaktik stehen, sind so divers, wie das in der kleinräumigen Schweiz nur möglich ist. Basierend auf den von der CRUS (Rektorenkonferenz der Schweizer Universitäten) und der COHEP festgelegten Rahmenparametern für das Einrichten von fachdidaktischen Zentren, entstanden Studiengänge mit einem Umfang zwischen 90 und 120 ECTS-Punkten, mit Teil- oder Vollzeitstudium und mit höchst unterschiedlichen Konzepten (vgl. Abt et al. 2007). Die PH der Fachhochschule Nordwestschweiz und die Universität Basel bieten beispielsweise gemeinsam einen Master in Erziehungswissenschaft mit einer fachdidaktischen Vertiefung in Mathematik oder in Deutsch an. Bei dieser Variante, die aufgrund der oben angeführten Diskussionen zwischen Erziehungswissenschaft und Fachdidaktiken über die Abgrenzungen zwischen Allgemeiner Didaktik und Fachdidaktik durchaus verständlich ist, wird der Schwerpunkt auf Erziehungswissenschaft gelegt – das Fach und seine Didaktik sind lediglich in der entsprechenden Vertiefung ein Thema.

Die PH Zürich bietet im Gegensatz dazu gemeinsam mit der ETH Zürich und der Universität Zürich einen Masterstudiengang in Fachdidaktik Naturwissenschaften an, der ebenso wie der gemeinsam mit der Universität Zürich angebotene Masterstudiengang in Fachdidaktik Schulsprache Deutsch das Schwergewicht der Ausbildung auf die Fachdidaktik und auf eine solide fachliche Basis legt. Dabei werden beispielsweise im Masterstudiengang Fachdidaktik Naturwissenschaften die Kompetenzen aufgelistet, die von Fachdidaktikern und Fachdidaktikerinnen der Naturwissenschaften am Ende des Studiums erwartet werden (vgl. Adamina et al. 2010, 10–12). Sowohl die Nordwestschweizer als auch die Zürcher Variante der Masterstudiengänge eröffnen im Hinblick auf das Ausbildungsprofil der Lehrpersonen, die mitten im Berufsleben stehen, die Möglichkeit, sich im berufsbegleitenden Studium – die Unterrichtstätigkeit erlaubt dabei eine ständige Verbindung von Theorie und Praxis – für eine Tätigkeit an einer PH zu qualifizieren. Im Gegensatz dazu etwa bevorzugte das bisherige Freiburger Modell für die Fremdsprachen ein Vollzeitstudium mit einem Umfang von 120 ECTS-Punkten, das auf Bachelorabsolventinnen und -absolventen abzielte (der Masterstudiengang Fachdidaktik Fremdsprachen wird allerdings gegenwärtig überarbeitet).

Beim Aufbau der beiden fachdidaktischen Zentren an der PH Zürich wirkte Walter Bircher engagiert auf strategischer Ebene mit.

Frühzeitig erkannte er die zentrale Bedeutung der Fachdidaktik für das Profil der Pädagogischen Hochschulen und warb innerhalb der Institution wie auch extern um Unterstützung für die Umsetzung der geplanten Masterstudiengänge in Fachdidaktik und für die Ansiedlung zweier dieser Studiengänge in Zürich. Er stiess erfolgreich die komplexen Verhandlungen zwischen den drei beteiligten Zürcher Hochschulen bei den Naturwissenschaften und den zwei Hochschulen bei der Schulsprache Deutsch an (2010–2012) und erwies sich auch in schwierigen Situationen als geschickt Verhandelnder mit dem Ergebnis, dass die beiden Studiengänge mittlerweile gut etabliert sind und aufgrund der Immatrikulationen mit Abstand die grössten Studierendenpopulationen aller bestehenden Masterprogramme in Fachdidaktik aufweisen können. Gleichzeitig wurde unter der Leitung von Susanne Metzger das Zentrum für Didaktik der Naturwissenschaften aufgebaut. Dieses übernimmt zahlreiche Forschungs- und Entwicklungsaufträge und hat sich in der nationalen und internationalen Forschungslandschaft vielversprechend positioniert. Damit leistet die PH Zürich einen beträchtlichen Beitrag in der Nachwuchsförderung und in der Weiterentwicklung der Fachdidaktik Naturwissenschaften in der Schweiz.

Das Schweizerische Doktoratsprogramm in Fachdidaktik sollte nach der ursprünglichen Konzeption von Vertretungen der verschiedenen Fachdidaktik-Zentren gemeinsam getragen werden (vgl. Abt et al. 2007, 5–6). Allerdings wurden die Rahmenparameter dafür nur sehr rudimentär skizziert, und die Realität erwies sich als anspruchsvoller, als von den Autoren und Autorinnen des Projektteams vorhergesehen. Da die Pädagogischen Hochschulen in der Schweiz kein Promotionsrecht haben, muss eine Dissertation zwingend an einer universitären Hochschule eingereicht werden. Dort fehlt es aber, je nach Hochschule und angestrebtem Fach, an fachdidaktischer Expertise. Verschiedene Universitäten sind dabei, dieses Manko mit der Errichtung von Lehrstühlen in Fachdidaktik zumindest teilweise zu beheben. Es ist jedoch zu befürchten, dass dieser Prozess noch einige Zeit beanspruchen wird. Immerhin ist mittlerweile etwa an der Universität Zürich am Institut für Erziehungswissenschaft ein Doktoratsstudium Fachdidaktik möglich. Die Universität Basel und die PH FHNW haben gemeinsam das Institut für Bildungswissenschaften gegründet, das unter anderem auch einen Fokus auf die Fachdidaktiken ermöglichen soll. Das nationale Doktoratsprogramm in Fachdidaktik hat sich in der Zwischenzeit zu einem komplementären Angebot zusätzlich zu den Promotionsprogrammen der einzelnen Universitäten entwickelt, in dem transversale Fragestellungen über die Disziplingrenzen hinweg verfolgt werden. Hauptziel ist die Förderung und Etablierung eines Dialogs zwischen den einzelnen Fachdidaktiken und – wie bereits oben angeführt – des interdisziplinären Dialogs über die Sprachgrenzen hinaus (www.fachdidaktik.ch).

5. Fachdidaktiken als Alleinstellungsmerkmal der Schweizer PHs?

Die im Titel und am Ende der Einführung gestellte Frage, ob die Fachdidaktiken in der Tat als Alleinstellungsmerkmal oder eben als Unique Selling Point (USP) der Pädagogischen Hochschulen fungieren, kann nicht einfach affirmativ oder negativ beantwortet werden. Der Ausbildung von Lehrpersonen liegt immer ein komplexes Zusammenspiel von unterschiedlichen Kompetenzbereichen zugrunde, und idealerweise ergänzen sich dabei die Erziehungswissenschaft, die Fachwissenschaft und die Fachdidaktik auf positive Weise, um Lehrpersonen bestmöglich auf ihre anspruchsvollen Aufgaben vorzubereiten. Dieser wünschenswerte Zustand, insbesondere was die Fachdidaktik betrifft, ist an den Pädagogischen Hochschulen in der Schweiz vermutlich noch nicht erreicht worden. Das Ziel, den Studierenden und zukünftigen Lehrpersonen ein kohärentes fachdidaktisches Professionswissen mitzugeben, ist aber weiterzuverfolgen (vgl. Heitzmann 2013). Als positives Signal kann sicher gewertet werden, dass bei aller Heterogenität der Entwicklungen schweizerische Beiträge zur Fachdidaktik international anerkennend zur Kenntnis genommen werden und dass Schritte wie die Gründung des Dachverbands Konferenz Fachdidaktiken Schweiz (KOFADIS) in die richtige Richtung weisen (vgl. a. a. O., 13). Immerhin wird auch in Deutschland den Fachdidaktiken weiterhin und zunehmend eine zentrale Rolle in der Ausbildung von Lehrpersonen zugesprochen (vgl. z. B. Giest 2005; Leuders 2015; Vollmer 2007).

In der Schweiz können seit der Gründung der Pädagogischen Hochschulen im Bereich der Fachdidaktiken klare Schritte in Richtung Professionalisierung festgestellt werden – die entsprechenden Bemühungen zur Einrichtung von Fachdidaktik-Zentren, Masterstudiengängen und Doktoratsprogrammen in Fachdidaktik sowie die projektgebundenen Beiträge 2017–2020 für den Aufbau der wissenschaftlichen Fachdidaktik im Rahmen des Hochschulförderungs- und -koordinationsgesetzes (HFKG) sind erkennbare Merkmale dieser Entwicklungen. Wenn Leuders (2015) auf seiner Liste der Desiderate für die Weiterentwicklung der Fachdidaktiken spezifische Programme der Forschungsförderung aufführt, kann dieses Postulat zumindest für 2017–2020 als erfüllt angesehen werden. Im gemeinsamen Positionspapier der Schweizer Hochschulen und Forschungsinstitutionen wird zudem festgehalten: «Das oberste Ziel pädagogischer Innovationen muss stets die Verbesserung der Qualität der Lehre sein» (Positionspapier 2015, 8). Bei dieser Forderung ist die Fachdidaktik zentral positioniert. Die Pädagogischen Hochschulen in der Schweiz müssen nun aus dieser Ausgangslage das Beste herausholen.

Literaturverzeichnis

Abt, Viktor, Dominique Arlettaz, Georges Lüdi, Sonja Rosenberg, Willi Stadelmann, Mathias Stauffacher und Hans Weder. 2007. *Parameter für die Einrichtung der Fachdidaktik-Zentren*. CRUS (Rektorenkonferenz der Schweizer Universitäten) / COHEP (Schweizerische Konferenz der Rektorinnen und Rektoren der Pädagogischen Hochschulen).

Adamina, Marco, Roger Alberto, Luigi Bazzigher, Peter Labudde, Susanne Metzger und Andreas Vaterlaus. 2010. «Kompetenzen.» *Master of Arts «Fachdidaktik Naturwissenschaften»: Joint-Master-Studiengang der Pädagogischen Hochschule Zürich, der ETH Zürich und der Universität Zürich*, 10–12. Online verfügbar unter: http://www.phzh.ch/Documents/phzh.ch/Ausbildung/Sek2/FDN_Brosch.pdf (8.9.2015).

Arnold, Karl-Heinz. 2007. *Unterrichtsqualität und Fachdidaktik*. Bad Heilbrunn: Klinkhardt.

Badertscher, Hans und Raphael Steinhöfel. 2009. «Master of Advanced Studies in Fachdidaktik der Universität Bern.» *Beiträge zur Lehrerbildung* 17 (1): 84–92.

Baumert, Jürgen und Mareike Kunter. 2006. «Stichwort: Professionelle Kompetenz von Lehrkräften.» *Zeitschrift für Erziehungswissenschaft* 9 (4): 469–520.

Demantowsky, Marko und Bettina Zurstrassen. 2013. *Forschungsmethoden und Forschungsstand in den Didaktiken der kulturwissenschaftlichen Fächer*. Bochum: Projekt.

Dressler, Bernhard und Lothar A. Beck. 2010. *Fachdidaktiken im Dialog: Beiträge der Ringvorlesungen des Forums Fachdidaktik an der Philipps-Universität Marburg*. Marburg: Tectum.

Fachkommission Fachdidaktik. 1998. «Impulse für die Fachdidaktik in der Schweiz.» *Beiträge zur Lehrerbildung* 16 (2): 222–230.

Giest, Hartmut. 2005. «Fachdidaktik – eine Standortbestimmung.» *Lern-Lehr-Forschung, LFF-Berichte 20*: 14–26. Online verfügbar unter: https://publishup.uni-potsdam.de/opus4-ubp/files/733/llh20_Giest2.pdf (8.9.2015).

Hass, Frank. 2006. *Fachdidaktik Englisch*. Stuttgart: Klett.

Heitzmann, Anni. 2013. «Entwicklung und Etablierung der Fachdidaktik in der schweizerischen Lehrerinnen- und Lehrerbildung: Überlegungen zu Rolle und Bedeutung, Analyse des Ist-Zustands und Reflexionen für eine produktive Weiterentwicklung.» *Beiträge zur Lehrerbildung* 31 (1): 6–17.

Hinz, Silke, Günter Nold und Stefan Papenberg. 2007. «Fachdidaktik und Unterrichtsqualität: spezifische Aspekte im Bereich Englische Sprache.» In *Unterrichtsqualität und Fachdidaktik*, hrsg. v. Karl-Heinz Arnold, 125–153. Bad Heilbrunn: Klinkhardt.

Kansanen, Pertti. 1999. «The Deutsche Didaktik and the American Research on Teaching.» *TNTEE Publications* 2 (1): 21–35.

KVFF Konferenz der Vorsitzenden Fachdidaktischer Fachgesellschaften. 1998. *Fachdidaktik in Forschung und Lehre*. Kiel: IPN.

Leuders, Timo. 2015. «Empirische Forschung in der Fachdidaktik – eine Herausforderung für die Professionalisierung und Nachwuchsqualifizierung.» *Beiträge zur Lehrerinnen- und Lehrerbildung* 33 (2): 215–234

Positionspapier. 2015. *Förderung von Bildung, Forschung und Innovation in den Jahren 2017-2020: Gemeinsames Positionspapier der Schweizer Hochschulen und Forschungsinstitutionen*. Mai 2015. Bern. Online verfügbar unter: http://www.netzwerk-future.ch/data/FUT_Positionspapier_17-20_d.pdf. (8.9.2015).

Rossa, Anne-Elisabeth. 2013. *Zum Verhältnis von Allgemeiner Didaktik und Fachdidaktik in der Lehrerbildung. Einschätzungen von Lehramtsstudierenden zur Fähigkeitsentwicklung in universitären Praxisphasen*. Bad Heilbrunn: Klinkhardt.

Shulman, Lee S. 1987. «Knowledge and Teaching: Foundations of the New Reform.» *Harvard Educational Review* 57 (1): 1–22.

Stadelmann, Willi. 2009. «Fachdidaktik: Etablierung von schweizerischen Zentren.» *éducation ch* 3: 3–4. Biel.

swissuniversities. 2015. «Masterangebote in Fachdidaktik.» Online verfügbar unter: http://www.swissuniversities.ch/de/themen/forschung/fachdidaktik/master-fachdidaktik/ (8.9.2015).

Terhart, Ewald. 2011. «Allgemeine Didaktik – Fachdidaktik – Lehr-Lern-Forschung.» In *Selbstdeutung und Fremdkonzept: Die Didaktiken der kulturwissenschaftlichen Fächer im Gespräch*, hrsg. v. Marko Demantowsky u. Volker Steenblock, 19–38. Bochum: Projekt.

Timmerhaus, Winfried. 2001. *Fachdidaktik als konstitutives Element universitärer Lehrerbildung. Bestandsaufnahmen, Analysen und Konzeptionen aus erziehungswissenschaftlicher Perspektive*. Marburg: Tectum.

Vollmer, Helmut Johannes. 2007. «Zur Situation der Fachdidaktiken an deutschen Hochschulen.» *Erziehungswissenschaft* 18 (35): 85–103.

Weskamp, Ralf. 2001. *Fachdidaktik: Grundlagen & Konzepte*. Berlin: Cornelsen.

Pädagogische Hochschulen und ihre Standorte

Die Lehrerbildung als Teil
des Zürcher Schmelztiegels

Sebastian Brändli

Der heutige Bestand an Lehrerbildungsinstitutionen in der Schweiz ist historisch gewachsen. Während die frühere seminaristische Konzeption eine breite räumliche Verteilung im Sinne dezentraler Mittelschulen zuliess, wurde mit der Positionierung der Lehrerinnen- und Lehrerbildung im Rahmen von Hochschulen der Druck auf Konzentration grösser. Der Konzentrationsprozess lief dort, wo innerhalb eines Kantons Institutionsfusionen nötig waren, relativ erfolgreich ab, so etwa in den grossen Kantonen Zürich und Bern. Schwieriger war der Prozess, wo mit der Konzentration ein Stück des kantonalen Bildungsföderalismus gefährdet war: Paradebeispiel eines interkantonalen Fusionsprozesses ist die Nordwestschweiz mit der Integration aller Lehrerbildungsinstitutionen der Kantone Aargau, Basel sowie Solothurn. Eine andere Dimension der Entwicklung galt und gilt dem Zusammenwachsen von Lehrerinnen- und Lehrerbildung mit anderen Hochschultypen; während historisch vor allem die Integration der Lehrerbildung in die Humboldt'sche Universität angestrebt wurde, steht heute nach Schaffung der Pädagogischen Hochschulen die Zusammenarbeit mit Fachhochschulen und Universitäten im Vordergrund. Durch die neuen Bedingungen des Bundesgesetzes über den Hochschulraum (Hochschulförderungs- und -koordinationsgesetz) dürfte indessen auch die Frage nach einer konsequenteren (überkantonalen) Regionalisierung nochmals diskutiert werden müssen.

Heute zählt man siebzehn Institutionen der Lehrerbildung in der Schweiz, die – meist als Pädagogische Hochschulen – insgesamt rund 17 000 Lehramtsstudierende ausbilden. Vor fünfzig Jahren war die Zahl der Ausbildungsstätten, die für den Lehrberuf vorbereiteten, um ein Vielfaches höher. Und die Vielfalt dieser Institutionen war gross: Es gab Lehrerseminare mit Maturaabschluss und gleichzeitigem Lehrpatent ebenso wie nachmaturitäre Ausbildungsstätten oder solche, die an Diplommittelschulen anschlossen. Teilweise geschah die Ausbildung an Universitäten – wie zum Beispiel gesamthaft in Genf, oder jene der Gymnasial- und der Berufsschullehrkräfte in Zürich –, teilweise waren die Institutionen in grössere Kontexte eingebunden, teilweise funktionierten Kleinstorganisationen als Fachschulen verschiedener Couleur. Erst die gesamtschweizerische Diskussion um die Zukunft der Lehrerbildung, die in den 1970er-Jahren vor allem auch in der Erziehungsdirektorenkonferenz (EDK) geführt wurde, liess den grossen Revisions- und Reorganisationsbedarf des historisch gewachsenen Lehrerbildungssystems erkennen (vgl. EDK 1975). Erst in den 1990er-Jahren konnte im Nachgang bzw. teilweise synchronisiert mit der Entwicklung der höheren Fachschulen zu Fachhochschulen die Diskussion um die Errichtung von Pädagogischen Fachhochschulen bzw. Pädagogischen Hochschulen wieder aufgenommen und auch mit der Gründung neuer – grösserer – Institutionen zu einem vorläufigen Abschluss gebracht werden (vgl. Bircher et al. 2007).

«Vorläufig» nenne ich den Abschluss, weil absehbar ist, dass sich die Landschaft der Pädagogischen Hochschulen in den nächsten Jahren nochmals verändern wird. Die Institutionen sind zum Beispiel sehr unterschiedlich gross, aber auch unterschiedlich in inhaltlichen Fragen, sodass nochmals eine intensive Diskussion – auch auf politischer Ebene – unvermeidlich scheint. Apropos unterschiedlich gross: Die genannten etwa 17 000 Studierenden ergäben bei siebzehn Institutionen durchschnittlich tausend Studierende. Das klingt nach Hochschulen mit Fug und Recht. Doch da die grossen PHs teils mehrere Tausend Studierende ausbilden, bleibt für die kleineren Institutionen ein viel kleinerer Wert! Da stellt sich die Frage, ob Institutionen mit weniger als 500 Studierenden überhaupt Hochschulen sein können. Ob sich eine Hochschulkultur ausbilden kann. Ob sich Hochschulfacilities herausbilden, die zum Studium gehören.

1. Aufklärung, Genius loci und die Entstehung von Hochschulen

Die Zeit der Aufklärung kennt viele gute Vorschläge für die Verbesserung des Bildungswesens. In der Schweiz am besten bekannt sind wohl die «Patriotischen Träume», die der Luzerner Ratsherr Franz Urs von Balthasar 1758 veröffentlichte, sowie der Gesetzesvorschlag, den Philipp Albert Stapfer im November 1798 als Bildungsminister dem helvetischen Parlament unterbreitete (Actensammlung der Helvetischen Republik 1798–1803, 602–616; Brändli 2002, 15–28). Weniger bekannt ist ein Werk aus derselben Zeit, das allerdings direkt in unser Thema eingreift: Conrad Tanners «Vaterländische Gedanken über die mögliche gute Auferziehung der Jugend in der helvetischen Demokratie», die er, der spätere Abt des Klosters Einsiedeln, 1787, zwei Jahre vor der Französischen Revolution, zusammen mit Anton Hedlinger in Zürich anonym veröffentlichte. Die «Vaterländischen Gedanken» nehmen in vielerlei Hinsicht Rekurs auf die gängigen Vorschläge der Aufklärung, wagen indessen einen deutlich eigenen Akzent im Bereich der Generalisierbarkeit von institutionellen Modellen. Tanner und Hedlinger betonen, dass alles, was im Buch behandelt sei, «nicht aufs allgemeine» gehe, «sondern blos auf die Gegenden, Menschen und Sitten, die man vor sich hat, blos aufs Lokale, dessen Bedürfniss der würdige Verfasser ganz kennt» (Tanner u. Hedlinger 1787, 5–6). Damit entfernt sich das Autorenduo, mindestens rhetorisch, vom aufgeklärten Mainstream, der auf das Allgemeine, insbesondere auf allgemeine Verbesserung der Bildung, zielt; dafür konzentriert es sich auf das «Lokale» und hofft (oder glaubt), mit dieser Beschränkung die unterschiedlichen Parameter vor Ort besser kontrollieren zu können. Mit diesem Lokalbezug ist aber auch das Tor für «besondere institutionelle Settings vor Ort» geöffnet, die eine kluge Standortpolitik im Hochschulwesen vorantreiben können.

Zürichs Genese als Wissenschaftsstandort ist dem Reformator Huldrych Zwingli geschuldet (Brändli 2012a, 164–179; Brändli 2012b, 143–181). Seine 1525 gegründete Hochschule, «Prophezey» genannt, bildete einerseits den theologischen Nachwuchs, war anderseits der Kern zu all den späteren Erweiterungen eines modernen Hochschulplatzes. Im beginnenden 16. Jahrhundert lag für eine reformierte Stadt die Errichtung einer päpstlich legitimierten Universität ausser Reichweite, so blieb die Schule trotz Ausbau in Richtung der Natur- und Geisteswissenschaften bis in die napoleonische Zeit eine sogenannte «Hohe Schule». Erst im Zuge der utilitaristischen Bewegung wurde 1782 mit der Gründung des «Medizinisch-chirurgischen Instituts» die Expansion der höheren Bildung eingeleitet, der 1807 die Gründung eines «Politischen Instituts» zur Ausbildung von Juristen und Staatswissenschaftlern folgte. Erst nach der bürgerlichen Revolution 1830, in der sogenannten Regenerationszeit, wurde schliesslich die Universität durch Zusammenzug der bisherigen Institutionen sowie durch die Gründung einer neuen – der philosophischen – Fakultät gegründet (Brändli 2007, 167).

Was braucht es also, um ein Hochschulstandort zu werden? Und was braucht es, um ein erfolgreicher Hochschulstandort zu werden? Eine unabdingbare Voraussetzung ist dabei immer der politische Wille des Souveräns – sei dies nun ein Fürst, wie in früherer Zeit in Italien oder Deutschland, die Stadtbürgerschaft, wie im Falle Basels 1459, oder die Stimmbevölkerung, wie im Falle Zürichs 1832.[1]

«Durch den Willen des Volkes», heisst es über dem Südportal der Universität Zürich – dieser Grundsatz ist für das erfolgreiche Ansiedeln von Hochschulen an einem Standort also ausschlaggebend. Das bedeutet indessen auch, dass dem politischen Willen eine gewisse Definitionsmacht über das Angebot eingeräumt wird. So sind etwa strukturelle Grundsatzentscheide, zum Beispiel, welche Fakultäten eine Universität ausmachen sollen oder wie die Lehrerbildung ins Hochschulangebot integriert wird, möglichst auf Gesetzesstufe zu regeln und damit letztlich dem Entscheid des Souveräns zu überantworten. Im schweizerischen Kontext ist dieses Modell überall verwirklicht: Der Schweizer Stimmbürger wird ja ohnehin häufig an die Urne gerufen, und über das fakultative Gesetzesreferendum sowie das Gesetzesinitiativrecht, das in fast allen Kantonen gilt, ist auch die Möglichkeit der politischen Einflussnahme auf diese Angebotsfragen gegeben. Diese Zuständigkeit bedeutet auf der andern Seite aber auch, die Grenze zur Autonomie der Wissenschaftsinstitutionen zu respektieren. Sind die Grundsatzfragen per Gesetz einmal festgelegt, soll sich «die Politik» aus der Gestaltung des Hochschulangebotes möglichst heraushalten.

---

1 Die Universität Zürich legt auf ihrer Homepage Wert darauf, als erste Universität auf modern-demokratische Weise entstanden zu sein: «Es ist die erste Universität Europas, die nicht von einem Landesfürsten oder von der Kirche, sondern von einem demokratischen Staatswesen gegründet wird» (http://www.uzh.ch/about/portrait/history.html, 13.5.2015).

2. Regionalisierung als Ordnungsprinzip

Nicht zuletzt durch das erwähnte grundsätzliche Primat der Politik bei der Gestaltung des Studienangebots wird deutlich, welche Verantwortung den Entscheidungsträgern zukommt. Verantwortung einer territorial verankerten Behörde ruft indes auch nach geeigneten Aufgaben bzw. nach einer geeigneten Finanzierung. Die Deckung von Aufgaben, Verantwortung und Finanzierung im Sinne fiskalischer Äquivalenz (vgl. Frey 1977; Frey u. Eichenberger 1999) ist in Bildungsorganisationsfragen zwar nie erreichbar, ihr Fehlen führt allerdings immer zu grösseren und kleineren Problemen. Hauptursache für die Nicht-Erreichbarkeit dieser Deckung ist die Natur der Bildung selbst, indem sogenannte Spill-over-Effekte, also die Wirkung über das bezeichnete Territorium hinaus, zu den Grundeigenschaften, ja Grundzielen von Wissenschaft und Bildung, von Forschung und Lehre gehören. Natürlich nützt eine wissenschaftliche Entdeckung auch der Region, in der diese gemacht wird. Der Hauptnutzen indes, der Gebrauch der Entdeckung für pragmatische Zwecke, kommt letztlich allen zugute.

In der Universitätsgeschichte der Schweiz haben die Städte aus jeweils aktuellen Gründen die Initiative ergriffen, eine Hochschule zu gründen oder zu stiften. Ein übergeordneter Plan, eine Koordination der Initiativen, lag diesem Vorgang nie zugrunde. Vielmehr hat in der frühen Neuzeit die Frage der Priesterausbildung, die in den reformierten Kantonen von Rom losgelöst in eigener Regie zu organisieren war, zur Bildung von hochschulischen Ausbildungsstätten entscheidend beigetragen. Aus diesen Nuklei sind im 19. Jahrhundert dann durch Humbold'tsche Erweiterungen die kantonalen Universitäten entstanden. Zuerst jene, die mit einer medizinischen Fakultät das ganze Spektrum der Wissenschaften abdecken (ohne Ingenieurwissenschaften, die vollumfänglich der ETH Zürich zugehalten wurden), dann auch «Spartenuniversitäten», die – in der Regel aus Gründen der Kleinheit – auch nur einen Teil der Fakultäten anbieten.[2] In diesem Sinne ist die Schweizer Universitätslandschaft bis zur Gründung der Fachhochschulen spontan gewachsen, aus der lokalen Initiative der Standorte heraus. Auch die Zahl der Universitäten und jene der medizinischen Fakultäten oder der Italienisch-Lehrstühle oder weiterer Angebote ist daher seit je eher ein Zufallsprodukt gewesen als ein geplanter Akt. Planung oder wenigstens Koordination war dann gegen Ende der 1960er-Jahre durch den Erlass des Hochschulförderungsgesetzes des Bundes eine Option, die einzelne Votanten im Bundesparlament auch vehement forderten; das Gesetz selber gab aber keine Handhabe für einen Bundesvollzug – noch heute, fünfzig Jahre später, ist die Frustration über die angeblich ausgebliebene universitäre Koordination in den Wandelhallen von Bundesbern hie und da spürbar (vgl. Brändli n. v.).

Ebenfalls im Sinne einer Koordination zum Zwecke der Ausmerzung von Doppelspurigkeiten bzw. Ressourcenverschwendung, orientiert am Modell der fiskalischen Äquivalenz, wurde deshalb in der zweiten Hälfte des 20. Jahrhunderts die Idee geboren, der bestehenden Universitätsstruktur der Schweiz eine regionalstrukturelle Verankerung überzustülpen (Frey 1977, 67; Frey 1997, 59–70). Das Ziel einer solchen Struktur wäre gewesen, alle Kantone in die Trägerschaft von Universitäten einzubinden, um so eine bessere Deckungsgleichheit von Nutzen, Verantwortung und Finanzierung zu erreichen, was nach Meinung der Vertreter dieser These auch zu einer besseren Koordination der Angebote geführt hätte.

Auf die Universitäten bezogen, hatte der Vorschlag von René L. Frey kaum Auswirkungen. Zwar arbeiteten mehrere Universitäten

---

2 Prominentes Beispiel einer Spartenuniversität ist die HSG (Universität St. Gallen), die erst in den 1990er-Jahren förmlich zur Universität wurde; sie bietet nur Rechts- und Wirtschaftswissenschaften an. Spartenuniversitäten in diesem Sinne sind auch die Neugründungen im Tessin (Università della Svizzera italiana USI) oder in Luzern (Universität Luzern).

im Sinne der Regionalisierung – vor allem bei der Realisierung von Kooperationsprojekten gemäss Universitätsförderungsgesetz (UFG) – als Nachbarn zusammen.[3] Eine flächendeckende Trägerstruktur der kantonalen Universitäten wurde aber nicht sichtbar. Im Gegensatz dazu gelang es dem Bund, beim Aufbau der Fachhochschulen Aspekte der Regionalisierung im Sinne von Frey zu berücksichtigen. Frey selbst hat in einer Anmerkung zu einer Veröffentlichung Mitte der 1990er-Jahre diese Interpretation jedenfalls vorgebracht: «Dieses Modell liegt auch der geplanten Fachhochschulstruktur zugrunde. Geplant sind rund zehn vom Bund zu fördernde Fachhochschulen, was zur Bildung von kantonsübergreifenden Fachhochschulregionen zwingt» (Frey 1997, 67). Und in der Tat hat die vom Bund verordnete Beschränkung der Zahl anerkannter Fachhochschulen in der Schweiz den Effekt erzielt, dass fast alle Kantone Träger von Fachhochschulen sind bzw. geworden sind – selbstständig, das heisst allein, oder via Konkordate in die Trägerschaft von Fachhochschulen eingebunden.

Damit hat sich die Unterscheidung von Hochschulkantonen und Nicht-Hochschulkantonen tendenziell verringert. Dies verdeckt indessen, dass die Kantone immer noch sehr unterschiedlich für «ihre» Hochschulen verantwortlich sind – ein echtes neues Trägerkonkordat wurde nur gerade von den Kantonen der Nordwestschweiz errichtet, die ihre Hochschulen zu einer einzigen Institution – zur FHNW – fusionierten (Aargau, Basel-Stadt, Basel-Landschaft, Solothurn). Zudem ist nach den ersten Jahren der

---

3   Zusätzliche Mittel flossen vor allem ins Regionenprojekt «Arc lémanique» (EPFL, Universitäten Lausanne und Genf) sowie in die Zusammenarbeit der beiden Mittelland-Universitäten Bern und Freiburg im Bereich der Naturwissenschaften. – Der Regierungsrat Zürich erwog eine Beteiligung des Kantons Aargau an der Universität Zürich und «reservierte» bei der erstmaligen Besetzung des Universitätsrates 1998 einen Sitz als Vertretung des Nachbarkantons; diese Konzeption wurde indessen wieder fallen gelassen.

Erfahrung fraglich, ob die vom Bund erzwungene Regionalisierung der Trägerschaften faktisch der Koordination des nationalen Gesamtangebots diente oder ob das Gemisch zwischen verordneter Koordination und gelebter Konkurrenz nicht erneut Anreize für Fehlallokation bot und bietet.

3. Nationalisierung oder Regionalisierung der Lehrerbildung?

Die Bildungshoheit der Kantone ist nach wie vor gültig, sie sind für «ihre» Volksschule zuständig – trotz des neuen Bundesverfassungsartikels 61a.[4] Aus dieser Verantwortung ergeben sich in den meisten Kantonen auch die Errichtung und der Betrieb einer eigenen Lehrerbildungsstätte, seit Gründung der Pädagogischen Hochschulen als solche Anfang des vorigen Jahrzehnts. Die politische Frage des Unterhalts einer eigenen kantonalen Volksschule war für die Weiterführung der kantonalen Lehrerbildungsstätten auch unter der Regie von Pädagogischen Hochschulen massgebend. Die Fragen nach den Kriterien, die eine hochschulische Lehrerbildung zu erfüllen hat, wurden erst in zweiter Linie thematisiert und beachtet.

Trotz dieser starken Bindung der Lehrerausbildung an die Kantone gibt es eine frühe – allerdings wenig erfolgreiche – Initiative, Lehrerbildung als nationales Projekt zu definieren und institutionell zu organisieren. Schon in den Jahren, als die Kantone daran gingen, ihre Volksschule zu organisieren – in der ersten Hälfte des

---

4 BV Art. 61a: Bund und Kantone sorgen gemeinsam im Rahmen ihrer Zuständigkeiten für eine hohe Qualität und Durchlässigkeit des Bildungsraumes Schweiz. Dagegen blieb Art. 62 Abs. 1 unverändert: Für das Schulwesen sind die Kantone zuständig.

19. Jahrhunderts –, gab es Bestrebungen, im Umfeld der damals einzigen schweizerischen Universität Basel die «Schullehrerausbildung» zu konzentrieren und damit auch auf einen akzeptablen Stand zu heben. In der «Wissenschaftlichen Zeitschrift, hg. von Lehrern der Baseler Hochschule» wurde 1826 ein «Plan zu einer für die Schweiz zu errichtenden pädagogischen Anstalt in Basel» veröffentlicht.[5] «Wenn wir nun glauben, dass eine schweizerische Hochschule in unserer an Bildungsmitteln ziemlich reichen Stadt (Basel) für eine solche allgemeine schweizerische Bildungsanstalt vorzüglich gesegnet seyn dürfte, so können wir uns zunächst auf diejenigen selbst berufen, welche eine solche Vorbildung, sey es als Volksschullehrer oder als Lehrer an Mittelschulen, für sich als nothwendig ansehen», erläutern die Autoren ihren Vorschlag, und kämpfen damit für drei Zielsetzungen gleichzeitig: erstens für die Ausbildung von Lehrpersonen überhaupt, zweitens für eine Ansiedelung dieser Ausbildung an einer Hochschule[6] sowie drittens für Basel als Ausbildungsort. Die Argumentation der «Baseler Lehrer» orientiert sich am gängigen, aufgeklärten Diskurs der ausgehenden Restaurationszeit, der in Zürich zum Auftrag der gesamten Neugestaltung

---

5 Die Zeitschrift erschien 1823–1827. In der ersten Ausgabe ist ein programmatischer Text von Theologieprofessor Wilhelm M. L. de Witte abgedruckt, der generell die Rolle von Wissenschaft in der Gesellschaft thematisiert und als wichtig darstellt, gleichzeitig aber den Spagat zwischen Wissenschaft und deren Vermittlung an ein breiteres Publikum versucht: «Der höchste Zweck, der uns vorschwebt, ist, die gebildeten Bewohner der Schweiz für eine allgemeine Theilnahme an der Wissenschaft zu gewinnen» (1823). – Zit. nach dem Exemplar der Zentralbibliothek Zürich (Z Gal XXX 183).

6 Die Autoren des «Plans zu einer für die Schweiz zu errichtenden pädagogischen Anstalt» fordern keine direkte Integration ihres Ausbildungsangebots in die Universität, sie betonen aber die Befruchtung, die durch enge Zusammenarbeit entsteht. – Die Frage der Anbindung der Primarlehrerausbildung an bzw. ihrer Eingliederung in die Universität hat in der Schweiz eine lange Geschichte, die vor allem in Zürich, Basel, Genf und Bern ausgefochten wurde (Brändli 2007).

des höheren Erziehungswesens – noch unter den Bedingungen der Restaurationsverfassung – geführt hat (Nabholz 1938, 149–150). Wenige Jahre später, zu Beginn der 1830er-Jahre, führten die regenerierten Kantone dann auch die Volksschule und die übrigen Neuerungen im Bildungswesen unter Zuhilfenahme dieser Argumentation ein.

Mitte der 1820er-Jahre hatte der Basler Vorstoss für eine nationale Lösung der Lehrerbildung keinen Erfolg, und das blieb so – bis heute. Mit der Volksschule blieb auch die Aus- und Weiterbildung der Lehrpersonen bis heute im Wesentlichen eine Kantonssache. Eine nationale Lösung wurde auch nach der Gründung des Bundesstaates nicht mehr vorgeschlagen – nach Aufgabe der Idee einer «Nationaluniversität» in den 1850er-Jahren war auch ein Nationalinstitut der Lehrerbildung undenkbar geworden. Bei der Diskussion um das aktuelle nationale Hochschulgesetz (Hochschulförderungs- und -koordinationsgesetz HFKG vom 30. September 2011) klammerte man die Pädagogischen Hochschulen dezidiert aus dem Geltungsbereich aus; erst bei der Plenumsdebatte im Zweitrat kam eine materielle Bestimmung betreffs Aufnahmebedingungen zu den Pädagogischen Hochschulen – fast beiläufig und undiskutiert – ins Gesetz.[7]

Der Aufbau von regionalen Fachhochschulen führte indes wenigstens in einzelnen Konstellationen der Schweiz zu regionalen Lösungen. So wurden insbesondere in der Nordwestschweiz die vormals kantonalen Lehrerbildungsstätten der betroffenen Kantone in die Pädagogische Hochschule Nordwestschweiz (als Departement der Fachhochschule Nordwestschweiz) integriert – eine gelungene Regionalisierung der Lehrerbildung! Kleinere Kantone – etwa jene der Zentralschweiz – fügten kantonal errichtete, aus Hochschulsicht wohl unterkritische Pädagogische Hochschulen im Rahmen einer

---

[7] Der Zweitrat war der Nationalrat. Vgl. HFKG, Art. 24, Zulassung zu den Pädagogischen Hochschulen.

Dachorganisation in eine regionale Hochschule zusammen; diese Zusammenarbeit wurde allerdings nach wenigen Jahren Pilotphase wieder aufgegeben.[8] Andere kantonale Lösungen wurden weiterentwickelt und im Rahmen von innerkantonalen Fusionsprozessen optimiert. In St. Gallen etwa wurden die Sekundarlehrer- und die Primarlehrerausbildung fusioniert, während in Thurgau und in Graubünden die Umgestaltung zur PH in alleiniger Regie erfolgte. Die beiden grössten Deutschschweizer Kantone, Bern und Zürich, stellten im Rahmen einer nationalen Strategie bereits Regionen dar und bauten ihre Pädagogischen Hochschulen im Rahmen eines innerkantonalen Zusammenzugs vormaliger Lehrerbildungsanstalten aus.[9]

4. Schmelztiegel der Wissenschaft: Der Hochschulplatz Zürich und seine Lehrerbildung

Zürich ist ein altes Wissenschaftspflaster. Spätestens seit der Zeit Zwinglis sind Hochschulinstitutionen fassbar. Berühmt geworden sind Zürcher für ihre wissenschaftlichen Verdienste schon vor dieser Zeit, etwa Felix Hemmerlin (1388/89–ca. 1458), Autor der Schrift

---

[8] Trägerschaft war ein Konkordat der sechs zentralschweizerischen Kantone Luzern, Schwyz, Uri, Obwalden, Nidwalden und Zug. Auflösung des Konkordats auf Ende Juli 2013.

[9] In Zürich wurden elf vormalige Lehrerbildungsanstalten 2003 unter dem Dach der PH Zürich zusammengezogen (Sekundarlehramt UZH, Real- und Oberschullehrerseminar, mehrere Primar-, Fachlehrer- und Kindergärtnerinneninstitutionen sowie das Pestalozzianum); auch die Ausbildung der Berufsschullehrkräfte wurde inzwischen der PH Zürich übertragen, während die Ausbildung der Gymnasiallehrpersonen bei der Universität verblieb. (Brändli 2007).

«De nobilitate et rusticitate dialogus». Die Anzahl der Gelehrten mit überregionaler Bedeutung wurde grösser, als der frühneuzeitliche Stadtstaat begann, in entsprechende Institutionen zu investieren. Zum Beispiel ermöglichte er, dass Chorherren in der Stadt residierten und Pfründen erhielten, um sich der Bildung und der Wissenschaft zu widmen: etwa die Naturwissenschaftler Conrad Gessner (1516–1565) und Johann Jakob Scheuchzer (1672–1733) sowie die Philosophen bzw. Philologen Johann Jakob Bodmer (1698–1783) und Johann Jakob Breitinger (1701–1776). 1832 begründete die Zürcher Regierung (Kleiner Rat mit Bestätigung des Grossen Rates) mit Erlass des Unterrichtsgesetzes (Zürcher Unterrichtsgesetz 1832, 313–367) die Universität mit vier Fakultäten. 1855 wurde das vom Bund geschaffene Polytechnikum, die spätere ETH Zürich, in der Limmatstadt angesiedelt. In den Jahren Zürichs als Hochschulplatz zeugt die grosse Zahl von Nobelpreisträgern, die mit Zürcher Institutionen verbunden waren und sind, vom fruchtbaren wissenschaftlichen Boden. Dabei war die Zusammenarbeit der Institutionen – vor allem der ETHZ und der UZH – von grösster Bedeutung. Die Universität beispielsweise stand beim Ausbau ihrer naturwissenschaftlichen Fächer in steter Aushandlung mit der ETH, die Anstellungen erfolgten häufig gemeinsam.[10]

Die Gründung der Universität diente von Beginn an dem doppelten Zweck, einerseits Wissenschaft generell zu betreiben, anderseits akademische Berufsleute für den lokalen Bedarf auszubilden.

---

10 «Schon damals wurde die Institution der ‹Doppelprofessur› entwickelt; die Formel lautete: ‹Professor am Polytechnikum und ausserordentlicher Professor an der Universität›. Viele Spezialfächer und -gebiete konnten in Zürich deshalb abgedeckt werden, weil sich die beiden Institutionen in gegenseitiger Abhängigkeit entwickelten, so wurde etwa der erste Ordinarius für Astronomie, Johann Rudolf Wolf, nach einem ersten Anstoss durch die Universität von der ETH berufen, weil gleichzeitig auch die wissenschaftliche Sternwarte – […] durch Semper – errichtet werden konnte (auch diese Tat übrigens gemeinsam)» (Brändli 2012a, 170).

Konkret bestimmte § 142 des Universitätsgesetzes: «Die Aufgabe der Hochschule ist, theils das Gesammtgebieth der Wissenschaft zu bearbeiten und zu erweitern, theils die Zwecke des Staates und der Kirche durch höhere wissenschaftliche Berufsbildung zu fördern» (a. a. O., 313–367).[11] Damit war die Grundlage für die Entwicklung des höheren Bildungswesens und der Förderung der Wissenschaft in Zürich gelegt. Mit der «höheren wissenschaftlichen Berufsbildung» war indessen die Ausbildung der Volksschullehrkräfte nicht mitgemeint; es galt lediglich für die Mediziner, die Juristen und die Theologen. Mit der gleichen Gesetzesgrundlage, dem Zürcher Unterrichtsgesetz von 1832, wurde aber auch ein kantonales Lehrerseminar in Küsnacht am Zürichsee geschaffen. Versuche der demokratischen Partei, die Lehrerbildung nach dem Ja zur Verfassung im Jahre 1869 an die Universität zu holen, wurden indessen vom Souverän in der Folge abgelehnt. Erst in der Zwischenkriegszeit wurde mit dem sogenannten Oberseminar eine spezifische, nachmaturitäre Lehrerbildung geschaffen, die allerdings erst nach dem Zweiten Weltkrieg erstmals durchgeführt wurde (1952). Eine generelle Neukonzeption brachte das Lehrerbildungsgesetz von 1978, in dem die Bezeichnung «Hochschule» explizit vermieden und stattdessen weiterhin von «Seminarien» gesprochen wurde.

Als das Zürcher Parlament 1997 den Antrag der Regierung auf Schaffung eines neuen Universitätsgesetzes diskutierte, wurde auch die Verantwortung der Zürcher Hochschulen für die Lehrerbildung erneut thematisiert. Der damalige Rektor der UZH, der Theologieprofessor Hans Heinrich Schmid, trat vehement für das Verbleiben der Gymnasiallehrerausbildung an der Universität ein, während

---

11 Vgl. auch Art. 22 des Berner Hochschulgesetzes 1834: «Die Hochschule ist eine höhere Lehranstalt, welche im Allgemeinen den Zweck hat, die Wissenschaft zu fördern, und im Besondern, die reifere Jugend zur Ausbildung jedes wissenschaftlichen Berufes zu befähigen.»

eine Abgabe der Verantwortung für die Lehrpersonen der Sekundarstufe eher toleriert wurde. Bereits 1997 wurde über die Schaffung einer einzigen Zürcher Lehrerbildungsanstalt in Form einer Pädagogischen Hochschule oder Fachhochschule diskutiert, diese Diskussionen führten zum Gesetz über die Pädagogische Hochschule, das im Jahre 2000 angenommen wurde und 2003 zur Gründung der neuen Institution führte. Betreffend Zuordnung der einzelnen Stufenausbildungen wollte sich der Kantonsrat nicht allzu stark festlegen. Er liess zu, dass für die Gymnasiallehrpersonen weiterhin die UZH führend tätig war, obwohl gemäss Gesetz dafür eigentlich auch die PH Zürich eine Verantwortung hätte übernehmen müssen. Die unscharfe Zuordnung hatte auch nicht allzu lange Bestand, bereits 2014 wurde sie durch einen eindeutigen Wortlaut auf Gesetzesstufe ersetzt.[12]

Damit sind nun zwei kantonale Institutionen sowie die ETHZ auf dem Platz Zürich in der Lehrerbildung engagiert: die PH Zürich mit ihrem gesamten Leistungsauftrag, der alle Volksschulstufen sowie die Berufsbildung umfasst, die UZH dagegen mit der pädagogischen Ausbildung, die auf einen Fachmaster aufbaut und auf das Diplom für Maturitätsschulen hinarbeitet; auch die ETHZ bildet in ihren Fächern Gymnasiallehrpersonen aus.

Wie bereits erwähnt, ist die PH Zürich als grosse Lehrerbildungsinstitution nicht auf eine zusätzliche Regionalisierung zwecks Erreichen einer kritischen Grösse angewiesen. Im Sinne einer Sicherung und Verbesserung des Angebots sowie im Sinne des Aufbaus

---

12 Geändert wurden das Universitätsgesetz (UniG) und das Gesetz über die Pädagogische Hochschule (PHG). Im UniG wurde ein neuer Paragraf 5a eingefügt: «Die Universität bietet die Aus- und Weiterbildung für die Lehrkräfte der Mittelschulen an. Sie arbeitet dabei mit den von der für das Bildungswesen zuständigen Direktion bezeichneten Stellen zusammen.» Im Gegenzug wurde die PH Zürich mit der Ausbildung von Berufsfachschullehrpersonen betraut.

einer genügenden Fachdidaktik in der Schweiz ist jedoch auch die PH Zürich auf die Zusammenarbeit mit andern Hochschulen angewiesen. Der Kanton als Träger sähe ein besonders fruchtbares Zusammengehen vor allem mit den Universitäten vor Ort.

5. Ausblick

Was bringt das Hochschulförderungs- und -koordinationsgesetz? Das HFKG ist ein Rahmengesetz, das vor allem für die Träger von Hochschulen geeignete Governance- und Koordinations-Strukturen schafft. Für die wissenschaftlichen Institutionen selbst bringt das neue Bundesgesetz in Verbindung mit dem interkantonalen Konkordat mindestens drei wichtige Innovationen: Erstens benutzt das HFKG eine Zwei-Kategorien-Typologie von Hochschulen, indem es Universitäten (inkl. ETH) und Fachhochschulen (inkl. Pädagogische Hochschulen) unterscheidet; «die Politik» (zum Beispiel die das HFKG befürwortende Mehrheit des Bundesparlaments), aber auch verschiedene Expertengremien vertreten dezidiert die Meinung, aus dieser Unterscheidung resultierende unterschiedliche Profile seien konsequent zu nutzen.[13]

Zweitens ist diesen beiden Hochschultypen grundsätzlich die gleiche Art von «Hochschulautonomie» gewährleistet. Und drittens werden Hochschulen nur durch die institutionelle Akkreditierung berechtigt, ihre Bezeichnungen zu führen und entsprechende akademische Titel zu vergeben. Vor allem die Auflage, als Hochschule eine institutionelle Akkreditierung zu durchlaufen

---

13 Etwa der Schweizerische Wissenschafts- und Innovationsrat SWIR. «Die Tertiärstufe des Schweizer Bildungssystems. Bericht und Empfehlungen des Schweizerischen Wissenschafts- und Innovationsrates.» Bern 2014, S. 21–22.

und zu bestehen, wird in den Institutionen noch für einige Arbeit sorgen und auf die hochschulinternen Qualitätssicherungs- und Managementsysteme einen vereinheitlichenden Impact ausüben. Ob sich für die kleinen Pädagogischen Hochschulen, wie von ihnen befürchtet, eine Mindestgrösse als Kriterium herausbilden wird, ist offen. Es wäre aber ein Gewinn, wenn aus Qualitätsgründen auch einer (überkantonalen) Regionalisierung Raum geschaffen würde.

Letztlich war und ist das HFKG aber eine politische Vorlage, die die Quadratur des Zirkels lösen soll, dass zwar die Kantone auch im Hochschulwesen Bildungshoheit beanspruchen, der Bund aber – gestützt auf die Bundesverfassung – ebenfalls legitimiert ist, Hochschulen zu gründen und zu betreiben (was er mit dem ETH-Bereich und seinen Institutionen ja auch hervorragend tut). Das HFKG löst diese Quadratur allerdings letztlich ungenügend, bringt die doppelte Logik zwischen politischem (kantonalem) Föderalismus und «institutionellem Föderalismus» (Hochschulautonomie), also zwischen der «Autonomie der Kantone» und der «Autonomie der Institutionen», nicht auf den Punkt und verwischt die realen Probleme und damit auch die realen Chancen. Zudem unterscheidet das Gesetz – anders als das frühere Universitätsförderungsgesetz (UFG) – auch nicht mehr zwischen dem Föderalismus aller Kantone und dem Hochschulföderalismus. Für die strategische Positionierung der Institutionen von Nachteil ist zudem, dass das HFKG auch das Verhältnis von Koordination bzw. Kooperation einerseits, Wettbewerb anderseits nicht auslotet bzw. einer allfälligen Beschlussfassung der zuständigen Organe überlässt. Es ist jedoch sehr fraglich, ob in der wichtigen Frage einer vernünftigen Regionalisierung der Lehrerbildung strukturelle Entscheide möglich sein werden.

Literaturverzeichnis

Actensammlung der Helvetischen Republik. 1798–1803. Band 3, 602–616.
Balthasar, Franz Urs von. 1758. *Patriotische Träume eines Eydgnossen von einem Mittel, die veraltete Eydgnossschafft wieder zu verjüngeren.* O. O. («Freystadt», wohl Luzern).
Bircher, Walter, Sabina Larcher Klee, Marcel Schmid und Peter Sieber, Hrsg. 2007. *Der Weg zur Pädagogischen Hochschule* Zürich. Zürich: Verlag Pestalozzianum.
Brändli, Sebastian. 2002. «Vom scheinbaren Zwiespalt des Realismus und Humanismus zur Modernisierung der höheren Bildung in der Schweiz.» *Traverse, Geteilte (Aus-)Bildungswelt* (3): 15–28.
Brändli, Sebastian. 2007. «Pädagogische Hochschule oder Pädagogische Fachhochschule?» In *Der Weg zur Pädagogischen Hochschule Zürich,* hrsg. v. Walter Bircher et al., 88–94. Zürich: Verlag Pestalozzianum.
Brändli, Sebastian. 2012a. «Zürich: Bildung, Wissenschaft und Forschung der Spitzenklasse.» In *Greater Zurich. Innovativer Wirtschaftsstandort und Kulturraum,* hrsg. v. Patricia Bühn, 164–179. München: Bühn.
Brändli, Sebastian. 2012b. «Berufungsstrategien als Erfolgsfaktoren: Lehrstuhlpolitik und Berufungsverfahren an den jungen Reformuniversitäten der Deutschschweiz.» In *Professorinnen und Professoren gewinnen. Zur Geschichte des Berufungswesens an den Universitäten Mitteleuropas,* hrsg. v. Rainer Christoph Schwinges, 143–181. Basel.
Brändli, Sebastian. n. v. «Die Schweiz vor unübersichtlichen Mammuthochschulen zu bewahren. Systembildung und Hochschulreformen in der Schweiz der 1960er Jahre.» In *Universität – Reform. Ein Spannungsverhältnis langer Dauer.* (Arbeitstitel, Druck in Vorbereitung).
EDK. 1975. *Lehrerbildung von morgen: Grundlagen, Strukturen, Inhalte,* hrsg. v. Fritz Müller et al. Hitzkirch: Comenius Verlag.
Frey, René L. 1977. *Zwischen Föderalismus und Zentralismus. Ein volkswirtschaftliches Konzept des schweizerischen Bundesstaates.* Bern/Frankfurt a. M.: Herbert Lang.
Frey, René L. 1997. «Universität – Wirtschaft – Staat: Leistungsfähige Hochschulen zur Stärkung der regionalen Wettbewerbsfähigkeit.» In *Wandel im tertiären Bildungssektor,* hrsg. v. Marcel Herbst et al., 59–70. Zürich: vdf.
Frey, René L. und Reiner Eichenberger. 1999. *The New Democratic Federalism for Europe – Functional Overlapping and Competing Jurisdictions.* Cheltenham: Edward Elgar.
Nabholz, Hans. 1938. «Ausführungen zum Auftrag des Regierungsrates an den Erziehungsrat vom 26. Oktober 1826.» In *Die Universität Zürich 1833–1933 und ihre Vorläufer. Festschrift zur Jahrhundertfeier,* hrsg. vom Erziehungsrat des Kantons Zürich, 149–150. Zürich: Verlag der Erziehungsdirektion.

Tanner, Conrad und Anton Hedlinger. 1787. *Vaterländische Gedanken über die mögliche gute Auferziehung der Jugend in der helvetischen Demokratie.* Zürich: o. V.

Zürcher Unterrichtsgesetz, Gesetz über die Organisation des gesamten Unterrichtswesens im Kanton Zürich vom 28.9.1832. In *Off. Sammlung der Gesetze, Beschlüsse und Verordnungen des eidgenössischen Standes Zürich.* 2. Band, 313–367. Zürich: Schulthess.

TRINATIONALE HERAUSFORDERUNGEN IN DER PÄDAGOGINNENBILDUNG

Errichtung einer Bildungswissenschaftlichen Universität Vorarlberg als regionaler Lösungsansatz

Ivo Brunner

Die Bildung von Pädagoginnen und Pädagogen führt international immer wieder zu gemeinsamen Fragen, auf die man mit unterschiedlichen Bildungsmodellen für Lehrpersonen und divergierenden Zuordnungen zu hochschulischen Institutionen reagiert. Anhand des Strategieprojektes 2025 der Pädagogischen Hochschule Vorarlberg und der damit erstellten Konzeptstudie zur Gründung einer Bildungswissenschaftlichen Universität zeigt der Autor eine regionale Möglichkeit auf, den vielen Herausforderungen in der PädagogInnnenbildung wirksam und problemlösend zu begegnen.

1. Einführung

Wer sich mit der Geschichte, vor allem aber mit den aktuellen Entwicklungen der Ausbildung von Pädagoginnen und Pädagogen näher befasst, stösst sowohl in der Schweiz als auch in Deutschland, zurzeit vor allem aber in Österreich auf einerseits spannende professionsorientierte Wissenschaftsbetrachtungen und andererseits auf neue gesetzliche Regelungen, die der Zukunft des Lehren-Lernens dienlich sein sollen. Die Herausforderungen in der Lehrpersonenbildung sind, ungeachtet der Lehrerbildungsmodelle, vielgestaltig, grenzüberschreitend und von gesamtgesellschaftlicher Relevanz. Verantwortungsträgerinnen und -träger aller drei Staaten sorgen sich daher um gute Lösungen für eine optimierte PädagogInnenbildung.

Die Pädagogische Hochschule Vorarlberg stellt sich den Herausforderungen einer zukunftsorientierten PädagogInnenbildung mit ihrem «Strategieprojekt 2025» und verweist auf ihre Konzeptstudie, die die Errichtung einer Bildungswissenschaftlichen Universität für die Region im östlichen Bodenseebereich vorsieht. Beispiele vergleichbarer universitärer Entwicklungswege in Deutschland, in der Schweiz und in Schottland dienen dabei der Realisierung dieses Vorhabens, das als ein konkreter Lösungsansatz für die mannigfachen Probleme in der PädagogInnenbildung gewertet werden kann.

2. Herausforderungen und Perspektiven der PädagogInnenbildung in der Schweiz, in Deutschland und in Österreich

Diskussionen und Gesetzgebungen zur Optimierung der Aus-, Fort- und Weiterbildung der Pädagoginnen und Pädagogen gehören in Europa zum andauernden Prozess der Bildungspolitik. Während die Gründungen der Pädagogischen Hochschulen in der Schweiz vor bald fünfzehn Jahren und die Etablierung der Pädagogischen Hochschulen im benachbarten Baden-Württemberg vor mehr als fünfzig Jahren eher zu einer Konsolidierung zumindest der institutionellen Verortungsdiskussion geführt haben, sind in Österreich viele Fragen, insbesondere bezüglich der Diskussion «Pädagogische Hochschule versus Universität», neu aufgebrochen. Auslöser ist die bundesgesetzliche Neuausrichtung der österreichischen PädagogInnenbildung, die vom Nationalrat im Jahre 2013 beschlossen wurde. 2013 hat Österreich damit eine thematisch moderne, gesetzlich abgestützte Neuorientierung der PädagogInnenbildung erhalten. Eine grosse Herausforderung konzentriert sich aber weiterhin sehr stark auf die letztlich noch offene Frage der institutionellen Verortung.

2.1 Herausforderungen der Lehrpersonenbildung in der Schweiz – Ein kurzer Einblick

Es grenzte bestimmt an Vermessenheit, wenn ein österreichischer Autor versuchen würde, einen authentischen Einblick in die Herausforderungen der PädagogInnenbildung in der Schweiz zu geben. Der methodische Zugang zu diesem Kapitel wird daher in der Art gewählt, dass bekannte und profilierte Lehrerbildner und -bildnerinnen aus der Schweiz selber zu Wort kommen und Blitzlichter ihrer Arbeit präsentieren sollen. Die Auswahl der Experten und

Expertinnen selbst ist nicht beliebig, denn alle Autoren und Autorinnen, die in diesem Kapitel aufscheinen, haben zusätzlich zu ihrer hohen Professionalität einen weiteren gemeinsamen Nenner: Sie alle sind dem Autor dieses Gesamtbeitrags durch viele Professionsaktivitäten persönlich bekannt, und sie haben alle in österreichischen Büchern und/oder Fachzeitschriften bereits über die Lehrpersonenbildung ihrer Länder publiziert.

Nach intensiven Jahren organisatorischer und struktureller Um- und Aufbaujahre in der PädagogInnenbildung der Schweiz widmet sich Rektor Erwin Beck den inneren Qualitätsdimensionen und deutet in seinem Fachartikel «Gute Lehrerinnen und Lehrer braucht das Land» (Beck 2012) auf die Ausgewogenheit von Theorie und Praxis in der Lehrpersonenbildung hin. Er lobt dabei auch die in Österreich und der Schweiz praktizierten Lehrerbildungsmodelle, die eine integrierte Berufspraxis aufweisen. Gerade aber wegen der Verschränkung und Balance von Theorie und Praxis sieht Beck es als unabdingbar, zukünftig den Pädagogischen Hochschulen die Verleihung von Promotions- und Habilitationsrechten einzuräumen. Eine weitere grosse Herausforderung für die hochschulische Lehrpersonenbildung in der Schweiz sieht Beck in der konstanten Weiterentwicklung der Forschungstätigkeiten, weil nur dadurch die Förderung des eigenen wissenschaftlichen Nachwuchses gelingt. Als Vorstandsmitglied von swissuniversities weiss er, dass auch die universitäre Lehrpersonenbildung nicht genügend Nachwuchswissenschaftlerinnen und -wissenschaftler zur Verfügung stellt, insbesondere etwa für Fachdidaktik oder Allgemeine Didaktik und Stufendidaktik. Als eine positive, wenn auch arbeitsintensive Herausforderung im Hinblick auf moderne Lehrpersonenbildung betrachtet Beck die heutzutage vielen Möglichkeiten der Hochschulkooperationen, wobei gerade die Internationale Bodensee-Hochschule (IBH) als gelingendes Kooperationsbeispiel angeführt wird, sofern man die Herausforderung, zum Beispiel der Antragsstellungen für Forschungsprojekte, annimmt.

Ebenso intensiv wie erfolgreich widmet sich auch Walter Bircher der Schweizer Lehrpersonenbildung und kennt als mehrjähriger Rektor der PH Zürich die Facetten der Herausforderungen. In seinem Fachartikel «Lehrpersonen für die Schule der Zukunf. Ein Essay mit Fokus auf die Schweizer Verhältnisse» (Bircher 2012) beleuchtet er einige der Spannungsfelder, die sich in gut einem Jahrzehnt seit der Gründung der Pädagogischen Hochschulen in der Schweiz ergeben haben. Bircher beschreibt unter anderem die Koordination zwischen den Universitäten und Pädagogischen Hochschulen als «disparat» (a. a. O., 55) und verweist dabei insbesondere auf die Kooperation in Forschung und Lehre, aber auch auf die der Personalentwicklung im kooperativen, geteilten Promotionsrecht. Überdies sieht Bircher erhebliche Begrenzungen der Autonomie der Pädagogischen Hochschulen durch Eingriffe der kantonalen Bildungspolitik.

Weitere profunde Einblicke in die Schweizer Lehrpersonenbildungslandschaft gewinnt man durch die Publikationen des ehemaligen Rektors der Pädagogischen Hochschule Zentralschweiz und langjährigen Leiters der Schweizer Rektorenkonferenz COHEP, Willi Stadelmann. Sein im Tagungsband des Österreichischen Wissenschaftsrates veröffentlichter Artikel «Lehrerbildung zwischen Pädagogischer Hochschule und Universität – Gedanken aus schweizerischer Sicht» (Österreichischer Wissenschaftsrat 2012) nimmt neben den Themen der Entwicklung der Pädagogischen Hochschulen, der Studiendauer, der Forschung und der Akademisierung der Lehrpersonenbildung auch Bezug auf die Frage: «Gehört Lehrerbildung an die Universität?» Dieses Thema scheint in der Schweiz (zumindest emotional) weniger im Vordergrund zu stehen, als es in Österreich der Fall ist. Stadelmann nimmt in seinem Beitrag eine balancierte Abwägung der Vor- und Nachteile rein universitärer Lehrpersonenbildung vor. Allerdings lässt er letztlich erkennen, dass sich eine Integration Pädagogischer Hochschulen in Universitäten derzeit in der Schweiz nicht aufdrängt, wenngleich er sich für das Promotionsrecht (zum Beispiel in Fachdidaktik) und für eine starke Kooperation mit Universitäten im Sinne gegenseitiger Stärkung einsetzt. Fakt sei, so Stadelmann, dass es bei der Konkurrenz zwischen Pädagogischen Hochschulen und Universitäten auch um «Prestige, um Verteidigung von Privilegien, um wissenschaftliche Differenzen, sicher auch um Studierendenzahlen» (a. a. O., 83) gehe.

2.2 Wachsender Stellenwert der Lehrpersonenbildung in Deutschland

Auch in Deutschland wird immer wieder die Diskussion um optimierte Lehrpersonenbildung geführt, wenn auch das Thema Akademisierung und Tertiarisierung der Lehrpersonenbildung aufgrund der Hochschulisierung vor mehr als fünfzig Jahren zur Selbstverständlichkeit geworden ist. Doch zeigt die deutsche Bildungslandschaft ein uneinheitliches Bild hinsichtlich der Frage lehrpersonenbildender Institutionen. Baden-Württemberg ist noch ein Bundesland, das Pädagogische Hochschulen für die Lehrpersonenbildung aufweist. Im Gegensatz zu den schweizerischen und österreichischen Pädagogischen Hochschulen haben die sechs Pädagogischen Hochschulen in Freiburg, Heidelberg, Karlsruhe, Ludwigsburg, Schwäbisch Gmünd und Weingarten allerdings das Promotions- und Habilitationsrecht. Das Resümee Rektor Werner Knapps in seinem Fachartikel «50 Jahre Pädagogische Hochschulen in Baden-Württemberg» bezüglich der Entwicklungen der Pädagogischen Hochschulen fällt sehr positiv aus: «Aus den Pädagogischen Instituten wurden aufgrund der Expansion in Lehre und Forschung blühende bildungswissenschaftliche Hochschulen mit einem sehr breiten Spektrum» (Knapp 2012, 67). Viele andere Pädagogische Hochschulen Deutschlands wurden entweder in Universitäten integriert oder teilweise durch Zusammenschlüsse und Weiterentwicklungen in Universitäten umgewandelt. Als vor sechs Jahren die Technische Universität München (TUM), damals als erste Universität

Deutschlands, eine *School of Education* einrichtete, öffneten sich in vielen Diskussionen wieder die Gräben zwischen praxisorientierter und wissenschaftsorientierter Lehrpersonenbildung.

2.3 Die österreichische Situation

Bald nach der Gründung der Pädagogischen Hochschulen Österreichs auf Basis des Hochschulgesetzes 2005 wurde klar, dass dieser Entwicklungsschritt in der PädagogInnenbildung nur ein Zwischenschritt in der Bemühung um qualitätsvolle Aus-, Fort- und Weiterbildung von Pädagogen und Pädagoginnen sein konnte. So startete bereits im Jahre 2009 das bildungspolitische Kernprojekt «PädagogInnenbildung NEU», dessen Intention im Regierungsprogramm für die Gesetzgebungsperiode 2008–2013 festgesetzt wurde und die Aus- und Weiterbildung aller Personen, die in pädagogischen Berufen wirken, umfasst. Die neue Ausbildung soll in der Weise angelegt sein, dass sie den gesellschaftlichen Entwicklungen und den Rahmenbedingungen des 21. Jahrhunderts Rechnung trägt.

2.3.1 Das Bundesgesetz zur «PädagogInnenbildung NEU»

Am 11. Juli 2013 wurden die bundesgesetzlichen Bestimmungen zur «PädagogInnenbildung NEU» verabschiedet. Die langjährig vorbereitete Neugestaltung der universitären und hochschulischen Ausbildung von Pädagoginnen und Pädagogen führte zu einem Bundesgesetz, mit dem das Hochschulgesetz 2005, das Universitätsgesetz 2002 und das Hochschul-Qualitätssicherungsgesetz geändert wurden.

Eine zusammenfassende Skizzierung der «PädagogInnenbildung NEU» – das Bundesgesetzblatt I Nr. 124/2013 informiert über das Gesetz im Detail – soll an dieser Stelle nur wesentliche Elemente der Ziele und Inhalte reflektieren, um die neuen Herausforderungen auch im Vergleich zu anderen Ländern zu verdeutlichen.

Die «PädagogInnenbildung NEU» sieht eine Ausbildung aller Pädagoginnen und Pädagogen (im Moment noch mit Ausnahme der Kindergartenpädagogen und -pädagoginnen) auf Masterniveau vor. Die Studien sind zusammengesetzt aus einem vierjährigen Bachelor- und einem ein- bis zweijährigen Masterstudium. Darüber hinaus ist eine einjährige Induktion, die auch gleichzeitig mit einem Masterstudium absolviert werden kann, vorgesehen. Ein gravierender zentraler Unterschied zur bisherigen Lehrpersonenausbildung ist die gemeinsame Ausbildung der Pädagoginnen und Pädagogen für den allgemeinbildenden Bereich der Sekundarstufe, was bedeutet, dass es nur noch einen Sekundarlehrer bzw. eine Sekundarlehrerin für die Schulstufen der 10- bis 18-jährigen Schülerinnen und Schüler geben wird. Die neuen Studien sind durchgängig kompetenzorientiert zu gestalten, wobei der Gesetzgeber die zentralen Kompetenzbereiche vorgibt.

Ein vorrangiges Ziel des neuen Gesetzes ist die Schaffung einer der Bologna-Struktur entsprechenden Ausbildung auf tertiärem Niveau, die in Kooperation zwischen Pädagogischen Hochschulen und Universitäten durchgeführt wird. Dabei soll auch dafür gesorgt werden, dass das Angebot der Masterlehrgänge vom öffentlich-rechtlichen Bildungsauftrag umfasst wird und die Lehrgänge nicht wie bisher nur in der Teilrechtsfähigkeit geführt werden dürfen. Neben der Neukonzeption der Lehramts-Studienarchitektur, der Einführung von Ergänzungsstudien für Quereinsteigende mit anderen facheinschlägigen Studien sowie der Neugestaltung der Studieneingangsphase als echte Orientierungsphase wurde auch auf die Erleichterung des Zugangs zu Lehramtsstudien für behinderte Personen geachtet, sodass ihre Teilhabe am gesellschaftlichen Leben und ihre Beschäftigbarkeit verbessert werden. Damit die Implementierung der «PädagogInnenbildung NEU» auch gelingen mag, hat der Gesetzgeber zugleich auch den sogenannten Qualitätssicherungsrat (QSR) eingerichtet, der die Etablierung einer qualitätsvollen PädagogInnenbildung begleitet und unterstützt.

2.3.2 Pädagogische Hochschulen und Universitäten mit unterschiedlichen Herausforderungen

Der Bericht 2014 des Qualitätssicherungsrates (QSR) an den Nationalrat (Qualitätssicherungsrat 2015) zeigt es auf: Die Pädagogischen Hochschulen und Universitäten sind trotz gemeinsamer Zielsetzungen in der «PädagogInnenbildung NEU» weiterhin mit unterschiedlichen Herausforderungen, aber auch Mängeln konfrontiert. Bei der Prüfung der wissenschaftlichen und professionsorientierten Voraussetzungen für die neuen Studienprogramme achtet der QSR auf entsprechendes qualitätsvolles Niveau und definiert deshalb ein Minimum an Ausstattung, das in jeder der vier Verbundregionen Mitte (Oberösterreich, Salzburg), Nordost (Wien, Niederösterreich), West (Tirol, Vorarlberg) und Südost (Steiermark, Kärnten, Burgenland) vorhanden sein muss. Dabei ist vorgesehen, dass in den besonders wichtigen Bereichen der PädagogInnenbildung (Fachwissenschaften und Fachdidaktik, Bildungswissenschaften) Arbeitseinheiten bestehen müssen, in denen qualifizierte Personen in Lehre, Forschung und Entwicklung tätig sein können. Darüber hinaus ist eine gute Verbindung zum Berufsfeld der Absolventen und Absolventinnen herzustellen.

Entsprechende Analysen und Beobachtungen des QSR haben nun ergeben, dass die nötigen Voraussetzungen sowohl an Pädagogischen Hochschulen als auch an Universitäten erst teilweise erfüllt sind – die schon bisher unterschiedlichen Herausforderungen dieser beiden Lehrpersonenbildungsinstitutionen spiegeln sich auch in den neuen Anforderungen wider.

Da die erst seit 2007 existierenden Pädagogischen Hochschulen nur in Ansätzen über eine tertiäre Kultur verfügen und zu wenig in internationale Qualitätssicherungssysteme eingebunden sind, bestcht die Hauptherausforderung in der Wissenschaftsorientierung der Leistungsbereiche. Generell wurde bisher an den Pädagogischen Hochschulen der Forschungsauftrag aufgrund der fehlenden Rahmenbedingungen zu wenig umgesetzt. Das neue, mehr

Möglichkeiten für Lehrende an Pädagogischen Hochschulen bietende Dienstrecht gibt es erst seit 2012, es kann hinsichtlich Neuqualifikation des Personals noch nicht greifen, und zentrale wissenschaftliche Bereiche wie zum Beispiel Fachdidaktiken im Bereich der Primarstufe können im Moment noch nicht durch einschlägig qualifizierte Expertinnen und Experten abgedeckt werden.

Insgesamt muss festgestellt werden, dass die Pädagogischen Hochschulen aufgrund fehlender Rahmenbedingungen, insbesondere aber auch wegen fehlender autonomer Entscheidungs- und Verantwortungsbefugnisse einer wissenschaftlich-professionsorientierten Kultur, die für die «PädgogInnenbildung NEU» notwendig sind, hinterherlaufen.

Der analytische Blick des QSR zeigt vor dem Hintergrund des neuen Gesetzes zur «PädagogInnenbildung NEU» aber auch jene Bereiche auf, in denen die Universitäten gefordert sind. Da der Stellenwert der PädagogInnenbildung in der Vergangenheit an Universitäten nicht immer optimal war, mangelt es insbesondere an Professionsorientierung. Überdies fehlt es in der Sekundarstufe an einem Bildungskonzept, denn die Allgemeinbildung ist mehr als die Summe von Fachbildungen. Sehr deutlich zeigen sich an den Universitäten – das mag mit dem früheren Stellenwert der PädagogInnenbildung zusammenhängen – auch die Unterausstattungen wichtiger Bereiche wie die der Fachdidaktiken, der professionsorientierten Bildungswissenschaften und der pädagogisch-praktischen Ausbildung. Weitere Herausforderungen zeigen sich in der oft noch herzustellenden Verbindung zum Berufsfeld Schule sowie in der noch schwachen Partizipation der Universitäten in der Fort- und Weiterbildung der Lehrpersonen.

Eine überaus grosse Herausforderung sowohl der Pädagogischen Hochschulen als auch der Universitäten spiegelt sich in der Erstellung der Curricula für die jeweiligen Ausbildungsgänge und Schularten, die ebenfalls der Qualitätskontrolle des QSR unterliegen. Auch wenn die Institutionen in den einzelnen Verbünden

Österreichs eng zusammenarbeiten, werden bei dieser Arbeit die heterogenen Verhältnisse von Hochschule und Universität deutlich sichtbar, denn in den Curricula bildet sich die personelle und organisatorische Ausstattung der anbietenden Institutionen ab.

3. Strategieprojekt 2025 der PH Vorarlberg zur Qualitätssteigerung und institutionellen Verortung der «PädagogInnenbildung NEU»

Wenn sich Hochschulen in Change-Prozesse einlassen – und das ist nicht selten der Fall –, werden die Steuerungs- und Führungskompetenzen einer hochschulischen Institution besonders strapaziert. Aus diesem Grund haben sich der Hochschulrat und das Rektorat der PH Vorarlberg im Jahre 2012 entschlossen, mit Begleitung und Unterstützung durch das Centrum für Hochschulentwicklung in Deutschland (CHE Consult) ein Strategieprojekt zu starten, das sowohl die innere hochschulische Gestaltung als auch die Aussenperspektive auf die PH Vorarlberg in diesen Zeiten des bildungspolitischen Umbruchs und darüber hinaus berücksichtigt. Neben dem vordergründigen und übergeordneten Ziel der Qualitätssteigerung arbeitete man auch an einer institutionellen Verortung, die den berufsorientierten und wissenschaftlichen Ansprüchen zukünftig genügen sollte.

3.1 Projektverlauf

Das Strategieprojekt der PH Vorarlberg startete mit dem Auftaktworkshop im Oktober 2013 und endete mit dem Abschlussworkshop am 30. September 2014 – an beiden Workshops nahm die gleiche Zielgruppe von zwanzig leitenden Angestellten aus den unterschiedlichsten Verantwortungsbereichen der PH Vorarlberg (Rektorat, Studienkommission, Institutsleitungen, Personalvertretung, Fachvertretungen usw.) teil. Das Centrum für Hochschulentwicklung begleitete das Projekt und sorgte für einen professionellen Projektverlauf.

3.2 Ziele des Projekts

Das Hauptziel des Auftaktworkshops war die Sensibilisierung und Information der leitenden Mitarbeitenden sowie die Definition und Verankerung einer strategischen Idee, die eine Aufbruchsstimmung in der Hochschule erzeugen konnte. Weiterhin wurden eine Arbeitsstruktur entwickelt sowie (Kommunikations-)Konzepte geklärt, Verantwortliche für die Arbeitsgruppen Personal, Studium, Forschung und Struktur namhaft gemacht und die wichtigsten Themen, Ziele, Herausforderungen und Handlungsfelder festgesetzt.

Wesentliches Ziel des Abschlussworkshops war die Information über die Ergebnisse der einzelnen Arbeitsgruppen und die reflektierte Zusammenschau dieser Ergebnisse. Es wurde sowohl eine Standortbestimmung vorgenommen als auch das Potenzial der PH Vorarlberg im Sinne einer zu entwickelnden Bildungsuniversität als Strategieziel 2025 ausgelotet. Das Projektdesign inkludierte überdies einen Lenkungsausschuss mit Kontrollfunktion, eine Konsolidierungsgruppe, die die Ergebnisse der Arbeitsgruppen zusammenführte, sowie eine Geschäftsführung, die den Prozessfortschritt organisierte und das Projektmanagement übernahm.

Somit erfüllte die CHE Consult ihren Auftrag, die PH Vorarlberg einerseits in der ersten Umsetzungsphase der «PädagogInnenbildung NEU» zu begleiten – ein Teil der neuen Ausbildung beginnt an der PH Vorarlberg mit dem Wintersemester 2015/16 – und andererseits eine Entwicklungsplanung der PH Vorarlberg inklusive einer Konzeptstudie für eine Bildungswissenschaftliche Universität Vorarlberg zu erstellen. Mit der Entwicklung einer solchen Institution, die einen Zeitaufwand von zirka zehn Jahren in Anspruch nimmt, sehen viele Verantwortliche der PH Vorarlberg einen entscheidenden Lösungsansatz, um den Herausforderungen der zukünftigen PädagogInnenbildung begegnen zu können.

4. Bildungswissenschaftliche Universität Vorarlberg – Ein zukunftsorientierter Lösungsansatz zur Bewältigung der Herausforderungen in der PädagogInnenbildung

Ein bedeutendes Ergebnis des mit den Experten der CHE Consult Christian Berthold, Yorck Hener und Lars Hüning erarbeiteten Strategieprozesses 2025 der PH Vorarlberg liegt in der Erstellung einer Konzeptstudie zur Gründung einer Bildungswissenschaftlichen Universität. Ein Blick in die europaweite Landschaft der Hochschulentwicklungen verweist auf die steigende Bedeutung von kleinen und profilierten Hochschulen als Alternative zu den grossen, viele Fakultäten umfassenden Universitäten. Eine Bildungswissenschaftliche Universität Vorarlberg kann sich mit einem spezialisierten und besonders profilierten Ausbildungsangebot für Vorarlberg (und die erweiterte Bodenseeregion) und im Wettbewerb mit allen Hochschulen in Österreich behaupten, wenn sie über die bestehende Ausbildungsbreite die Forschung auf hohem Niveau, die Fort- und Weiterbildung inklusive Schulentwicklung als einen grossen Schwerpunkt und das pädagogische Wissen für ausserschulische Bereiche weiter ausbaut.

4.1 Einführung in die Konzeptstudie

Das Land Vorarlberg ist flächen- wie bevölkerungsmässig das zweitkleinste der neun Bundesländer Österreichs. Vorarlberg ist wirtschaftlich aber stark, denn es hat nach Wien und Salzburg das dritthöchste Bruttoregionalprodukt je Einwohner bzw. Einwohnerin. Angesichts der zunehmenden Bedeutung des Wettbewerbs um Köpfe, der Zunahme von wissensbasierten Arbeitsplätzen und damit des tertiären Bildungssektors bei der Ausbildung von Fachkräften wird im Folgenden diskutiert, welche Optionen es für das kleine, aber wirtschaftsstarke Bundesland gibt, einen Universitätsstandort zu etablieren. Im Moment ist die Bildungsbeteiligung sowohl im Bereich der höheren Schulen als auch im tertiären Bildungsbereich im Bundesvergleich unterdurchschnittlich. So beträgt zum Beispiel die Vorarlberger Studierendenquote an Universitäten (inländische Bevölkerung im Alter von 18 bis 25 Jahren) laut Statistik Austria im Studienjahr 2012/13 lediglich 16,9 Prozent, während der Bundesdurchschnitt bei 28,5 Prozent liegt.

Mit dem heutigen Stand verfügt Vorarlberg über eine Fachhochschule in Dornbirn, ein Landeskonservatorium und eine Pädagogische Hochschule in Feldkirch. Die vorliegende Konzeptstudie konzentriert sich in diesem Zusammenhang auf die Perspektive der Pädagogischen Hochschule Vorarlberg und wägt die Chancen ab, diese zu einer Bildungswissenschaftlichen Universität weiterzuentwickeln.

4.2 Die Pädagogische Hochschule Vorarlberg – Genese, Profil und Ziele im Überblick

Die PH Vorarlberg kann, wenn Vorgängerinstitutionen mit einbezogen werden, auf eine Geschichte von über 125 Jahren zurückblicken. Heute ist sie eine von insgesamt neun staatlichen Pädagogischen Hochschulen in Österreich, mit Standort in Feldkirch. Gegründet wurde sie in der heutigen Rechtsform zum 1. Oktober

2007 als Nachfolgeeinrichtung der Pädagogischen Akademie des Bundes (PÄDAK) am selben Ort. Weitere Vorgängerinstitutionen, die integriert wurden, sind das Pädagogische Institut des Landes, das für die Fort- und Weiterbildung der Pflichtschullehrerinnen und -lehrer zuständig war, sowie das Pädagogische Institut des Bundes, das die Fort- und Weiterbildung für Lehrpersonen der höheren Schulen organisierte.

Bis zur Änderung der Bundesrahmengesetzgebung im Jahre 2013 war die Hochschule verantwortlich für die Ausbildung von Lehrpersonen für Volks-, Haupt- und Sonderschulen sowie für Berufsschulen und für den technisch-gewerblichen Unterricht. Die Ausbildung war und ist Bologna-konform in entsprechenden Bachelorprogrammen organisiert. Weiterhin gehörte zu den Aufgaben die Fort- und Weiterbildung aller Lehrpersonen, organisiert über Kurse, Lehrgänge und Masterstudiengänge, sowie die Beratung von Schulen in der Schulentwicklung. Über ein Zentrum für Forschung wurden und werden Drittmittelprojekte unter anderem zur Schulentwicklung und zur Didaktikforschung durchgeführt. Die PH Vorarlberg hat am Standort eine Praxisvolks- und Praxismittelschule integriert, mit der sie eng zusammenarbeitet.

Im Zuge des Strategieprojekts 2025 und der damit verknüpften Potenzialanalyse wurde im Jahre 2013 eine leitende Vision für die kommenden Jahre skizziert. Durch fachliche Erweiterungen und/oder Kooperationen mit anderen Hochschulen kann ein Ausbau der PH Vorarlberg zu einer Bildungswissenschaftlichen Universität erfolgen. Kurz- und mittelfristig ist es aber notwendig, dass Ziele, die sich auch aus der veränderten Rahmengesetzgebung «PädagogInnenbildung NEU» ergeben, erreicht werden können. So will die PH Vorarlberg langfristig sicherstellen, dass am Standort Feldkirch auch für die Sekundarstufe ausgebildet wird. Überdies will die Hochschule in allen Bereichen der PädagogInnenbildung in Aus-, Fort- und Weiterbildung mit Angeboten repräsentiert sein (Elementar-, Primar- und Sekundarstufe). In der Forschung strebt die PH

Vorarlberg einen Wert von 25 Prozent Forschungsanteil (Arbeitszeit des Stammpersonals, Durchschnittswert) sowie einen Finanzanteil von 20 Prozent an Drittmitteln an. Aus diesen Zielen der PH Vorarlberg können drei strategische Linien abgeleitet werden: erstens der Ausbau der Forschung, zweitens die Fähigkeit zu Kooperation und Lehrverflechtung und drittens die Professionsbildung durch forschungsgestützte Fort- und Weiterbildung. Diese Leitlinien können den Weg zur Bildungswissenschaftlichen Universität bahnen und ausrichten.

4.3 Case Studies – Drei Beispiele hochschulischer Entwicklungsbetrachtungen

Das Bundesrahmengesetz «PädagogInnenbildung NEU» stellt zwar einen bedeutenden Schritt zur Tertiarisierung und zur notwendigen Weiterentwicklung der Lehrpersonenbildung dar, doch neben vielen Fortschritten löst sie unter anderem nicht das Problem der «geteilten Lehrpersonenbildung». Gemeint ist damit die Ausbildung der Lehrpersonen für die höheren Schulen an den Universitäten, während alle Lehrpersonen für andere Schulen an den Pädagogischen Hochschulen ausgebildet werden. Überdies gibt es keine wirkliche Forschungsförderung, und viele, für Universitäten selbstverständliche autonome Handlungsräume sind auch in der «PädagogInnenbildung NEU» nicht vorhanden. Somit muss mit Vehemenz ein Entwicklungsprozess der derzeitigen Hochschulen in Richtung Pädagogische Universitäten anvisiert werden. Im Strategieprojekt 2025 hat sich daher die PH Vorarlberg mit der CHE Consult in die Thematik vertieft, konkrete, nachvollziehbare Beispiele der Hochschulentwicklung in Europa zu finden, die sich als Lösungsvarianten für Vorarlberg anbieten können. Dazu dienen drei ausgewählte Case Studies aus Deutschland, der Schweiz und aus Schottland.

4.3.1 Universität Hildesheim: Von der PH zur Universität durch Portfolioerweiterung

Die Wurzeln der Universität Hildesheim gehen auf das Jahr 1855 zurück, als das «Katholische Lehrerseminar Hildesheim» gegründet wurde. Im Jahre 1946 wurden die «Alfelder Kurse der Pädagogischen Hochschule Hildesheim» etabliert. Die Gebäude an der Marienburger Höhe entstanden 1965 für die PH Hildesheim. Diese wurde 1969 als Abteilung in die Pädagogische Hochschule Niedersachsen (PHN) integriert. Dies war Teil einer landesweiten Zentralisierung. Die zentrale Verwaltung und das Rektorat der PHN wurden in Hannover angesiedelt. Die ehemals selbstständigen Hochschulen wurden zu Abteilungen, die von einem Dekan geleitet wurden.

Die Errichtung der PHN aus acht über das Land Niedersachsen verteilten Pädagogischen Hochschulen war der erste Schritt zu einer stärker wissenschaftsorientierten Umorientierung der Lehrpersonenausbildung. Mit der Errichtung der PHN war daher die Übertragung des Promotionsrechts verbunden sowie die Aufnahme der PHN in die Liste der wissenschaftlichen Hochschulen. Nun galt das einheitliche Dienstrecht für Universitäten, sodass Neuberufene das Recht der Forschung hatten und das Lehrdeputat entsprechend gestaltet wurde. Zugleich wurde neben den Studiengängen des Staatsexamens für die Lehrämter an Grund- und Hauptschulen sowie Realschulen ein Studiengang mit dem Abschluss «Diplom in Erziehungswissenschaften» eingerichtet, also ein akademischer Studiengang in der Gestaltungshoheit der Hochschule.

Die inhaltliche Entwicklung der Universität erfolgte tendenziell weg von der Profession und in gewisser Weise zulasten der pädagogischen Kernkompetenzen. So verschwand zum Beispiel aus dem Namen des Studiengangs Kulturpädagogik das Wort «Pädagogik», der Studiengang heisst heute «Kulturwissenschaften und ästhetische Praxis». Daraus sind in der Folge spezialisierte Studiengänge abgesplittert, die heute «Szenische Künste» oder «Kreatives Schreiben und Kulturjournalismus» heissen. Ansonsten war der Weg vom Bemühen geprägt, in der Forschung Schwerpunkte zu schaffen und gegenüber anderen Universitäten in diesem Bereich Boden zu fassen. Als Profilelement betont wurden interdisziplinäre und transdisziplinäre Forschungsansätze, was einen guten Weg darstellte.

Strukturell gliedert sich die Universität in vier Fachbereiche, die wiederum in Institute und Abteilungen untergeordnet sind. Die Universität hat zuletzt und darüber hinaus ein «Zentrum für Lehrerbildung und Bildungsforschung (ZBL)» (ohne Gymnasiallehrpersonenausbildung) geschaffen, um die Bereiche Studium und Lehre, Forschung, wissenschaftlicher Nachwuchs sowie Fort- und Weiterbildung optimal zu koordinieren. Die Entwicklung kann im Hinblick auf die Professionsentwicklung als ein Ein- und Ausatmen, also eine Dehnung und eine Konzentration, verstanden werden.

Quantitativ befindet sich die Universität weiter im Ausbau. Verglichen mit der Zeit vor der Umwandlung der Abteilung Hildesheim in die wissenschaftliche Hochschule Hildesheim Ende der 1970er-Jahre, ist die Hochschule im Bereich der Studierendenzahlen heute sechsmal so gross: Betrug die Anzahl der Studierenden im Wintersemester 1977/78 noch 1003, so waren im Wintersemester 2013/14 bereits 6668 Studierende eingeschrieben. Auch im Bereich des Personals wächst die nunmehrige Universität – von 395 Mitarbeitenden im Jahr 2006 auf 637 im Jahr 2012.

Die wissenschaftliche Hochschule Hildesheim wurde 1989 zur Universität ernannt, und am 1. Januar 2003 ging sie von der Trägerschaft des Landes Niedersachsen in die Trägerschaft der öffentlich-rechtlichen Stiftung Universität Hildesheim über.

4.3.2 Pädagogische Hochschule Thurgau und Universität Konstanz: Kooperation

Die Pädagogische Hochschule Thurgau in Kreuzlingen (Schweiz) und die Universität Konstanz (Deutschland) kooperieren seit einigen Jahren im Bereich der Lehramtsausbildung. Konstanz und

Kreuzlingen verstehen sich trotz der dazwischen verlaufenden EU-Aussengrenze als Doppelstädte, sodass eine Kooperationsstrategie in Forschung, Wissenschaft und Technologietransfer nachvollziehbar ist und Thurgau sich die immense Aufgabe einer Universitätsgründung erspart. Das wesentliche Element der Kooperationen sind Stiftungs- und Brückenprofessuren, die vom Kanton Thurgau finanziert werden.

Die aktuelle Studienkooperation umfasst drei Studiengänge: einen Studiengang Sekundarstufe I sowie einen Studiengang Sekundarstufe II, der seit März 2010 auch durch die Schweizerische Erziehungsdirektorenkonferenz (EDK) schweizweit anerkannt ist, und ausserdem den nicht zum Lehramt führenden Masterstudiengang «Frühe Kindheit» (Dual Degree der Universität Konstanz und der PH Thurgau). Insgesamt umfasst die Kooperation damit zirka hundert Studierende der PH Thurgau pro Studienjahr. Von besonderer strategischer Bedeutung ist die Kooperation im Bereich der Sekundarstufe II, da die fachwissenschaftlichen Inhalte von der Universität Konstanz zugeliefert werden und der Studiengang allein an der PH Thurgau nicht angeboten werden könnte.

Ein weiteres, im Grunde zentrales Bindeglied für die Kooperation beider Hochschulen sind sogenannte Brückenprofessuren, die von der PH Thurgau mit Mitteln des Kantons finanziert werden. Als erste Brückenprofessur wurde diejenige für «empirische Bildungsforschung», als zweite diejenige für «Entwicklung und Bildung in der frühen Kindheit» eingerichtet. Aus der Perspektive der PH Thurgau ist in diesem Zusammenhang von besonderer Bedeutung, dass die Universität um diese Professuren herum Arbeitsgruppen aufbaut, bei denen auf die Forschung näher eingegangen wird und dadurch Forschungskompetenz angeeignet werden kann. Überdies können über die Brückenprofessuren auch Promotionen abgewickelt werden, die das eigene Personal qualifizieren, ohne dass die PH Thurgau selbst über das Promotionsrecht verfügt.

4.3.3 University of the Highlands and Islands (UHI): Hochschule mit holdingartiger Struktur über weite Distanzen

Die Konzeptstudie der PH Vorarlberg hat in den Case Studies ganz bewusst diesem Konstrukt einer Universität, die geografisch weit verzweigt ist, breiten Raum gewidmet. Das Beispiel der University of the Highlands and Islands ist auch deshalb für Vorarlberg interessant, weil es verdeutlicht, dass an unterschiedlichen Standorten regional abgestimmte Lehr- und Lernangebote gemacht werden können. Die University of the Highlands and Islands mit dem Hauptsitz in Inverness ist die einzige Universität im Nordwesten Schottlands und besteht aus einem Netzwerk von dreizehn grösseren und kleineren Colleges und Forschungsinstitutionen. Sie wurde 1990 als UHI-Projekt mit Fördermitteln der Millennium Commission gegründet, der weitere Aufbau wurde mit EU-Mitteln unterstützt. Das Projekt wurde zur juristischen Einheit einer Holding (UHI Ltd.), und in einem nächsten Schritt folgte 2001 die Anerkennung als Hochschuleinrichtung. Im Jahr 2010, also zwanzig Jahre nach der Gründung des Projekts, wurde die UHI von der Quality Assurance Agency for Higher Education für den Universitätstitel vorgeschlagen, wonach ein Jahr später die offizielle Eröffnung als Universität erfolgte.

Worin sich die UHI von vielen «konventionellen» Universitäten unterscheidet, ist ihre Struktur und die sich daraus ergebenden Governance. Die UHI ist eine Gesellschaft mit beschränkter Haftung. Die Grundlage für das interne Management der Hochschule bilden ein Memorandum und die Satzung. Das Leitungsorgan der Universität ist der Court, ihm obliegt die Verantwortung für die strategische Ausrichtung und Steuerung der Universität. Auf operationaler Ebene delegiert der Court jedoch viele seiner Funktionen wie Planung und Entwicklung an das *Higher Education Partnership Policy and Resources Committee*, den akademischen Rat und weitere Komitees. Eine wesentliche Rolle spielt darüber hinaus die Stiftung der UHI. Sie verbindet die

Universität mit ihren Gemeinden und fungiert kollektiv als Wächterin des Geschäftsvertrags. Die Mitglieder der Stiftung sind im Wesentlichen Botschafterinnen und Botschafter, sie sollen die Beziehungen zwischen der Universität und den Gemeinden und Regionen pflegen. Insgesamt besteht die Stiftung aus bis zu 120 Mitgliedern.

Wenngleich die Universität geografisch weit verzweigt ist, gehört jeder der von ihr angebotenen Studiengänge zu einer ihrer beiden Fakultäten: entweder zur Fakultät für *Arts, Humanities and Business* oder zur Fakultät für *Science, Health and Engineering* mit insgesamt mehreren Themenclustern im Studienangebot. Zurzeit hat die Universität 7732 Studierende, 43 Prozent davon in Teilzeit. Sie sind in eine grosse Bandbreite von Studiengängen immatrikuliert. Einige der Kurse werden nur an einem der dreizehn Studienorte angeboten, wo sich zum Beispiel spezialisierte Einrichtungen und Mitarbeitende mit entsprechendem Forschungsschwerpunkt befinden. Andere Kurse können dagegen an verschiedenen Standorten belegt werden. Um den Studierenden ein Maximum an Flexibilität bei der Verbindung des Kursangebots mit ihren sonstigen Verpflichtungen zur ermöglichen, nutzt die UHI verschiedene innovative Methoden und Technologien. Der Ansatz setzt darauf, die Studierenden nicht aus der Region an einen zentralen Studienort zu zwingen. Daher werden auch viele Kurse als Online-Version angeboten. Allen Studierenden wird ein persönlicher Mentor bzw. eine Mentorin zugewiesen, der oder die die akademische Betreuung während des gesamten Programms übernimmt.

Die Forschung an der UHI wird von den dreizehn Colleges und Forschungszentren gemeinsam erbracht, die mit dem Begriff «akademische Partner» zusammengefasst werden. Die eher breit gefassten Forschungsthemen folgen einer klaren Gesamtstrategie, die die Universität im Dienst der Regionen sieht, wobei auch dem Wissenstransfer mit entsprechenden Regio-Projekten eine ganz besondere Bedeutung zukommt.

Die Universität ist nicht ein zentraler Monolith, der grossangelegte und langfristige Schwerpunkte auf- und ausbaut, sondern tritt dezentral auf, um vielgestaltige kleine Lösungen zu generieren. Dieses Beispiel aus Schottland ist aber deshalb für die Diskussion um eine Bildungsuniversität interessant, da es verdeutlicht, dass an unterschiedlichen Standorten regional abgestimmt Lehr- und Lernangebote in profilierten Einheiten (Colleges und Forschungseinrichtungen) gemacht werden können, die zentral unter dem Dach einer Universität administriert werden.

4.4 Bewertung der Cases und Optionen für eine Bildungswissenschaftliche Universität Vorarlberg

Die für die Case Studies ausgewählten Beispiele hochschulischer Entwicklungen aus Hildesheim, Konstanz/Kreuzlingen und Inverness sollen auf die heute bestehende Situation der PH Vorarlberg und ihren möglichen Weg zu einer Bildungswissenschaftlichen Universität bezogen werden. Anhand der vorliegenden drei Optionen und den Erkenntnissen aus den Ländern Deutschland, Schweiz und Schottland können nun Möglichkeiten und Risiken für einen weiteren Entwicklungsschritt in Vorarlberg abgewogen werden.

4.4.1 Fortentwicklung aus der Pädagogischen Hochschule zur Universität Vorarlberg

Die PH Hildesheim hat sich über eine Stärkung der PH-Position mit der PH Niedersachsen als wissenschaftliche Hochschule eine gute Ausgangsposition geschaffen, um daraus selbstständige Hochschule und Universität zu werden. Mit dem Dienstrecht von Universitäten und dem Promotionsrecht an der PHN hatte die Forschung bereits einen eigenen Stellenwert, als die PHN wieder aufgelöst und die selbstständige Hochschule Hildesheim errichtet wurde. Damit waren für eine Universität bereits Standards entwickelt, ohne das Spektrum der Studiengänge zu verändern.

Eine Parallele bei der PH Vorarlberg kann in dem Weg zur Pädagogischen Hochschule und weiter zum Entwicklungsverbund West gesehen werden. Mit der Errichtung der Pädagogischen Hochschule wurde mit der Möglichkeit zur Forschung ein elementarer Schritt in Richtung Universität gesetzt. Die «PädagogInnenbildung NEU» mit ihren Anforderungen und dem daraus entstandenen Entwicklungsverbund West als einem Verbund für die Verknüpfung von unterschiedlichen Kompetenzen zum gemeinsamen Nutzen bietet vergleichbare Möglichkeiten, die Ausgansposition auf dem Weg zu einer Universität zu verbessern.

Im Unterschied zum Beispiel in Niedersachsen besteht kein Gesamtplan für die Institution Pädagogische Hochschule in Österreich. Würde man das Beispiel der PHN weiter bemühen, müssten alle Pädagogischen Hochschulen in Österreich zusammengelegt und danach mit regionalen oder örtlichen Universitäten verschmolzen werden oder als Unikate selbstständig bleiben, mit einer Perspektive auf einen universitären Status.

4.4.2 *Stärkung der Pädagogischen Hochschulen durch fachbezogene Kooperationen*

Kooperationen bedeuten für die PH Vorarlberg bereits heute eine Stärkung ihres Studien- und Forschungsangebots. Das auszubauen, kann ein Fundament für eine künftige Universität sein. Kooperationen innerhalb der Internationalen Bodensee-Hochschule oder im Entwicklungsverbund West können auf mittlere Sicht intensiviert werden.

4.4.3 Die Pädagogische Hochschule im universitären Verbund einzelner Hochschulen

Das Beispiel der University of the Highlands and Islands ist aus drei Gründen interessant für die Diskussion, wie sich die PH Vorarlberg zu einer Bildungswissenschaftlichen Universität weiterentwickeln könnte: Erstens verschiebt sich die Perspektive durch die Struktur der UHI als Dach über dreizehn Colleges und Forschungseinrichtungen von der strategischen Weiterentwicklung einer Hochschule am Ort. Ins Zentrum rückt dagegen die Frage der akademischen Versorgung von eher ländlichen Räumen durch ein Netz von Institutionen. Eine Bildungswissenschaftliche Universität in Westösterreich könnte in Analogie eine Zentrale in Innsbruck an der dortigen Universität haben und gleichzeitig einen körperschaftsrechtlich eigenständigen Standort in Feldkirch unterhalten.

Ein zweiter Aspekt betrifft die Organisation des Studiums und die Betonung von Lehr- und Lernformen die auf die Präsenz von Professorinnen und Professoren verzichten. In einer Bildungswissenschaftlichen Universität, wie sie im vorigen Absatz skizziert ist, könnten insbesondere die fachwissenschaftlichen Angebote im Rahmen der Ausbildung für die Sekundarstufe in Online-Formaten angeboten werden.

Der dritte Aspekt betrifft das Grundverständnis als «regionaler Versorger», das im Konzept der UHI eine besondere Rolle spielt. In Anlehnung an diesen Gedanken wäre die Aufgabe der Bildungswissenschaftlichen Universität natürlich auch die Schulentwicklung und die Betreuung von Schulen und Lehrpersonen in der Induktionsphase und im Bereich Fort- und Weiterbildung.

4.4.4 Wertende Gesamtbetrachtung

Die Ausgangsfrage dieser Konzeptstudie ist die Einschätzung der möglichen Strategien und der Voraussetzungen, um die PH Vorarlberg auf den Weg zu einer Bildungswissenschaftlichen Universität zu bringen.

Es darf festgestellt werden, dass jede der vorgestellten Optionen unter bestimmten Umständen zu einer erfolgreichen Strategie führen kann. Es wäre auch möglich, bestimmte, auf Österreich und Vorarlberg anwendbare Teilaspekte zur Umsetzung der Strategie heranzuziehen.

Die Studie kann aber nicht die Frage beantworten, welche Chancen eine bestimmte Strategie im österreichischen Hochschulsystem und in der Wissenschaftspolitik oder der Politik des Landes Vorarlberg haben kann. Für den Moment entscheidend sind in der Gesamtbetrachtung jedoch zweierlei Folgerungen: Zum einen sind die Entwicklungen von der PH Vorarlberg zu einer Universität langfristig (auf zehn Jahre) anzulegen, da die Entwicklung Zeit braucht und in kleinen Schritten erfolgt. Zum andern sollte der Weg dorthin sehr stark in den Fokus gestellt werden und den systematischen Aufbau universitärer Strukturen in Lehre, Forschung, Weiterbildung und Entwicklung in den nächsten zehn Jahren kennzeichnen.

5. Conclusio

Trotz kritischer Betrachtung der Entwicklungstendenzen in der PädagogInnenbildung und ihrer Herausforderungen in Österreich, in der Schweiz und in Deutschland kann zusammenfassend eine erfreuliche Beobachtung angestellt werden: Sowohl die Bildungspolitik allgemein als auch einzelne Institutionen der Ausbildung von Lehrerinnen und Lehrern haben sich in den letzten fünfzehn Jahren im Bewusstsein des Stellenwerts sehr vehement und intensiv für eine verbesserte Lehrpersonenbildung eingesetzt. Die Schnittmengen der Probleme in der Bemühung um optimale Aus- und Weiterbildung der Pädagogen und Pädagoginnen scheinen in Europa eine hohe Kongruenz aufzuweisen, für die Herausforderungen auf struktureller und inhaltlicher Ebene sind aber unterschiedliche Lösungen vorgesehen.

Die Pädagogische Hochschule Vorarlberg, eine der neun staatlichen Pädagogischen Hochschulen Österreichs, stellt auf der Basis ihres Strategieprojektes 2025 in diesem Beitrag den Versuch dar, mit der Gründung einer bildungswissenschaftlichen Universität vielen Herausforderungen im positiven Sinne zu begegnen. Diese lokale Realisierung zur Beantwortung gemeinsamer Fragen in der Lehrpersonenbildung möge als weiterer Baustein im Diskurs um eine optimierte Bildung von Pädagoginnen und Pädagogen gewertet werden. Erst die Zukunft wird Aufschluss über den Erfolg dieses hochschulischen Entwicklungsschrittes geben können.

Literaturverzeichnis

Beck, Erwin. 2012. «Gute Lehrerinnen und Lehrer braucht das Land.» In *Perspektiven der PädagogInnenbildung in Österreich. FokusBildungSchule, Band 3*, hrsg. v. Gabriele Böheim-Galehr und Ruth Allgäuer, 45–54. Innsbruck: StudienVerlag.

Bircher, Walter. 2012. «Lehrpersonen für die Schule der Zukunft. Ein Essay mit Fokus auf die Schweizer Verhältnisse.» In *Perspektiven der PädagogInnenbildung in Österreich. FokusBildungSchule, Band 3*, hrsg. v. Gabriele Böheim-Galehr und Ruth Allgäuer, 54–60. Innsbruck: StudienVerlag.

Brunner, Ivo. 2009. «Die europäische Studienarchitektur nach Bologna generiert neues Denken.» In *Pädagogik für Niederösterreich*, hrsg. v. Erwin Rauscher, 435–439. Baden: PH Niederösterreich.

Brunner, Ivo, Ewald Feyerer und Irene Moser. 2014. «Eine gemeinsame LehrerInnenbildung für ein inklusives Bildungssystem.» *Erziehung und Unterricht* (3+4): 204–210.

Bundesgesetzblatt der Republik Österreich I Nr. 124. 2013. *PädagogInnenbildung NEU*. Wien.

Heitzmann, Anni, Alois Niggli, Christine Pauli, Kurt Reusser, Annette Tettenborn und Peter Tremp, Hrsg. 2010. «Beiträge zur Lehrerbildung. Steuerung und Führung pädagogischer Hochschulen.» *Zeitschrift zu Theorie und Praxis der Aus- und Weiterbildung von Lehrerinnen und Lehrern* 28 (2): 197–356.

Knapp, Werner. 2012. «50 Jahre Pädagogische Hochschulen in Baden-Württemberg.» In *Perspektiven der PädagogInnenbildung in Österreich. FokusBildungSchule, Band 3*, hrsg. v. Gabriele Böheim-Galehr und Ruth Allgäuer, 60–70. Innsbruck: StudienVerlag.

Österreichischer Wissenschaftsrat, Hrsg. 2012. *Lehren lernen – die Zukunft der Lehrerbildung.* Tagungsband des Österreichischen Wissenschaftsrates. Wien.

Qualitätssicherungsrat für Pädagoginnen und Pädagogen, Hrsg. 2015. *Bericht des Qualitätssicherungsrates für Pädagoginnen und Pädagogen an den Nationalrat. Berichtszeitraum 2014.* Wien.

RektorInnenkonferenz der Österreichischen Pädagogischen Hochschulen (RÖPH), Hrsg. 2014. *Weißbuch zum Aufbau wissenschaftlicher und professionsorientierter Voraussetzungen für die Umsetzung der PädagogInnenbildung NEU.* Online verfügbar unter: http://www.roeph.ac.at/wp-content/uploads/2014/05/Wei%9Fbuch-v1-1.pdf (24.3.2015).

Bologna als Einstiegshilfe in die nationale und internationale Hochschullandschaft

Hans-Jürg Keller

Die Schaffung der Pädagogischen Hochschulen in der Schweiz ist gleichzeitig mit der Realisierung der Bologna-Reform im Schweizer Hochschulwesen erfolgt. «Europakompatibilität» war schon in den 1990er-Jahren eine wichtige Triebfeder für die Planung der Pädagogischen Hochschulen. Der Bologna-Prozess hat dann wesentlich zu ihrer schnellen Platzierung in der nationalen und internationalen Hochschullandschaft beigetragen. Weder der Prozess der Positionierung der Pädagogischen Hochschulen in der Hochschullandschaft noch die Umsetzung der Anliegen der Erklärung von Bologna sind damit aber abgeschlossen. Sie erfordern sowohl hochschulintern als auch national und international weitere Schritte und auch ein selbstbewussteres Sich-Einbringen der Pädagogischen Hochschulen.

1. Einleitung

Am 3. April 1999 fand die erste Sitzung der Projektgesamtleitung des Projekts «Pädagogische Hochschule Zürich» statt. Am 19. Juni 1999 unterzeichnete Staatssekretär Charles Kleiber in Bologna die «Erklärung von Bologna». Am 8. Juli 2004 konnten wir an der ersten Diplomfeier der PH Zürich den Absolventinnen und Absolventen die ersten nach den Bologna-Empfehlungen erworbenen Bachelor-of-Arts(-PHZH)-Diplome überreichen. Dazwischen liegen fünf Jahre einer äusserst rasanten und dynamischen Hochschulentwicklung, auf die weitere von schnellen Entwicklungen geprägte Jahre folgten.

Barbara Müller (2012) hat die Anfänge der Bologna-Reform in der Schweiz für die Universitäten in ihrer Dissertation ausführlich beschrieben. Sie schreibt, dass sich die Gleichzeitigkeit verschiedener Ereignisse, Situationen und Entwicklungen akzelerierend auf den Umsetzungsprozess ausgewirkt habe (Müller 2012, 242). Neben einer Akzeleration kann auch von einem *window of opportunity* gesprochen werden, einer Möglichkeit für die Pädagogischen Hochschulen, sich national und international in der Hochschullandschaft zu platzieren. Ich werde die Geschichte dieser Einbindung ins Hochschulsystem und der Internationalisierung nachzeichnen und am Schluss kurz aufzeigen, dass weitere Schritte nötig sind.

2. Vorgeschichte

Die Lehrerinnen- und Lehrerbildung in der Schweiz war bis Anfang der 1990er-Jahre stark kantonal geprägt. Mit der bevorstehenden Abstimmung über den Beitritt in den Europäischen Wirtschaftsraum EWR intensivierte sich aber dann die Diskussion um die

«Europafähigkeit». 1989 informierte zum Beispiel der Direktor des Primarlehrerseminars, Werner Wiesendanger, den Gesamtkonvent (GK) über einen geplanten Bildungsartikel in der Bundesverfassung:

Der heutige Versuch zielt auf eine Verbesserung der Europafähigkeit. Die Konsequenzen wären weitreichend:
– Gegenseitige Anerkennung der Hochschulabschlüsse
– Gegenseitige Anerkennung der Lehrdiplome
Daraus [sic] würde natürlich auch eine Zulassung von ausserkantonalen Lehrkräften in den zürcherischen Schuldienst gewährt werden müssen. (Primarlehrerseminar 1989, GK-Protokoll 2/89, 4)

Weil angenommen wurde, dass die Schweiz dem EWR beitreten würde, wurden im Vorfeld auch Abklärungen getroffen, was dieser Beitritt für die Lehrpersonenbildung bedeuten würde. Nach einem Besuch der Lehrpersonen des Primarlehrerseminars an der Pädagogischen Hochschule in Ludwigsburg 1991 wird im Protokoll vermerkt:

Gesamthaft ist uns aber der Besuch in Ludwigsburg in sehr positiver Erinnerung geblieben. Dieses stärker universitär und stärker kognitiv ausgerichtete Lehrerbildungsmodell war für viele etwas Neues und Anderes, im Hinblick auf Europa aber wohl Zukunftsweisendes. Durch den Besuch wurden uns die Vorteile unseres eigenen praxisbezogeneren Modelles wieder sehr bewusst. (Primarlehrerseminar 1991, GK-Protokoll 2/91, 6)

Die Seminarleitung sprach sich am damaligen Gesamtkonvent klar für eine Entwicklung in Richtung «Europatauglichkeit» aus. Die Stimmung an anderen Vorgängerinstitutionen der PH Zürich war ähnlich, die späten 1980er-Jahre hatten eine Intensivierung des Austauschs mit dem Ausland gebracht, unter anderem durch Fremdsprachenaufenthalte oder Studienwochen im Ausland zum Thema «Interkulturelle Pädagogik».

Anfang 1992 erfolgte ein Auftrag des damaligen Erziehungsdirektors Gilgen, das Lehrerbildungsmodell zu überprüfen und Visionen zu entwickeln. Diskutiert wurde, dass die Ansiedelung der Lehrerinnen- und Lehrerbildung auf Hochschulniveau zwingend sei und dass dies entweder durch Gründung einer Fachhochschule oder einer pädagogischen Fakultät an der Universität erreicht werden könne (Primarlehrerseminar 1992, GK-Protokoll 1/92, 3–4). Im Protokoll wird auch vermerkt, es sei «Anliegen, die hiesigen Absolventen nicht zu isolieren (ihnen zum Beispiel innerhalb des Projektes ‹Erasmus› ein Auslandsemester zu ermöglichen)» (Primarlehrerseminar 1992, GK-Protokoll 4/92, 3).

Mit dem Erziehungsratsbeschluss vom 24. November 1992, das heisst wenige Tage vor der EWR-Abstimmung, wurde eine erziehungsrätliche Kommission «Zukunft der Zürcher Lehrerbildung» («LB 2000») eingesetzt. Nachdem Volk und Stände den Beitritt zum EWR am 6. Dezember 1992 mit 50,3 Prozent der Stimmen und einer Mehrheit von 18 der 26 Stände verworfen hatten, meinte der Direktor des Primarlehrerseminars am Gesamtkonvent:

> *Ein Antrieb für das Projekt «Zukunft der Lehrerbildung» war auch, eine europakonforme Lehrerbildung zu schaffen. Nach dem negativen Volksentscheid ist der politische Druck, Veränderungen vorzunehmen, erheblich kleiner geworden.* (Primarlehrerseminar 1992, GK-Protokoll 4/92, 2)

Die 1990er-Jahre brachten entgegen dieser Erwartung eine schnelle Entwicklung Richtung Internationalisierung und Richtung Hochschule. Am 10. Dezember 1992 erteilte der Vorstand der Schweizerischen Konferenz der kantonalen Erziehungsdirektoren (EDK) das Mandat, Thesen zur Entwicklung Pädagogischer Hochschulen auszuarbeiten. Im Mandat stand auch: «Die Schaffung von Pädagogischen Hochschulen wird somit unumgänglich, zum einen im Hinblick auf Europa, zum andern in Berücksichtigung von gleichwertigen

Ausbildungen ausserhalb der Lehrerbildung, welche in Fachhochschulen angeboten werden» (Wyss 1993, 341). Ohne die Anpassung an internationale Standards wurde eine Diskriminierung von Lehrerinnen und Lehrern sowohl auf europäischer Ebene als auch in der Schweiz befürchtet: «Der Lehrberuf steht heute in einem Konkurrenzverhältnis zu anderen anspruchsvollen Berufen, deren Ansiedlung an Fachhochschulen bereits beschlossene Sache ist und die das prestigeträchtige Element der Wissenschaftlichkeit für sich ins Feld führen können» (EDK 1993, 6).

Auf der Suche nach Gründen für die rezessive Wirtschaftsentwicklung hatte man sich nämlich auch um die mangelnde internationale Anerkennung der Diplome der höheren Fachschulen gesorgt und wollte diesen Standortnachteil beheben. Die Aufwertung der höheren technischen Lehranstalten HTL, der höheren Wirtschafts- und Verwaltungsschulen HWV und der höheren Fachschulen für Gestaltung wie auch der Bereiche Gesundheit, Soziale Arbeit und Kunst zu Fachhochschulen war absehbar, das Gesetz über die Fachhochschulen wurde schliesslich am 6. Oktober 1995 erlassen (Hasler Roumois, Girsberger u. Buomberger 2011, 20).

Sowohl der Anschluss an europäische Entwicklungen als auch die innerschweizerische Konkurrenz zu anderen Sparten standen also der Schaffung von Pädagogischen Hochschulen Pate.

1993 schufen die Kantone mit dem Diplomanerkennungskonkordat (Interkantonale Vereinbarung über die Anerkennung von Ausbildungsabschlüssen vom 18. Februar 1993) die Grundlage dafür, dass die Lehrdiplome von den verschiedenen Kantonen gegenseitig anerkannt wurden. Volksschullehrpersonen durften nun also auch in anderen Kantonen als in denjenigen, in denen sie die Ausbildung absolviert hatten, tätig sein.

Die 1990er-Jahre brachten allgemein eine Verstärkung des internationalen Bildungsdiskurses und -austausches. 1995 wurde zum Beispiel die erste TIMSS-Studie (Trends in International Mathematics and Science Study) durchgeführt, an der sich auch die

Schweiz beteiligte; Akkreditierungen und Rankings wurden wichtiger. Der neue Zürcher Bildungsdirektor Ernst Buschor sprach von einem «Global Village», Studierende des Primarlehrerinnen- und Primarlehrerseminars, die sich für das Erteilen von Englisch qualifizieren wollten, absolvierten Aufenthalte an der University of New Hampshire in den USA.

Noch im selben Jahr erliess die Plenarversammlung der EDK dann die Empfehlungen zur Lehrerbildung und zu den Pädagogischen Hochschulen (EDK 1995); in der ganzen Schweiz entstanden Projektgruppen, die Pädagogische Hochschulen oder ähnliche Institutionen planten. Internationalisierung oder Europäisierung standen dabei nicht mehr im Vordergrund. In einer Schwerpunktausgabe der «Beiträge zur Lehrerbildung» erwähnt einzig die Fachkommission Fachdidaktik den internationalen Forschungsdiskurs (Beiträge zur Lehrerbildung 2/1998, 228), der Kanton Freiburg gibt an, dass er sich wie die ganze Westschweiz auf das ECTS-System abstützen werde (a. a. O., 257), und die Berner Projektleiterin berichtet, dass sich die Forschung natürlich an internationalen Standards orientieren und sich entsprechend vernetzen werde (a. a. O., 253).

Im Kanton Zürich war eine Vernehmlassung zum Bericht der erziehungsrätlichen Kommission «Zukunft der Zürcher Lehrerbildung» («LB 2000») durchgeführt worden, die dann zu einem ersten Entwurf eines Gesetzes über die Pädagogische Hochschule geführt hatte (Kanton Zürich 1997). Auch hier wurden die Punkte Europäisierung oder Internationalisierung kaum diskutiert. Aufgrund der Vernehmlassungsantworten wurde am 13. April 1999 die Projektphase I des Projekts Pädagogische Hochschule Zürich begonnen – und hier beginnt die Gleichzeitigkeit mit dem gesamteuropäischen Bologna-Prozess.

3. Von den ersten Konferenzen zu den schweizerischen Bologna-Richtlinien

Als die Projektphase I am 6. April 2000 abgeschlossen wurde, war die Erklärung von Bologna bereits seit bald einem Jahr unterschrieben. Dass sie auch in der Schweiz umgesetzt werden würde, war für die Rektoren und Rektorinnen der Universitäten seit November 1999 wohl klar. Der Rektor der HSG, Peter Gomez, hatte damals seine Kolleginnen und Kollegen informiert, dass die Uni St. Gallen Bologna mit dem gestuften Bachelor-Master-System schnell umsetzen werde (vgl. Müller 2012, 191). Andernorts wurde aber noch diskutiert, ob Staatssekretär Charles Kleiber überhaupt die Legitimation gehabt habe, die Erklärung zu unterschreiben, welche Vorbehalte an der Folgekonferenz 2001 in Prag wohl eingebracht werden könnten usw. Die an der Planung der Pädagogischen Hochschule Zürich beteiligten Personen wurden an einer «Tagung über die Entwicklung im europäischen Hochschulraum und mögliche Konsequenzen für das Zürcher Bildungswesen» vom Samstag, 11. März 2000 an der Universität Zürich über die Entwicklung informiert. Der Direktor des Bundesamtes für Bildung und Wissenschaft, Gerhard M. Schuwey, der Mitglied der Schweizer Delegation in Bologna gewesen war, erläuterte die Erklärung von Bologna unter dem Titel «Harmonisierung der europäischen Hochschulbildung?» (Schuwey 2000), wobei er klarmachte, dass das Fragezeichen im Titel von den Veranstaltern gesetzt worden sei. Die Leitung des Projekts Pädagogische Hochschule Zürich stellte an dieser Tagung erleichtert fest, dass sie wohl richtig geplant hatte, als sie für die Anrechnung von Studienleistungen auf ECTS gesetzt hatte (vgl. Kanton Zürich 2000, 78–80). Das European Credit Transfer System war ursprünglich für das Mobilitätsprogramm Erasmus entwickelt worden; es diente dazu, in Gastsemestern erbrachte Studienleistungen an der Heimuniversität anrechnen zu lassen, entwickelte sich jetzt aber zunehmend zu einem Akkumulationssystem, das heisst einem System, mit dem Studierende ihre Leistungen während des ganzen Studiums akkumulieren konnten. Das ECTS wurde an dieser Tagung an einem Workshop vorgestellt, einige Universitätsvertreterinnen und -vertreter kannten es aus dem Erasmus-Programm, fanden es aber abwegig, ein System einzuführen, das vermehrte Durchlässigkeit auch zwischen Hochschultypen gewährleisten würde.

Die Projektgesamtleitung «Pädagogische Hochschule Zürich» winkte das ECTS vierzehn Tage später für die PH ohne Diskussion durch, womit wohl ein wichtiger Grundstein für die schnelle Einführung des Bologna-Systems in der Lehrerinnen- und Lehrerbildung, zumindest im Kanton Zürich, gelegt war.

Naturgemäss hatte die Lehrerinnen- und Lehrerbildung weniger Probleme mit der Erklärung von Bologna als viele im universitären Sektor Tätige. Zu den Zielen der Erklärung hatten die in den verschiedenen Projektgremien Tätigen, zu denen auch ich gehörte, folgende Haltung: Mit der Einführung eines Systems, das leicht verständliche und vergleichbare Abschlüsse enthält, konnten wir nur gewinnen, die alte Ausbildung hatte ja gerade darunter gelitten, dass ihre Abschlüsse in der akademischen Welt weder verständlich noch vergleichbar waren. Auch die Zweistufigkeit (später dann Bachelor/Master) machte uns keine Sorgen, wir erhofften uns, dass unsere Absolventinnen und Absolventen nach dem Bachelor (für die Sekundarstufe sahen wir anfänglich noch einen «Advanced Bachelor» mit 240 ECTS-Punkten vor) einfacher auch ein Masterstudium absolvieren könnten. Die Employability, das heisst Arbeitsmarktfähigkeit, war schon immer selbstverständlich gewesen, hier sah man allerdings eine gewisse Gefahr, die Erklärung von Bologna könnte dazu beitragen, Bildung zu einem handelbaren Gut zu machen und sie zu kommerzialisieren. Für die Bedenken unserer universitären Kolleginnen und Kollegen und vieler Studierender, Bildung werde auf Verwertbares reduziert, hatten wir Verständnis. Mit dem Kreditpunktesystem hatten wir geplant, es schien uns für modularisierte Studiengänge (die wir schaffen wollten) eine praktikable Lösung zu sein, und auf grössere Mobilität legten wir wegen der Horizonterweiterung für alle Hochschulangehörigen Wert. Die europäische Dimension war uns als Gegengewicht zu den USA ebenfalls wichtig, und auch gegen Zusammenarbeit in der Qualitätssicherung gab es nichts einzuwenden.

Im Kanton Zürich war die Entwicklung Richtung Bologna also vorgespurt und auch in anderen Projektgruppen für die Vorbereitung Pädagogischer Hochschulen wurden ähnliche Überlegungen gemacht. Auf schweizerischer Ebene waren die Akteure der Lehrerinnen- und Lehrerbildung allerdings daran, Boden zu verlieren. Die früher für bildungspolitische Entscheide wichtige Schweizerische Konferenz der Direktoren der Lehrerbildungsinstitutionen (SKDL) war einerseits in Auflösung begriffen, andererseits waren viele Rektoren mit Opinion-Leader-Funktion darin nicht mehr vertreten, weil sie in ihren Kantonen oder Regionen Aufgaben bei der Konzeption der Pädagogischen Hochschulen übernommen hatten und die Leitung der Seminare nun bei Stellvertreterinnen und Stellvertretern lag.

Dieses Vakuum war bedenklich, weil aufseiten sowohl der Universitäten als auch der Fachhochschulen eine grosse Dynamik festzustellen war. Aufseiten der Universitäten hatte das Universitätsförderungsgesetz von 1999 (Bundesgesetz über die Förderung der Universitäten und über die Zusammenarbeit im Hochschulbereich vom 8. Oktober 1999) die Schaffung der Schweizerischen Universitätskonferenz SUK als gemeinsames universitätspolitisches Organ von Bund und Universitätskantonen und parallel dazu die Schaffung der CRUS, die laut dem Gesetz das «gemeinsame Organ der Leitungen der schweizerischen universitären Hochschulen» darstellte, ermöglicht. Damit waren politische und akademisch-operative Ebenen entflochten, wobei die Grenzziehung naturgemäss schwierig war. Es lag der mit neuen Kompetenzen ausgestatteten CRUS (Conférence des Recteurs des Universités

Suisses), die jetzt eine ganz andere Dynamik entfaltete als die Vorgängerorganisation SHRK (Schweizerische Hochschulrektorenkonferenz), also viel daran, das Heft in wichtigen Sachgeschäften selbst in die Hand zu nehmen und dies nicht der SUK zu überlassen. Die CRUS formulierte zwölf Thesen als «Leitplanken» zum Bologna-Prozess, die sie an einer Tagung am 22. Juni 2000 den mehr als hundert Anwesenden vorstellte. Sie legte auch den Grund für die Eile offen: «Die Rektorenkonferenz ist der Auffassung, dass die Universitäten die Bedingungen, unter denen auf die Bologna-Deklaration eingetreten werden sollte, selber definieren, bevor politische Gremien dies tun» (Nägeli, Wettstein u. Matousek 2000, 12).

Für die Umsetzung der Bologna-Deklaration im universitären Bereich setzte die CRUS eine Projektleitung unter dem Vorsitz des ETH-Rektors Konrad Osterwalder, eine hochschulpolitische Begleitgruppe (Vorsitz: Gerhard M. Schuwey, Direktor BBW) und einen Bologna-Koordinator, den früheren Generalsekretär der SHRK, Rudolf Nägeli, ein.

Die Fachhochschulen hatten die Wichtigkeit, sich schnell an den Entscheidungen rund um den Bologna-Prozess zu beteiligen, ebenso erkannt und im Februar 2000 die KFH, die Rektorenkonferenz der Fachhochschulen, gegründet. Sie setzte ebenfalls eine Bologna-Projektsteuerung ein, deren Vorsitz der Chef des Zürcher Hochschulamtes, Arthur Straessle, übernahm. Die KFH erreichte bald, dass die CRUS ihre Forderung, dass nur Universitäten Masterabschlüsse vergeben konnten, zurücknehmen musste. Am 25. Oktober 2001 stimmte der Fachhochschulrat der EDK der Entwicklung von Masterstudiengängen an Fachhochschulen grundsätzlich zu (vgl. EDK 2002). CRUS und KFH hatten die gemeinsame Zielsetzung, die Einführung von Bologna in der Schweiz selbst zu steuern; sie arbeiteten deshalb trotz teilweise gegensätzlicher Interessen eng zusammen; man kann von einer Koalitionenbildung sprechen.

Es bedurfte nun der Initiative der Erziehungsdirektorenkonferenz, um die Pädagogischen Hochschulen gesamtschweizerisch ebenfalls in den Bologna-Prozess einzubinden. Am 28. Februar 2002 erteilte die Präsidentin des Fachhochschulrates der EDK, Martine Brunschwig Graf, der Schweizerischen Konferenz der Rektorinnen und Rektoren der Pädagogischen Hochschulen den Auftrag, ab Datum ihrer Gründung, das heisst ab 7. Juni 2002, innerhalb der Bologna-Projektorganisation die Federführung bei der Umsetzung der Deklaration von Bologna in der Lehrerinnen- und Lehrerbildung zu übernehmen – dies in Abstimmung mit der KFH-Projektleitung und der CRUS-Projektleitung (vgl. EDK 2002). Die entsprechende Arbeitsgruppe, deren Präsidium ich übernehmen konnte, traf sich am 5. April 2002 zum ersten Mal, sie bestand aus drei Vertretenden der universitären Lehrpersonenbildung, sechs Vertretenden der Pädagogischen Hochschulen und einer EDK-Vertreterin. An der Gründungsversammlung der Rektorinnen- und Rektorenkonferenz SKPH (später COHEP) am 7. Juni 2002 in Giessbach konnten dieser Versammlung bereits Fragen zu Weichenstellungen vorgelegt werden.

Die SKPH war gegenüber ihrem politischen Pendant, der Vollversammlung und dem Fachhochschulrat der EDK, weniger autonom, als dies bei ihren Schwesterkonferenzen der Fall war, sie wurde gemäss Artikel 23 des EDK-Statuts vom 3. März 2005 als «interkantonale Fachkonferenz» der EDK gegründet (Rosenberg u. Stadelmann 2010, 226), also als eine Konferenz, die eigentlich für Dienststellenleitende oder Fachverantwortliche in den Erziehungsdepartementen vorgesehen war. Aufgaben und Arbeitsweisen, also auch das Gründungsstatut der COHEP, mussten entsprechend vom Vorstand der EDK genehmigt werden.

Die neue Konferenz startete gut, bereits am 23. September 2002 fand eine erste Arbeitstagung der Bologna-Verantwortlichen aus den in Gründung begriffenen Pädagogischen Hochschulen und der universitären Lehrerinnen- und Lehrerbildung statt; allgemein zeigte man sich einverstanden mit den zur Diskussion gestellten Vorschlägen des Vorsitzenden der Bologna-Projektsteuerung der Fachhochschulen, Arthur Straessle.

Die SKPH konnte nun von der bisherigen Steuerung des Bologna-Prozesses im Universitäts- und Fachhochschulbereich profitieren; CRUS und KFH hatten sich bereits einige Zeit mit der Formulierung von Richtlinien für die Umsetzung der Erklärung von Bologna befasst, die nun noch weiter diskutiert und redaktionell überarbeitet wurden, sodass sie in allen drei Hochschultypen auf Akzeptanz stiessen. Wesentlich für die Pädagogischen Hochschulen war zum Beispiel die Durchlässigkeit, das heisst, dass die Zulassung zum Masterstudium das Bachelordiplom einer Hochschule (und nicht einer Hochschule des gleichen Typs) voraussetzte und dass man eine einheitliche Benennung der Abschlüsse vorsah. Zentral aber war, dass schliesslich einerseits die CRUS bei der SUK und andererseits die KFH und SKPH beim Fachhochschulrat der EDK Richtlinien beantragen konnten, die der gleichen Logik folgten und im Wortlaut praktisch identisch waren.

Dank der guten Zusammenarbeit der Rektorenkonferenzen, Generalsekretariate und Projektleitungen, aber auch dank der funktionierenden Arbeitsteilung zwischen politischen und akademisch-operativen Instanzen wurden am 4. Dezember 2002 durch die Schweizerische Universitätskonferenz SUK die «Richtlinien für die koordinierte Erneuerung der Lehre an den Hochschulen der Schweiz im Rahmen des Bologna-Prozesses» und am 5. Dezember 2002 durch den (sich personell in Teilen mit der SUK überschneidenden) Fachhochschulrat der EDK die «Richtlinien für die Umsetzung der Erklärung von Bologna an den Fachhochschulen und den Pädagogischen Hochschulen» erlassen. Meines Erachtens sind diese gemeinsamen Richtlinien der Grundstein für die erfolgreiche Etablierung der Pädagogischen Hochschulen im schweizerischen Hochschulraum.

4. Detailarbeit und Grenzen des Einflusses

Die nachfolgenden Jahre brachten viel Detailarbeit und auch einige Schwierigkeiten. Im Jahr 2003 erarbeitete die Arbeitsgruppe mit SKPH- und CRUS-Mitgliedern gemeinsame Empfehlungen für die koordinierte Umsetzung der Erklärung von Bologna in der Lehrerinnen- und Lehrerbildung und gab sie bei ihren Mitgliedern in Vernehmlassung. Diese Empfehlungen hätten vom Fachhochschulrat der EDK beschlossen werden sollen, sahen sie doch unter anderem die Titel des Ausbildungsabschlusses (mit der Benennung in englischer Sprache, also zum Beispiel *Bachelor of Arts in Primary Education HEP VD*), eine mögliche Umwandlung bisheriger Diplome und den Masterabschluss für die Sekundarstufe I vor. Schon die Vernehmlassung war bei einigen Mitgliedern der EDK nicht auf Begeisterung gestossen, da in ihren Augen damit die Arbeitsteilung politisch–operativ verletzt worden war. Die Freiburger Staatsrätin Isabelle Chassot schrieb mir zum Beispiel «Je découvre avec surprise que l'objet de la consultation ne porte pas que sur des aspects techniques, mais pose des questions de fond de la politique éducative» (Brief Chassot an Keller vom 10. Oktober 2003). Der Fachhochschulrat der EDK verlangte Kostenschätzungen und verabschiedete die Empfehlungen schliesslich nicht.

Die Arbeit hatte aber trotzdem weiter zur Integration der Pädagogischen Hochschulen in den Hochschulraum beigetragen, die Zusammenarbeit zwischen CRUS und SKPH war in dieser Zeit vor allem auf Ebene der Generalsekretariate und Projektgruppen intensiv, und die SKPH hatte – ähnlich wie ihre Schwesterkonferenzen, wenn auch mit weniger Erfolg – den Anspruch deutlich gemacht, im Bologna-Geschäft die Themenführerschaft selbst zu übernehmen. Wichtige Teile der geplanten Empfehlungen wurden dann später im Titelreglement der EDK («Reglement über die Benennung der Diplome und der Weiterbildungsmaster im Bereich der Lehrerinnen- und Lehrerbildung im Rahmen der Bologna-Reform vom 28. Oktober 2005»} und in den Anerkennungsreglementen trotzdem verabschiedet.

Die kleineren Freiheitsgrade der Pädagogischen Hochschulen gegenüber den Universitäten und zum Teil auch gegenüber den Fachhochschulen zeigten sich in diesen Jahren aber deutlich. Sonja Rosenberg und Willi Stadelmann, die damalige Generalsekretärin und der damalige Präsident der SKPH, später COHEP, begründen das so:

> *Die COHEP ist enger an die Kantone gebunden als die Rektorenkonferenz der Schweizer Universitäten (CRUS) und die Rektorenkonferenz der Fachhochschulen der Schweiz (KFH), weil der Lehrberuf sowohl interkantonal als auch in Bezug auf die gegenseitige Anerkennung bilateral mit der EU geregelt ist. Die Kantone sind gleichzeitig «Besteller» der Studiengänge als auch «Abnehmer» der Studierenden sowie «Träger» der pädagogischen Hochschulen. Zudem sind die Kantone gemeinsam als EDK «Regulierungs- und Akkreditierungsinstanz» der Studiengänge.*
> (Rosenberg u. Stadelmann 2010, 226)

Bis heute ein Problem für die Pädagogischen Hochschulen ist, dass sie zwar Weiterbildungs-Masterstudiengänge (MAS, Master of Advanced Studies) anbieten können, aber (mit den Ausnahmen von Fachdidaktik, Heilpädagogik und dem Regelabschluss auf der Sekundarstufe I) keine konsekutiven, der Erklärung von Bologna entsprechenden Masterstudiengänge. Anders als in den Studiengängen der Universitäten und Fachhochschulen ist also für Inhaberinnen und Inhaber von Bachelordiplomen in Pre-Primary und Primary Education kein Weiterstudium im gleichen Fachgebiet möglich. Das behindert nicht nur die völlige Integration in den Hochschulraum und ist international ein Nachteil, es schränkt auch die Laufbahnmöglichkeiten für Lehrpersonen zu Fachpersonen für

Bildungsprozesse und Bildungsfragen, die fachliche Weiterentwicklung und die Forschung an den Pädagogischen Hochschulen, ihre Profil- und Schwerpunktbildung ein. Die SKPH hat sich mit Klausurtagungen in den Jahren 2005 und 2006 nochmals intensiv darum bemüht, das Thema «Masterstudiengänge an Pädagogischen Hochschulen» auf der Agenda zu behalten (SKPH 2006), allerdings – wohl aus Kostengründen und aus Gründen der Haltung gegenüber den Lehrberufen – vorerst ohne Erfolg.

Ein Erfolg war 2004 trotzdem zu verbuchen: Die Plenarversammlung der EDK beschloss am 17. Juni, dass den Absolventinnen und Absolventen der Studiengänge Vorschule/Primarschule mit dem Lehrdiplom auch ein Bachelordiplom verliehen werden dürfe (EDK 2004) – ein Beschluss, auf den die Verantwortungstragenden der PH Zürich intensiv hingearbeitet hatten. In Zürich waren die ersten Diplomandinnen und Diplomanden nämlich nach einem Jahr «Seminar für Pädagogische Grundausbildung» an die Pädagogische Hochschule übergetreten und standen so, nach zwei Jahren an der PH, unmittelbar vor dem Studienabschluss. Für sie nun Bachelordiplome ausdrucken zu können, erfüllte uns an der PH Zürich mit grosser Genugtuung.

In der Pressemitteilung der EDK vom 28. Juni 2004 steht etwas kryptisch: «Für die übrigen Studiengänge Lehrdiplome Sekundarstufe I und I/II sowie Heilpädagogik stehen noch Klärungen an.» Der Vorstand der EDK hatte am 29. April 2004 nämlich u. a. entschieden, für die Sekundarstufe I auch andere Modelle als den vorgeschlagenen Masterabschluss zu prüfen. Eine von der EDK eingesetzte Arbeitsgruppe empfahl aber ebenfalls einen Masterabschluss mit 270 ECTS-Punkten. Die Einstellung der Pädagogischen Hochschulen dazu war durchaus ambivalent. Einerseits wollten sie für die Sekundarlehrpersonen einen Abschluss, der in die Bologna-Systematik passte (was mit einem Bachelor mit 240 ECTS-Punkten nicht der Fall war), anderseits hatte man in der Lehrerinnen- und Lehrerbildung lange Jahre dafür gekämpft, die verschiedenen

Lehrpersonenkategorien gleichzustellen, was nun obsolet würde, wenn die Studiengänge Vorschul- und Primarstufe mit einem Bachelor und die Studiengänge Sekundarstufe I mit einem Master abschliessen würden. Punkto «Dublin Descriptors», also mit Blick auf das Kompetenzniveau der Absolventinnen und Absolventen, war ein Masterabschluss für die Sekundarstufe I allerdings unbestritten, ein solcher würde sich auch für die anderen Lehrpersonen rechtfertigen.

Die Plenarversammlung der EDK folgte schliesslich den Empfehlungen und beschloss am 28. Oktober 2005 eine entsprechende Änderung des «Reglements über die Anerkennung von Hochschuldiplomen für die Lehrkräfte der Sekundarstufe I». Zusammen mit anderen Änderungen im Anerkennungsreglement führte das zu weitreichenden Änderungen in der Studienplanung.

5. Internationale Hochschullandschaft

Dass «nationale und internationale Vernetzung» ein wesentliches «Markenzeichen» der Pädagogischen Hochschule Zürich sein sollte, war schon in den ersten Leitbildentwürfen im November 2001 zu lesen (Furrer 2001). Der Bologna-Prozess war Teil der notwendigen Rahmenbedingungen für die Internationalisierung. ECTS-Punkte, Erasmus, Netzwerke, die englische Übersetzung «University of Teacher Education» (die sich aufgedrängt hatte, da der Terminus «Fachhochschule» mit «University of Applied Sciences» übersetzt wurde), ein gut funktionierendes, national und international vernetztes International Office und Forschungskooperationen waren aber ebenso entscheidend, um die Internationalisierung voranzutreiben.

Bei Gründung der PH Zürich verfügte diese über diverse internationale Kontakte, die eher auf persönlicher Ebene geknüpft worden waren, und für Studierende wurden im Rahmen institutionalisierter Kontakte Fremdsprachaufenthalte und Praktika im Ausland angeboten. Die ersten Gastsemester (unter anderem in Südafrika und Australien) wurden von Studierenden als *free movers*, das heisst ohne Kooperationsvertrag zwischen der PH Zürich und der aufnehmenden Hochschule, abgewickelt. Ende 2003 legte die Stelle für internationale Beziehungen, das heutige International Office, von damals bis heute kompetent von Friederike Hoch geleitet, das erste Konzept zu Internationalisierung der PH Zürich vor, das sowohl Studierenden- und Dozierendenmobilität, Mitarbeit in transnationalen Projekten, internationale Studienangebote, Joint-Study-Programme wie auch Internationalisierung in Forschung und Dienstleistungen umfasste. Das Konzept wurde von der Schulleitung genehmigt und das International Office konnte innerhalb eines Jahres ein Netzwerk mit anderen Schweizer Hochschulen und mit Erasmus-Partnerhochschulen in Deutschland, Frankreich, Grossbritannien, Litauen, Schweden und Ungarn aufbauen; ein Netzwerk, das ständig erweitert wurde und bald auch aussereuropäische Hochschulen umfasste.

Innerhalb der SKPH entstand in der gleichen Zeit eine Arbeitsgruppe «Mobilität», die einen Austausch unter den schweizerischen Verantwortlichen ermöglichte. International eine wichtige Rolle spielte die Teilnahme an Tagungen und die Mitgliedschaft in Netzwerken, zu denen Vertreterinnen und Vertreter der PH als Beauftragte von Hochschulen jetzt Zugang hatten. Hier zu nennen sind zum Beispiel die EAIE (European Association for International Education), die Mitgliedschaft in Bologna-Netzwerken und International Research Networks, Forschungskooperationen usw., die eine Vernetzung mit Kolleginnen und Kollegen aus anderen Ländern ermöglichten. Im Rahmen des Bologna-Prozesses und des Erasmus-Programms konnten mit den Jahren innerhalb Europas Partnerschaften mit 58 anderen Hochschulen aufgebaut werden. Durch die Annahme der Masseneinwanderungsinitiative am 9. Februar

2014 und die dadurch bedingte Gefährdung der bilateralen Verträge verlor die Schweiz allerdings ihre Mitgliedschaft im Erasmus-Programm und gilt nun als Drittstaat. Bis 2017 konnte mit dem SEMP (Swiss-European Mobility Programme) eine durch die Schweiz finanzierte und von den meisten Partnerhochschulen akzeptierte Übergangslösung gefunden werden. Ab 2017 könnten aber viele weitere Partnerschaften in Europa gefährdet sein.

Parallel dazu wurden Partnerschaften im aussereuropäischen Raum aufgebaut, mit einem Schwerpunkt in Nordamerika (vier Partnerhochschulen in den USA, zwei in Kanada) und einem weiteren in Asien (China, Hongkong, Singapur). Auch mit australischen und einer brasilianischen Universität bestehen Kooperationsverträge.

Nicht nur Studierende und Dozierende der PH Zürich profitieren von der zunehmenden Internationalisierung, auch amtierenden Lehrpersonen ermöglicht zum Beispiel der CAS-Kurs (Certificate of Advanced Studies) «Schulentwicklung» einen Vergleich von Schulsystemen in verschiedenen Ländern und die Teilnahme an einem Modul in Holland. Zu den Angeboten des Zentrums für Hochschuldidaktik und Erwachsenenbildung gehören Module zur Internationalisierung der Lehre wie auch eine Studienreise nach China.

Einerseits aus Finanzgründen, andererseits, weil wir in Zürich nur eine begrenzte Anzahl Module in englischer Sprache anbieten können, sind aber verschiedene Teile des ursprünglichen Internationalisierungskonzepts noch nicht umgesetzt.

6. Schluss

2009 an der Konferenz der EUA (European University Association), zum Abschluss der Bologna-Dekade, sagte ein Delegierter: «Bologna was a great success we wouldn't have imagined ten years ago.» Ende 2012 war in der Schweizer Ausgabe der Wochenzeitung «Die Zeit» zu lesen: «Es ist ein Treppenwitz der Geschichte, dass ausgerechnet eine Reform, die angetreten ist, die archaischen Strukturen an den Universitäten zu zerschlagen, nun zu einer Vertechnisierung und Verknöcherung der Hochschulen führt» (Daum 2012, 3).

Meine Einschätzung aus der Perspektive der Pädagogischen Hochschulen liegt näher beim «grossen Erfolg» als beim «Treppenwitz der Geschichte». Die Bologna-Reform hat, weil sie an allen Hochschulen gleichzeitig stattfand und weil sie eine entsprechende Zusammenarbeit notwendig machte, den Pädagogischen Hochschulen den Eintritt in die Hochschullandschaft wesentlich erleichtert. Viele Bologna-Ziele werden weder von Studierenden noch von Dozierenden infrage gestellt. Internationalität, Mobilität, kontinuierliche Leistungsanerkennung und auch der – in der Lehrpersonenbildung schon immer vorhandene – Anwendungsbezug konnten durch die Bologna-Reform gestärkt werden (vgl. Bargel 2010). Auch die Durchlässigkeit zwischen den verschiedenen Hochschultypen wurde wesentlich erleichtert. Anderseits hat der Bologna-Prozess teilweise auch eine «Cumulus-Mentalität» (studieren, um möglichst viele Punkte zu sammeln) befördert. Zugleich hat die Frage, wie viele ECTS-Punkte es für das erfolgreiche Absolvieren eines Moduls gebe, die Frage nach dem Ziel des Moduls, nach den zu erwerbenden Kompetenzen, teilweise in den Hintergrund gedrängt und eine vertiefte Auseinandersetzung mit einer Thematik behindert. Die kontinuierliche Leistungsanerkennung bedingte zu viele Leistungsnachweise und damit mehr (statt weniger) «Prüfungsdruck». In einigen Punkten ist deshalb sicherlich eine «Reform der Reform» nötig.

In anderen Punkten wurde die ursprüngliche Reformidee nicht umgesetzt. Beispielsweise ist es Absolventinnen und Absolventen eines Eingangs- oder Primarstufenstudiums nach wie vor nicht möglich, ein Masterstudium gemäss der Erklärung von Bologna zu absolvieren (vgl. Abschnitt 4).

In andern Bereichen kann die Bologna-Reform nicht greifen, weil sie nicht darauf angelegt wurde. Während in der Lehre die Erklärung von Bologna tatsächlich eine Einstiegshilfe in die nationale und internationale Hochschullandschaft war, hatte sie diese Funktion für die Forschung nicht. Entsprechend schwieriger ist es für die Pädagogischen Hochschulen, zum Beispiel in den Gremien des Schweizerischen Nationalfonds angemessen vertreten zu werden.

Mitte Mai 2015 haben sich die Minister des Europäischen Hochschulraums erneut zu einer Nachfolgetagung getroffen, diesmal in Eriwan, Armenien. Sie haben unter anderem ein neues ECTS-Handbuch verabschiedet. Darin werden einige wichtige Punkte genannt, die m. E. europäisch in nächster Zeit verwirklicht werden sollten:

— flexible Lernwege für Studierende (European Union 2015, 14–15, 26);
— die Anrechnung von nicht formal oder informal erworbenen Kompetenzen («prior learning»), die Überprüfung solcher Kompetenzen mithilfe von Portfolios (a. a. O., 46);
— «Mobilitätsfenster», um mehr Studierenden Gastsemester zu ermöglichen (a. a. O., 25, 38);
— ein «open and flexible approach» (a. a. O., 30) bei der Anrechnung von in Gastsemestern erworbenen Kompetenzen und nicht eine kleinlich an Inhalten orientierte Transferpraxis;
— die Passung von Lernzielen, Lernweg und der Überprüfung der Lernergebnisse (a. a. O., 26);
— Learning Agreements für «virtual mobility» (a. a. O., 26); die digitalen Technologien führen dazu, dass nun auch Online-Kurse von ausländischen Universitäten besucht werden können; es wird empfohlen, dafür Learning Agreements abzuschliessen.

Das Handbuch zeigt, dass der häufig beschworene «Geist von Bologna» nach sechzehn Jahren noch nicht überall nachhaltig verankert ist. Diskussionen um die Anrechenbarkeit von Studienleistungen und von anderswo erworbenen Kompetenzen gehören immer noch zum Alltag. Mit der Empfehlung zur virtual mobility zeigt sich aber auch, dass sich die Hochschulwelt parallel zu Bologna weiterentwickelt hat und die Digitalisierung nochmals ganz neue Anforderungen an die Gestaltung eines Hochschulraums stellt.

Die Pädagogischen Hochschulen konnten sich dank Bologna relativ schnell und gut in der Hochschullandschaft platzieren. Ihre selbstbewusstere Beteiligung an der weiteren Gestaltung des Hochschulraums könnte jetzt zur besseren Positionierung und langfristigen Etablierung beitragen. Themen wie «learning outcomes», «flexible Lernwege», «Überprüfung von informal erworbenen Kompetenzen», «Passung von Lernzielen, Lernwegen und Überprüfung der Lernergebnisse» oder «Gestaltung digitaler Lernwelten» sind Kernthemen der Pädagogischen Hochschulen. Die PHs sollten sich hier deutlicher und pointierter vernehmen lassen und sich nicht scheuen, ab und zu auch den Lead zu übernehmen.

Literaturverzeichnis

Bargel, Tino. 2010. *Nach der Reform ist vor der Reform – Studienqualität vor und nach Bologna.* Vortrag an der Tagung «Der Bologna-Prozess aus Sicht der Hochschulforschung – Analysen und Impulse.» Centrum für Hochschulentwicklung. Berlin, 14.12.2010. Online verfügbar unter: www.che.de/downloads/Veranstaltungen/CHE_Vortrag_Bargel_101214_PK276.pdf (3.7.2015).
Beiträge zur Lehrerbildung. 1998. *Probleme und besondere Aspekte der neugestalteten Lehrerinnen- und Lehrerbildung. Stand der Neuordnung der Lehrerinnen- und Lehrerbildung in der deutschsprachigen Schweiz* 16 (2). Online verfügbar unter: http://www.bzl-online.ch/archiv/heft/1998/2 (22.6.2015).
Daum, Matthias. 2012. «Sie können das nicht unterzeichnen.» *Die Zeit* 52. Online verfügbar unter: http://www.zeit.de/2012/52/Bologna-Reform-Universitaeten-Schweiz/seite-3 (3.7.2015).
EDK, Schweizerische Konferenz der kantonalen Erziehungsdirektoren, Hrsg. 1993. *Thesen zur Entwicklung Pädagogischer Hochschulen.* Online verfügbar unter: http://edudoc.ch/record/17489/files/D24neu.pdf (3.7.2015).
EDK, Schweizerische Konferenz der kantonalen Erziehungsdirektoren, Hrsg. 1995. *Empfehlungen zur Lehrerbildung und zu den Pädagogischen Hochschulen.*

Online verfügbar unter: http://edudoc.ch/record/25492/files/19951026d.pdf (3.7.2015)

EDK, Schweizerische Konferenz der kantonalen Erziehungsdirektoren, Hrsg. 2002. *Deklaration von Bologna: Umsetzung in der Lehrerinnen- und Lehrerbildung. Umsetzung an Kunst- und Musikhochschulen.* Bericht der Geschäftsstelle vom 28. Februar 2002.

EDK, Schweizerische Konferenz der kantonalen Erziehungsdirektoren, Hrsg. 2004. *Lehrerinnen- und Lehrerbildung: Bachelor-Abschlüsse ab Sommer 2004.* Pressemitteilung vom 28.6.2004.

European Union. 2015. *ECTS Users' Guide.* Luxembourg: Publications Office of the European Union. Online verfügbar unter: http://ec.europa.eu/education/ects/ects_en.htm (3.7.2015).

Furrer, Walter. 2001. *Leitbild der Pädagogischen Hochschule Zürich.* Entwurf vom 28.11.2001.

Hasler Roumois, Ursula, Esther Girsberger und Thomas Buomberger. 2011. *Die Entstehung einer Hochschule: ZHAW, Zürcher Hochschule für Angewandte Wissenschaften.* Zürich: Orell Füssli.

Kanton Zürich, Mittel- und Fachhochschulen. 1997. *Reform der Lehrerbildung. Vernehmlassung zum Gesetzesentwurf.* Online verfügbar unter: http://www.edudoc.ch/static/infopartner/dbk_fs/1998/5_77612.pdf (3.7.2015).

Kanton Zürich. 2000. *Projekt Pädagogische Hochschule: Schlussbericht zur Projektphase I,* von der Projektgesamtleitung am 6. April 2000 verabschiedet. Zürich: Bildungsdirektion.

Müller, Barbara. 2012. *Die Anfänge der Bologna-Reform in der Schweiz: Rekonstruktion, Kontextualisierung und Rezeption des hochschulpolitischen Prozesses aus akteurtheoretischer Perspektive.* Bildungsgeschichte und Bildungspolitik, Band 2. Bern: hep.

Nägeli, Rudolf, Helen Wettstein und Philip Matousek. 2000. *Reformen im europäischen höheren Bildungswesen («Bologna Prozess») und die Folgen für die Schweiz.* Tagungsbericht.

Primarlehrerseminar des Kantons Zürich. 1989. *Protokolle des Gesamtkonvents (GK-Protokoll).*

Primarlehrerseminar des Kantons Zürich. 1991. *Protokolle des Gesamtkonvents (GK-Protokoll).*

Primarlehrerseminar des Kantons Zürich. 1992. *Protokolle des Gesamtkonvents (GK-Protokoll).*

Rosenberg, Sonja und Willi Stadelmann. 2010. «Steuerung der koordinierten Weiterentwicklung der Hochschulinstitutionen der Lehrerinnen- und Lehrerbildung: Möglichkeiten und Grenzen der COHEP.» *Beiträge zur Lehrerbildung* 28 (2): 224–232. Online verfügbar unter: http://www.bzl-online.ch/archivdownload/artikel/BZL_2010_2_224-232.pdf (3.7.2015).

Schuwey, Gerhard M. 2000. *Harmonisierung der europäischen Hochschulbildung?* Referat an der Tagung über die Entwicklung im europäischen Hochschulraum und mögliche Konsequenzen für das Bildungswesen. Manuskript.

SKPH, Schweizerische Konferenz der Rektorinnen und Rektoren Pädagogischer Hochschulen. 2006. *Masterstudiengänge an Pädagogischen Hochschulen: Qualitätsmerkmale und Eckwerte für die Entwicklung von Masterstudiengängen an Pädagogischen Hochschulen,* verabschiedet von der Mitgliederversammlung SKPH am 16. November 2006.

Wyss, Heinz. 1993. «Thesen zur Entwicklung Pädagogischer Hochschulen.» *Beiträge zur Lehrerbildung* 11 (3): 341–347. Online verfügbar unter: http://www.bzl-online.ch/archivdownload/artikel/BZL_1993_3_341-347.pdf (3.7.2015).

KOOPERATION UND DISKURS FÖRDERN

Zwanzig Jahre Forum Lehrerinnen- und Lehrerbildung

Heinz Rhyn und Bruno Leutwyler

Der vorliegende Beitrag skizziert die Gründung, Entwicklung und Positionierung des Forums Lehrerinnen- und Lehrerbildung (Forum LLB) in den ersten zwanzig Jahren seines Bestehens. Er beschreibt in einem ersten Teil den Entstehungskontext, den Sinn und die Philosophie des Forums LLB und zeichnet in einem zweiten Teil die chronologische Entwicklung der bearbeiteten Forums-Themen nach. Der abschliessende dritte Teil bilanziert den Beitrag, den das Forum LLB zum schweizerischen Lehrerinnen- und Lehrerbildungsdiskurs leistet, und zeigt auf, wie das Forum LLB im Spannungsfeld zwischen Konkurrenz und Kooperation nach wie vor eine sinnvolle Ergänzung zu den formalen Austauschgefässen der offiziellen Gremien bildet.

Dem informellen Charakter des Forums LLB entsprechend, sind ausser weitgehend thematisch gehaltenen Tagungsprogrammen und Tagungsberichten kaum Informationen zu Zielsetzungen, Sinn oder Philosophie des Forums dokumentiert. Der vorliegende Beitrag basiert deshalb zu weiten Teilen – wo nicht anders vermerkt – auf mündlichen Hinweisen von involvierten Personen.[1]

---

[1] Für diesen Beitrag haben die Autoren die beiden «Gründerväter» des Forums LLB befragt: Markus Diebold, 1994–2002 Projektleiter der Lehrerinnen- und Lehrerbildungsreform in der Zentralschweiz (PHZ) und nachmaliger Leiter des Instituts für Internationale Zusammenarbeit in Bildungsfragen IZB der PHZ Zug, sowie Walter Weibel, Regionalsekretär der NW EDK, vorher Leiter der Pädagogischen Arbeitsstelle des Erziehungsdepartements des Kantons Aargau. Für die ausführlichen Erzählungen zu den Anfangszeiten und den Entwicklungen des Forums LLB sowie für konstruktive Rückmeldungen zu einer Entwurfsfassung dieses Beitrags gebührt Markus Diebold und Walter Weibel grosser Dank.

Das Forum Lehrerinnen- und Lehrerbildung (Forum LLB) stellt eine fest etablierte Plattform für den Austausch zwischen Führungspersonen von Pädagogischen Hochschulen in der Schweiz dar. Das Forum LLB ist aus informellen Treffen Mitte der 1990er-Jahre entstanden und orientiert sich bis heute an der Philosophie einer zivilgesellschaftlichen Initiative. Damit grenzt es sich von mandatierten Kooperationsaufträgen ab und setzt von Anfang an einen bewussten Kontrapunkt zu Tendenzen einer Konkurrenz unter Pädagogischen Hochschulen.

1. Entstehungskontext, Sinn und Philosophie des Forums LLB

Im föderal strukturierten Bildungssystem der Schweiz kommt dem Austausch zwischen den Kantonen und Regionen seit jeher eine bedeutende Rolle zu. Unterschiedliche Zugänge und Ansätze dienten schon immer als Inspiration für neue Ideen; der Austausch zwischen Fachleuten, die in unterschiedlichen Kontexten an ähnlichen Themen und Herausforderungen arbeiten, stellt eine privilegierte Möglichkeit dar, die eigene Sicht auf die Fragestellungen zu differenzieren, eigene Zugänge der konstruktiv-kritischen Beurteilung von Kolleginnen und Kollegen auszusetzen und so bessere Antworten auf anstehende Herausforderungen zu finden. Voneinander lernen setzt einen offenen, vertrauensvollen und kritischen Dialog voraus. Diesem Anliegen war das Forum Lehrerinnen- und Lehrerbildung von Anfang an verpflichtet.

1.1 Von den «Oltener Treffen» zum Forum LLB

Ganz in diesem Geiste suchten auch die Projektleiterinnen und Projektleiter der Reformen der Lehrerinnen- und Lehrerbildung in den 1990er-Jahren nach Möglichkeiten für einen kontinuierlichen Austausch, um im gemeinsamen Gespräch voneinander zu lernen. Jeweils zweimal jährlich trafen sich die Projektleitenden in den sogenannten «Oltener Treffen» zu einem informellen Austausch. Der offene, vertraute und konstruktive Austausch wurde für die einzelnen Reformprojekte gewinnbringend erlebt und vereinfachte die von den Mitgliedern erwünschte Koordination.

Das Forum LLB ist 1996 aus diesen «Oltener Treffen» entstanden. Zunehmend übernahmen in den einzelnen Kantonen oder Regionen weitere Fachpersonen Leitungsverantwortung. Wollte die Grundidee der «Oltener Treffen» beibehalten werden – die Förderung des konstruktiven Austauschs und der informellen Koordination im Bereich der Lehrerinnen- und Lehrerbildung –, so musste der ursprüngliche Adressatenkreis vergrössert werden. Der Bedarf nach einer Ausweitung des ursprünglichen Adressatenkreises traf 1996 auf Bestrebungen des Kantons Aargau, ein Pestalozzi-Gedenkjahr – 1996 war der 250. Geburtstag von Johann Heinrich Pestalozzi – zu organisieren. Eine der Aktivitäten zu Ehren Pestalozzis sollte auch die Lehrerinnen- und Lehrerbildung beinhalten. So entstand das Forum LLB in Form einer Veranstaltung im Rahmen des Pestalozzi-Gedenkjahres und als Antwort auf den Bedarf nach einer Ausweitung der bereits bestehenden Koordinationstreffen.

Um auch im neu konstituierten Forum LLB den wohlwollenden, konstruktiven und vertrauten Charakter der «Oltener Treffen» beizubehalten, wurde bei der Vergrösserung des Adressatenkreises das Einladungsprinzip beibehalten. Dabei war das Ziel der Organisatoren – in der Anfangsphase waren dies Markus Diebold vom damaligen Zentralschweizerischen Beratungsdienst für Schulfragen ZBS, der späteren Bildungsplanung Zentralschweiz, Walter Weibel und Oswald Merkli vom Erziehungsdepartement des Kantons

Aargau sowie Hans Ulrich Glarner, damaliger Leiter des Stapferhauses Lenzburg –, den Fokus auf Verantwortungsträger und -trägerinnen zu beschränken und den sozialen Aspekt des Austauschs zu kultivieren, ohne dass dabei Interessen einer Institution vertreten werden müssten. Mit dem Stapferhaus auf der Lenzburg stand ein geeigneter Ort für diesen Austausch zur Verfügung: in schöner Atmosphäre, sinnbildlicherweise etwas «über den Niederungen des Alltags» angesiedelt, in geschlossenem Rahmen und zudem in der Deutschschweiz einigermassen zentral gelegen. Mit diesen idealen Voraussetzungen entstand eine feste Bindung des Forums LLB zum Stapferhaus Lenzburg, welches über dessen Leitung seit Beginn fest in die Organisation des Forums eingebunden wurde. Erst 2012, für das 17. Forum LLB, wurde durch Vermittlung von Walter Bircher mit dem Tagungszentrum Schloss Au bei Wädenswil ein neuer Durchführungsort gewählt, der ebenfalls ideale Voraussetzungen für einen Austausch in vertrauter Atmosphäre bietet, für die Durchführung von mehreren parallelen Workshops aber komfortablere Räume beinhaltet.

Inhaltlich verstand sich das Forum LLB als Veranstaltung, an der die LLB-Reformen – und später der Aufbau und die Konsolidierung der Pädagogischen Hochschulen – weitergedacht und mitgestaltet werden sollten. In jedem Forum sollte jeweils ein Hauptreferat einen Impuls zum Tagungsthema setzen, der in der Folge in «Ateliergesprächen» verarbeitet und vertieft wurde. Diese Verarbeitung geschah massgeblich über den Austausch zum Umgang der einzelnen Pädagogischen Hochschulen mit den Spannungsfeldern und Herausforderungen des Tagungsthemas. Sowohl bei der inhaltlichen Konzeption der einzelnen Foren, insbesondere bei den Ateliergesprächen, als auch im Vorbereitungsteam – so die Bezeichnung des «Organisationskomitees» – sollte so weit als möglich und sinnvoll die (deutsch-)schweizerische PH-Landschaft repräsentiert sein.

In der Anfangszeit war auch der Einbezug der frankofonen Schweiz explizites Ziel, nicht zuletzt, um den damals in den

LLB-Reformen stark wahrgenommenen «Röstigraben» überwinden zu helfen. Obwohl ein Forum zum Thema «LLB-Reformen in der französischsprachigen Schweiz» veranstaltet, die Durchführung einmal nach Freiburg verlegt wurde und die Handouts und Präsentationsfolien über einige Jahre auch französischsprachig abgegeben wurden, ist dieser Einbezug nicht gelungen. Die Bezugs- und Referenzkontexte für die LLB-Reformen schienen sich für einen ausgeprägt inhaltlich orientierten Austausch zu stark zu unterscheiden, und die gegenseitige Verständigung war für eine Mehrheit der Teilnehmenden nur so allgemein möglich, dass keine differenzierte Auseinandersetzung zu anspruchsvollen Themen erfolgen konnte.

Schnell etablierte sich in der Deutschschweiz das Forum LLB als fester Ort des vertrauten Austauschs. So wurde es manchmal auch als «Klassentreffen» bezeichnet – eine Bezeichnung, welche die Idee der Vertrautheit zu illustrieren vermag. Die angestrebte Vertrautheit war aber für die Organisatoren nie Selbstzweck, sondern ein Mittel, um die Koordination der LLB-Reformen zu unterstützen und zu vereinfachen.

1.2 Informelle Arbeitsweise als Ergänzung zur COHEP

Die angestrebte Vertrautheit im Austausch wurde aber auch durch die Arbeitsweise des Forums LLB und des Vorbereitungsteams unterstützt: Die informelle Arbeitsform ermöglichte einen Austausch frei von institutionellen Interessenvertretungen, was einen offenen, wohlwollenden und konstruktiven Dialog begünstigen sollte. In diesem Sinne atmete das Forum LLB gewissermassen den Geist einer zivilgesellschaftlichen Initiative, geprägt von ehrenamtlichem Engagement für die «Sache», von Freiwilligkeit und eigenem Interesse am Austausch und der informellen Koordination – und eben gerade nicht vom Charakter eines mandatierten Auftrags. Die informelle Arbeitsform wurde dadurch begünstigt, dass seit Beginn das Stapferhaus Lenzburg im Vorbereitungsteam eingebunden war:

Ein grosser Teil der Administration und Logistik konnte über das Stapferhaus abgewickelt werden, eine offizielle institutionelle Einbettung war dafür nicht notwendig. Die Mitglieder des Vorbereitungsteams konnten sich so auf die Fragen der inhaltlichen Gestaltung konzentrieren und die Themen unabhängig festlegen. Auch diese weitgehende Unabhängigkeit in der Themensetzung entsprach dem Geist einer zivilgesellschaftlichen Initiative.

Um den informellen Charakter und den damit einhergehenden offenen Geist nicht zu gefährden, strebte das Forum LLB auch bewusst keine Beschlüsse oder formalisierteren Ergebnisse (z. B. im Sinne von «Lenzburger Thesen») an. Um dennoch Unverbindlichkeit zu vermeiden, wurde eine Schlussrunde oder Tagungsbeobachtung immer darauf angelegt, zentrale Einsichten aus dem Austausch zu bündeln – zentrale Einsichten, deren Veröffentlichung in Form von Tagungsberichten einen nach aussen nachvollziehbaren Einblick in den Stand der Diskussionen ermöglichen sollte, ohne persönliche Positionierungen zu erfordern.

Ohne formalen Auftrag zu arbeiten, war dem Vorbereitungsteam denn auch immer wichtig. Gerade dies legitimierte später die Abgrenzung zur COHEP, weil die informelle Arbeitsweise in wechselnden Besetzungen als bereichernde Ergänzung zum institutionalisierten und formalisierten Austausch in den Gremien der COHEP erlebt wurde. Zwar wurde der Bezug des Forums LLB zu den Kommissionen und Fachgruppen der COHEP nie formal geklärt. Es gab jedoch über all die Jahre kaum Hinweise, dass das Forum LLB als Konkurrenz zu den Gremien der COHEP oder zu anderen Fachtagungen wahrgenommen worden wäre.

Bei der Gründung der SKPH (der nachmaligen COHEP) im Jahr 2002 – sechs Jahre nach der Gründung des Forums LLB – wurde die Frage, ob es das Forum LLB in der informellen Form noch brauche, explizit und ausführlich im Vorbereitungsteam diskutiert. Überlegt wurde damals auch eine formale Anbindung an die COHEP resp. eine Einbettung des Forums unter das Dach der

COHEP. Insbesondere aber die Bedeutung einer unabhängigen Themensetzung – ohne institutionelle und politische Einflüsse – wurde im Vorbereitungsteam so hoch eingeschätzt, dass diese Idee wieder verworfen wurde.[2] Darüber hinaus nahm das Vorbereitungsteam zwischen den Pädagogischen Hochschulen in ihrer Aufbauphase und insbesondere in der Rektorinnen- und Rektorenkonferenz ein ausgeprägtes Konkurrenzverhalten wahr. Eine formale Anbindung des Forums LLB an die COHEP schien deshalb auch die inzwischen etablierte und bewährte vertrauensvolle Offenheit zu gefährden. Das Forum LLB wollte mit seiner Unabhängigkeit einer solchen Konkurrenz entgegenwirken und dezidiert Kooperation, offenen Austausch und gegenseitiges Lernen inszenieren. Die informelle Arbeitsweise drückte so auch eine bewusste Abgrenzung gegen Tendenzen einer zunehmenden Konkurrenz zwischen den Pädagogischen Hochschulen aus.

2. Thematische Entwicklung des Forums LLB: Eine Chronologie

Von der ersten Veranstaltung des Forums Lehrerinnen- und Lehrerbildung im Jahre 1996 bis zum 15. Forum LLB im Jahre 2010 liegen Veranstaltungsberichte in den «Beiträgen zur Lehrerbildung» vor, meist von Heinz Wyss verfasst, manchmal aber auch von anderen Berichterstattern. Offenbar wurde in der intensiven Phase der Gründung der Pädagogischen Hochschulen das eine oder

---

2 Erst später war mit Walter Bircher – der Mitglied des Vorbereitungsteams und seit 2007 als Rektor der PH Zürich auch Mitglied der COHEP war – die Verbindung zur COHEP gegeben.

andere ausserordentliche Forum LLB durchgeführt, wobei jedoch nicht jedes einzelne dokumentiert wurde.

Am 6. Mai 1996 fand das erste Forum LLB im Jubiläumsjahr zum 250. Geburtstag von Johann Heinrich Pestalozzi auf dem Schloss Lenzburg statt. Rund vierzig Personen aus den damaligen Lehrerbildungsinstitutionen und aus Bildungsverwaltungen waren eingeladen, «in persönlichem Kontakt Ansätze zur Neugestaltung der Lehrerbildung und die Chancen aktueller Reformen in den verschiedenen Kantonen der deutschsprachigen Schweiz aufzuzeigen, sich die Projekte gegenseitig vorzustellen, anstehende Probleme zu diskutieren und Widerstände zu begründen» (Wyss 1996, 222). Inhaltlich ging es damals nicht einfach um eine weitere Reform in der Lehrerinnen- und Lehrerbildung, sondern um die Frage einer grundlegenden institutionellen Veränderung, nämlich einer generellen Tertiarisierung der Aus- und Weiterbildung von Lehrpersonen. Die «Thesen zur Entwicklung Pädagogischer Hochschulen» (EDK-Dossier 24, EDK 1993) und die institutionellen Auswirkungen auf die Lehrerinnen- und Lehrerbildung waren das dominante Thema: seminaristische versus hochschulische Ausbildung aller Lehrpersonenkategorien. Der Schriftsteller und Lehrer Paul Michael Meyer hielt denn auch als Tagungsbeobachter ein engagiertes Schlussplädoyer für die seminaristische Lehrerinnen- und Lehrerbildung.

2015 konnte das Forum LLB sein zwanzigjähriges Bestehen feiern. Somit besteht die Gelegenheit, auf zwanzig Themen zurückzublicken, die im Rahmen des Forums diskutiert wurden. Die folgende Tabelle gibt einen Überblick über die Vielfalt und zugleich Kohärenz der verschiedenen erörterten Themen:

Erörterte Themen im Forum LLB (1996–2015)

1996 Ansätze zur Neugestaltung der Lehrerbildung und die Chancen aktueller Reformen in den verschiedenen Kantonen

1997 Qualifikation und Qualifizierung der zukünftigen Lehrerbildnerinnen und -bildner

1998 Die strukturelle Neugestaltung der Lehrerinnen- und Lehrerbildung als Voraussetzung ihrer inneren Reform

1999 Perspektiven einer Schule der Zukunft und deren Anforderungen an die Aus- und Weiterbildung von Lehrpersonen

2000 Reform der Lehrerinnen- und Lehrerbildung in der Suisse romande

2001 Die Pädagogischen Hochschulen in den Sprachregionen der Schweiz: Was verbindet sie, und wie unterscheiden sie sich?

2002 Modularisierungskonzepte und Leistungsnachweise

2003 Wie beziehen wir die Studierenden in die Forschung mit ein?

2004 Führen an Pädagogischen Hochschulen

2005 Berufsbiografisch orientierte Aus- und Weiterbildung

2006 «Soft and social?» Beiträge zum Diskurs über das Image des Lehrberufs

2007 Fünf Jahre Pädagogische Hochschulen in der Schweiz – Bilanz und Perspektiven

2008 Pädagogische Hochschulen als Player im Dienstleistungsbereich – Wie positionieren sich die Pädagogischen Hochschulen im Markt?

2009 Personalführung an Pädagogischen Hochschulen

2010 Pädagogische Hochschulen – Ihr Impact im Bildungsdiskurs

2011 Volksschule und PH – Eine Allianz für die Zukunft

2012 Zugänge zur Lehrerinnen- und Lehrerbildung

2013 Profil und Stellung der Pädagogischen Hochschulen im national koordinierten Hochschulraum Schweiz

2014 Personalstrukturen und Personalförderung an Pädagogischen Hochschulen

2015 Entwicklungsperspektiven für die Lehrerinnen- und Lehrerbildung

Aus der thematischen Übersicht lässt sich in gewisser Weise herauslesen, dass in den ersten Jahren des Forums vorwiegend institutionelle Fragen der Lehrerinnen- und Lehrerbildung – im Hinblick auf die bevorstehende Tertiarisierung – diskutiert wurden. Pro und Kontra einer mittels Pädagogischer Hochschulen tertiarisierten Lehrerinnen- und Lehrerbildung waren mit unterschiedlichen Aspekten, Schwerpunkten und Facetten das dominante Diskussionsthema in den ersten Jahren des Forums LLB. Nach der Gründung einiger Pädagogischer Hochschulen, also etwa ab 2002, lassen sich die Themen eher im Bereich der Organisation, der neuen Leistungsbereiche, etwa Forschung und Entwicklung, und der veränderten Funktionen und Führungsaufgaben verorten. In den jüngsten Jahren zeichnen sich thematisch zukunftsorientiert Positionierungsdiskussionen im Kontext des neuen Hochschulförderungs- und -koordinationsgesetzes ab.

Nachdem 1997 die Frage der Qualifikation von Dozentinnen und Dozenten erörtert worden war, diskutierte das Forum bereits im Folgejahr das Verhältnis von struktureller Neugestaltung und innerer (auch inhaltlicher) Reform der Lehrerinnen- und Lehrerbildung. Der

Prozess der Gründung und des Aufbaus der Pädagogischen Hochschulen wurde teilweise durch die Umstellung des Hochschulstudiums auf das Bologna-System überlagert. Verschiedentlich wurde etwa der modulare Aufbau des Studiums thematisiert und damit die Frage nach dem Raum zur persönlichen Gestaltung des Studienverlaufs. Zugleich stellten sich bei modularem Studienaufbau Fragen nach Grenzsetzung und Regelung in einem berufsbefähigenden Studium (vgl. Wyss 1998, 126).

Anlässlich des 4. Forums (1998) konnte bereits selbstbewusst festgehalten werden, dass im Zuge der Neuordnung der Lehrerinnen- und Lehrerbildung das Stapferhaus – und somit das Forum LLB – zur wichtigen Begegnungsstätte der Ausbildnerinnen und Ausbildner und zum Ort klärender Gespräche geworden war (vgl. Wyss 1999, 99). Thematisch wurde die Schule der Zukunft in einer Langzeitperspektive angesprochen. Das Anliegen war, «den Blick zu weiten und Ausschau zu halten, welchen Aufgaben die Schule von morgen zu genügen hat und welchen neuen Herausforderungen sich die Ausbildung der Lehrpersonen, die bis ins Jahr 2040 berufstätig sein werden und die Kinder unterrichten werden, die bis zum Ende des 21. Jahrhunderts leben werden, zu stellen hat» (ebd.). Diese weite Perspektive wurde unter Beizug des Basler Philosophen Hans Saner ausgeleuchtet.

Am 5. Forum (1999) wurde in konsequenter Form die Qualitätsfrage im Verhältnis zu anderen Hochschulen gestellt: Die Verortung der Pädagogischen Hochschulen im Netzwerk der Fachhochschulen, das Ende des Föderalismus im höheren Bildungswesen, die schweizerische Lehrerinnen- und Lehrerbildung im Verhältnis zur gesamteuropäischen Entwicklung sowie die wissenschaftliche Ausbildung ohne Verlust der «Bodenhaftung» wurden erörtert. Als Tagungsbeobachter fungierte damals Dr. Willi Stadelmann, der nachmalige Rektor der Pädagogischen Hochschule Zentralschweiz.

Zum zehnjährigen Jubiläum des Forums wurde das Thema «Berufsbiografisch orientierte Aus- und Weiterbildung» erörtert.

Nach zehn Jahren war das Forum LLB bereits eine Institution. Walter Weibel als einer der Gründerväter wurde würdig verabschiedet, und die künftige Organisation oblag Markus Diebold (PHZ), Walter Bircher (PH Zürich), Marc König (PHSG) und Heinz Vettiger (PHAG). Sie führten das Erbe weiter: «Die jährlichen Foren verfolgen das Ziel, angesichts der Pluralität der Lösungsansätze in der Neugestaltung der Lehrerbildung Unterschiede aufzuzeigen und Gemeinsamkeiten wahrzunehmen» (Wyss 2005, 285). Mit der Frage nach dem Image des Lehrberufs und der diesbezüglichen Rolle der Ausbildungsstätten wurde 2006 das zweite Dezennium in Angriff genommen und das Forum mit einem Vortrag von Iwan Rickenbacher eröffnet. 2007 wurde dann das fünfjährige Bestehen einiger Pädagogischer Hochschulen zum Anlass genommen, eine Bilanz zu ziehen und den Blick in die nähere Zukunft unter besonderer Berücksichtigung des vierfachen Leistungsauftrags zu wenden.

Beim fünfzehnjährigen Jubiläum, 2010, setzte sich das Forum «Pädagogische Hochschulen – Ihr Impact im Bildungsdiskurs» zum Thema. Ausgehend von einem Grundsatzreferat des EDK-Generalsekretärs Hans Ambühl, wurde die Frage debattiert, wie weit Pädagogische Hochschulen handelnde oder aber verhandelte Institutionen seien und wie weit die Diskursfreudigkeit an Pädagogischen Hochschulen ausgeprägt sei oder gar behindert werde (Hoffmann-Ocon 2010). Nach diesem 15. Forum LLB zog sich auch der zweite «Gründervater», Markus Diebold, aus dem Vorbereitungsteam zurück. Nach dessen Pensionierung übernahm Walter Bircher die Leitung des Vorbereitungsteams.

Das Thema zum zwanzigjährigen Bestehen des Forums LLB, das am 12. Mai 2015 in der Au durchgeführt wurde, lautete: «Entwicklungsperspektiven für die Lehrerinnen- und Lehrerbildung», wobei ein bewusster Perspektivenwechsel vorgenommen wurde. Verschiedene Exponenten von Anspruchsgruppen, die eng mit unterschiedlichen Aspekten des umfassenden Leistungsauftrags Pädagogischer Hochschulen verbunden sind, kamen zu Wort. Im Anschluss an einen faszinierenden Einblick in Entwicklungen von ausser-europäischen Lehrerbildungssystemen diskutierten Vertreterinnen und Vertreter der Lehrberufsverbände, der Wissenschaft, der kantonalen Volksschulämter sowie der Abnehmerinstitutionen (Eltern, Schulbehörden, Schulleitungen) mit den Forumsteilnehmenden und eröffneten teilweise neue Entwicklungsperspektiven.

Das 20. Forum LLB war zugleich das letzte, das Walter Bircher in der Vorbereitungsgruppe mitgestaltete. Hier darf ihm ein grosser und herzlicher Dank ausgesprochen werden für sein grosses Engagement und die kompetente Leitung des Teams. Das Forum wird jedoch weitergeführt, von den derzeitigen Mitgliedern des Vorbereitungsteams, Martin Annen (PH SG), Bruno Leutwyler (PH ZG) und Heinz Rhyn (PH Bern). Das Team wird voraussichtlich um zwei Personen erweitert werden.

Gemäss dem zivilgesellschaftlichen Charakter des Forums wird das jetzige Vorbereitungsteam darauf bedacht sein, das Erbe dieser inzwischen zwanzigjährigen Geschichte weiterzuführen und damit auch unterschiedliche Regionen zu berücksichtigen und unterschiedliche Bereiche der Pädagogischen Hochschulen einzubeziehen.

3. Bilanz und Ausblick

Der vorliegende Beitrag zielt darauf ab, den Entstehungskontext, den Sinn und die Philosophie des Forums LLB zu beschreiben und die chronologische Entwicklung der bearbeiteten Forums-Themen in den ersten zwanzig Jahren seines Bestehens nachzuzeichnen.

Mit Blick auf die Gründung, Entwicklung und Positionierung des Forums LLB in den ersten zwanzig Jahren seines Bestehens wird deutlich, dass der informelle Charakter des Forums – ohne Statuten, ohne formale Organisationsform – als Ausdruck eines «zivilgesellschaftlichen Engagements» im Geiste der Kooperation zu verstehen ist. Damit reagierte es auf eine Entwicklung der PH-Landschaft, die in der Wahrnehmung des Vorbereitungsteams stark durch Konkurrenz und Wettbewerb charakterisiert war. Vor diesem Hintergrund ist es keineswegs eine Selbstverständlichkeit, dass im Forum LLB ein offener, konstruktiver und kooperativer Geist heranwachsen und bis heute beibehalten werden konnte. Das Potenzial dieser durchaus etwas «anachronistischen Informalität» des Forums LLB wurde wohl besonders nach der Etablierung der formalen Gremien – mit der Gründung der SKPH im Jahr 2002 – deutlich: Dass der informelle Austausch auch nach der Schaffung der SKPH resp. der COHEP nicht versandete, zeigt das grosse Bedürfnis nach einem unabhängigen, freien und offenen Austausch, wie er im Forum LLB immer wieder inszeniert wird. Das Forum LLB zeigt so seinen besonderen Charakter als ergänzendes Austausch- und Koordinationsgefäss, das eine andere Form des Diskurses als in formalen Gremien ermöglicht und so eine nicht zu unterschätzende Aufgabe in der informellen Koordination der deutschschweizerischen PH-Landschaft wahrnimmt.

Mit Blick auf die chronologische Entwicklung der bearbeiteten Forums-Themen wird deutlich, dass die Entwicklung – von institutionellen Fragen der Ansiedlung über Organisation und Ausgestaltung «neuer» Leistungsbereiche und über veränderte Funktionen und Führungsaufgaben hin zu Fragen der Positionierung der Pädagogischen Hochschulen – durchaus eine gewisse Logik bezüglich der institutionellen Entwicklung der Lehrerinnen- und Lehrerbildungs-Landschaft aufweist. Dennoch zeigt die Art und Weise, wie entsprechende Themen debattiert wurden, dass die COHEP diese Themen in einer solchen Art vermutlich nicht hätte aufnehmen können. Folglich gab es dafür wohl keinen anderen Ort als das Forum LLB, in dem im Geiste des Vertrauens und der Kooperation ein offener Erfahrungsaustausch gepflegt werden konnte.

Mit diesem zusammenfassenden Fazit wird deutlich, dass das Forum LLB einen wichtigen Beitrag zum schweizerischen Lehrerinnen- und Lehrerbildungs-Diskurs geleistet hat und mit der bewusst inszenierten Kooperation nach wie vor eine sinnvolle Ergänzung zu den formalen Austauschgefässen der offiziellen Gremien bildet. Das Forum LLB wird diese Funktion auch unter dem Dach von swissuniversities wahrnehmen wollen. Die Neuorganisation der Hochschullandschaft Schweiz im Rahmen des Hochschulförderungs- und -koordinationsgesetzes stellt für die notwendige weitere Profilierung der Pädagogischen Hochschulen eine Herausforderung dar. Für deren Bearbeitung kann das Forum LLB eine wichtige Diskussionsplattform bieten.

Literaturverzeichnis

Anonym. 2002. «Die Pädagogischen Hochschulen in den Sprachregionen der Schweiz: Was verbindet sie, und wie unterscheiden sie sich? Sechstes Forum Lehrerinnen- und Lehrerbildung im Stapferhaus auf Schloss Lenzburg, 30.11.2001.» *Beiträge zur Lehrerbildung* 20 (1): 109–110.

EDK, Schweizerische Konferenz der kantonalen Erziehungsdirektoren. 1993. «Thesen zur Entwicklung Pädagogischer Hochschulen / Thèses relatives à la promotion des Hautes Écoles Pédagogiques.» *EDK-Dossier* 24: 63.

Häni Gruber, Vreni und Heinz Vettiger. 2002. «Modularisierungskonzepte und Leistungsnachweise. 7. Forum Lehrerinnen- und Lehrerbildung, 26.9.2002 in Lenzburg.» *Beiträge zur Lehrerbildung* 20 (3): 400–404.

Hoffmann-Ocon, Andreas. 2009. «Personalführung an Pädagogischen Hochschulen. 14. Forum Lehrerinnen- und Lehrerbildung am 5. Mai 2009 im Stapferhaus, Schloss Lenzburg.» *Beiträge zur Lehrerbildung* 27 (2): 260–261.

Hoffmann-Ocon, Andreas. 2010. «Pädagogische Hochschulen. Ihr Impact im Bildungsdiskurs. 15. Forum Lehrerinnen- und Lehrerbildung am 27. April 2010 in Lenzburg.» *Beiträge zur Lehrerbildung* 28 (2): 334–335.

Leutwyler, Bruno. 2006. «Soft and social? Beiträge zum Diskurs über das Image des Lehrberufs. 11. Forum Lehrerinnen- und Lehrerbildung vom 14.3.2006 im Stapferhaus auf Schloss Lenzburg.» *Beiträge zur Lehrerbildung* 24 (2): 263–265.

Messner, Helmut. 2007. «5 Jahre Pädagogische Hochschulen in der Schweiz – Bilanz und Perspektiven. 12. Forum Lehrerinnen- und Lehrerbildung am 10. Mai 2007 im Stapferhaus auf Schloss Lenzburg.» *Beiträge zur Lehrerbildung* 25 (2): 276–278.

Messner, Helmut. 2008. «13. Forum Lehrerinnen- und Lehrerbildung am 15. Mai 2008 im Stapferhaus, Schloss Lenzburg.» *Beiträge zur Lehrerbildung* 26 (2): 226–228.

Wyss, Heinz. 1996. «Forum Lehrerbildung. Ein Stapferhaus-Gespräch auf Schloss Lenzburg, 6. Mai 1996.» *Beiträge zur Lehrerbildung* 14 (2): 222–227.

Wyss, Heinz. 1997. «Qualifikation und Qualifizierung der zukünftigen Lehrerbildnerinnen und -bildner. Zweites Forum Lehrerinnen- und Lehrerbildung vom 22. November 1996 im Stapferhaus auf Schloss Lenzburg.» *Beiträge zur Lehrerbildung* 15 (1): 111–117.

Wyss, Heinz. 1998. «Die strukturelle Neugestaltung der Lehrerinnen- und Lehrerbildung als Voraussetzung ihrer inneren Reform. Drittes Forum Lehrerinnen- und Lehrerbildung, 5. Dezember 1997 auf Schloss Lenzburg.» *Beiträge zur Lehrerbildung* 16 (1): 124–128.

Wyss, Heinz. 1999. «Perspektiven einer Schule der Zukunft. Viertes Forum Lehrerinnen- und Lehrerbildung vom 4.12.1998 im Stapferhaus Lenzburg.» *Beiträge zur Lehrerbildung* 17 (1): 99–100.

Wyss, Heinz. 2000. «Fünftes Forum zur Weiterentwicklung der Lehrerinnen- und Lehrerbildung. Stapferhaus Lenzburg, 3.12.1999.» *Beiträge zur Lehrerbildung* 18 (1): 121–125.

Wyss, Heinz. 2003. «Wie beziehen wir die Studierenden in die Forschung mit ein? Zum 8. Forum Lehrerinnen- und Lehrerbildung vom 05.05.2003 in Freiburg.» *Beiträge zur Lehrerbildung* 21 (2): 288–291.

Wyss, Heinz. 2004. «Führen an Pädagogischen Hochschulen. 9. Forum Lehrerinnen- und Lehrerbildung im Stapferhaus auf Schloss Lenzburg, 4.5.2004.» *Beiträge zur Lehrerbildung* 22 (2): 279–281.

Wyss, Heinz. 2005. «Berufsbiographisch orientierte Aus- und Weiterbildung. 10. Forum Lehrerinnen- und Lehrerbildung vom 10.5.2005 im Stapferhaus, Schloss Lenzburg.» *Beiträge zur Lehrerbildung* 23 (2): 285–286.

Die SGL als Mitgestalterin pädagogischer Hochschulen

Dynamiken und Grenzen
verbandspädagogischer Debatten
durch Kongresse und fachinterne
Arbeitsgruppen

*Andreas Hoffmann-Ocon und
Elisabeth Hardegger Rathgeb*

Der Beitrag befasst sich mit der strategischen Ausrichtung der Schweizerischen Gesellschaft für Lehrerinnen- und Lehrerbildung (SGL) und ihrer Vorgängerverbände. Gestützt auf Dokumente des SGL-Archivs, wird in der Frage nach dem historischen Wandel von Einrichtungen der Lehrerinnen- und Lehrerbildung das verbandliche Spannungsfeld skizziert, welches von Mitgliedern und Akteuren sowohl einer eher gebremsten Modernisierung als auch einer postulierten Innovation geprägt wurde. Durch die besondere Dynamik verbandsinterner Debatten angeleitet und in Auseinandersetzung mit Ansprüchen weiterer bildungspolitischer Kollektivakteure wird das intermediäre Verbandswirken thematisiert, welches bislang nicht hinreichend beschrieben worden ist. Als Prägefaktor zukünftiger Pädagogischer Hochschulen hatte es der Verband in den 1990er-Jahren verstanden, mit der Durchführung eigener Kongresse die für die Lehrerinnen- und Lehrerbildung herausfordernden Themen der Tertiarisierung und Forschungsbasierung nicht nur für die bildungspolitische Positionierung, sondern auch für die Fortbildung der Mitglieder zu bearbeiten. Mit der Etablierung neuer Hochschulgremien und dem Bedeutungswandel der EDK bleibt zukünftig zu klären, wie die in den fachinternen SGL-Arbeitsgruppen generierten Themen im Nebeneinander von verschiedenen und teilweise disparaten Anforderungen gegenüber den Pädagogischen Hochschulen vertreten werden können.

«Die SGL initiiert, fördert und unterstützt den fachlichen Diskurs in der Lehrerinnen- und Lehrerbildung und beteiligt sich an den bildungspolitischen Diskussionen. Durch überregionale Netzwerkbildung von an PH tätigen Fachleuten unterstützt sie die Weiterentwicklung und Innovation in der Lehrerinnen- und Lehrerbildung» (Vogt, Stäuble u. Hardegger 2008). Mit der Formulierung des SGL-Anspruchs in notwendig hoch aggregierter Form bleibt zunächst verborgen, welche komplexen Realitäten dahintersteckten und -stecken.

An dieser Stelle möchte der Beitrag ansetzen und fragen, mit welchem Eigensinn und mit welchem «strategischen Kompass» sich die SGL und ihre Vorgängerverbände in einem unübersichtlichen, kantonal und interkantonal fragmentierten und dennoch gesamtschweizerisch durch die EDK gerahmten Lehrerbildungs- und Hochschulgelände einen Weg bahnten. Zu kursbestimmenden Elementen dieses Kompasses konnten und können Grossthemen resp. Grossprojekte, das Verhältnis zu anderen Organisationen, Partnern und Konkurrenten, Schwerpunkte der Kommunikation und Strategiemuster gehören (vgl. Raschke u. Tils 2007, 111). Im Mittelpunkt dieses Beitrags steht die besondere Dynamik, welche die SGL in der Debatte zur Reform der Lehrerinnen- und Lehrerbildung mit ihrem bildungspolitischen und wissenschaftsorganisatorischen Wirken prägte. Er folgt der Spur verbandsinterner Auseinandersetzungen und durch Kongresse initiierter öffentlicher Debatten.

Unsere Annahme lautet: In Phasen heftiger Debatten zur Ausbildung von Volksschullehrpersonen, insbesondere zur Struktur der Ausbildungssysteme, wies der strategische Kompass der SGL auf eine ausbalancierende, intermediäre Bearbeitung der unterschiedlichen Interessen von Mitgliedern. Dabei ist auffällig, dass die Vorstandsmitglieder gegenüber Strukturveränderungen und teilweise -umbrüchen erstaunlich befürwortend eingestellt waren. Als ein Instrument, diese Orientierungen auch «der Basis» zu kommunizieren, wurden Kongresse und Tagungen genutzt. Trotz prominenter

Vortragender ist den SGL-Tagungen im Tiefengedächtnis des Verbandes kein besonderer Platz zugestanden worden. Möglicherweise überdeckt die Praxis der letzten Jahre, die Jahreskongresse gemeinsam mit der Schweizerischen Gesellschaft für Bildungsforschung (SGBF) zu organisieren, die eigenen historischen Leistungen im Bereich des Transfers von wissenschaftlichem Wissen gegenüber den Verbandsmitgliedern.

In einem ersten Abschnitt werden wir anhand von Schlaglichtern die Vorgeschichten zu den Tätigkeiten der SGL, ihren Exponentinnen und Exponenten sowie den bildungspolitischen Konfliktlinien erkunden, mit denen der Verband sich konfrontiert sah. An dieser Stelle soll es vor allem darum gehen, die Jahrzehnte und Jahre vor Gründung der Pädagogischen Hochschulen als wichtige, bildungspolitisch dynamische Episoden zu deuten, in denen die Weichen in Richtung Tertiarisierung gestellt wurden. Der Wandel, welcher in Zürich 2002 mit der Überführung mehrerer Seminare in die Pädagogische Hochschule äusserlich und oberflächlich vollzogen zu sein schien, zog eine Phase mit einigen offenen Fragen zur Gestalt der Pädagogischen Hochschule nach sich, die weniger dem Standort, sondern mehr der inneren Organisation und Kultur insgesamt geschuldet waren. Die auf Institutionen zur Ausbildung von Lehrpersonen bezogenen Themen der Umbruchszeit – etwa Vorbildungen mit Maturitätsniveau, Wissenschaftlichkeit als Grundhaltung angehender Lehrpersonen, die Verbindung von (inter-)disziplinärem Denken und berufspraktischem Handeln, die Qualifikation der Dozierenden, eine kritische Grösse von 150 Studienplätzen, die Bildung von Verbundsystemen Pädagogischer Hochschulen und Sicherstellung des Forschungsauftrags (vgl. EDK 1993) führten teilweise bereits zuvor angestossene Debatten fort und bedurften aufgrund ihrer Entwicklungsoffenheit einer Moderation und Richtungsweisung.

1. Zur intermediären Funktion des Schweizerischen Seminarlehrer-Vereins – Einige Bemerkungen zur Vorgeschichte der SGL

Die Vorgängerinstitutionen der Schweizerischen Gesellschaft für Lehrerinnen- und Lehrerbildung (SGL), der Schweizerische Seminarlehrer-Verein (SSLV; 1875–1945; Hoffmann-Ocon u. Metz 2013) und der Schweizerische Pädagogische Verband (SPV; 1945–1992), haben den Wandel der Seminare und Einrichtungen der Lehrerinnen- und Lehrerbildung oftmals «kritisch-konstruktiv» begleitet. Im SSLV waren sowohl die Vertreter einer eher «bewahrenden und gebremsten Modernisierung» tätig als auch Personen, die als Exponenten einer «postulierten Innovation» gelten können, was sich am Beispiel der bildungs- und verbandspolitischen Situation in den 1940er-Jahren und einiger damaliger Exponenten belegen lässt.

Hans Schälchlin, der 1926 als Direktor des Seminars Küsnacht berufen wurde, repräsentierte mit seinen (schriftlichen) Äusserungen und Konzeptionen zur Reform der Lehrerinnen- und Lehrerausbildung eine eher «zähneknirschende» Akzeptanz des Wandels und eine gebremste Modernisierung. Durch die 1907 eingerichteten zweisemestrigen, nachmaturitären Kurse für angehende Primarlehrpersonen an der Universität (vgl. Hoffmann-Ocon 2014, 205–206; Lussi Borer u. Criblez 2011, 256) erfuhr die Debatte zur grundsätzlichen Revision der Ausbildung von Primar- und Volksschullehrpersonen einen bedeutenden Anstoss. Schälchlin – von der Erziehungsdirektion aufgefordert, zum strittigen Thema der nachmaturitären Lehrpersonenausbildung Stellung zu beziehen und eine Konzeption auszuarbeiten (vgl. Schälchlin 1928) – formulierte während der Zürcher Schulsynode zurückhaltend, dass eine Verlängerung der Lehrerbildung und ihre Vertiefung zwar wissenschaftlich nicht mehr zu umgehen, das Ziel aber nicht in einem «unplanmässigen

Studium an der Universität», sondern in einem nachmaturitären pädagogischen Institut mit teilweise erzieherischem Charakter neben der Universität zu suchen sei (vgl. Bericht Schulsynode 1929, 101–102).

Auf einer etwas anderen Seite stand der Direktor des 1942 eingerichteten Oberseminars des Kantons Zürich, Walter Guyer, welcher letztlich der Institution vorstand, die aus den, freilich im bildungspolitischen Prozess noch modifizierten, Entwürfen von Schälchin hervorgegangen war. Guyer thematisierte eine latente Akademisierung der Volksschullehrerbildung (Grube u. Hoffmann-Ocon 2015, 70), als er davon sprach, dass «der Kanton Zürich im Unterschied zu Basel und Genf ein starkes Hinterland in seiner Landschaft» besitze, welches «ein retardierendes Element gegenüber dem Bestreben bedeutet, die Lehrerbildung ganz zu akademisieren». Diese «starken Kräfte» versuchten, «den Lehrer à tout prix von der sozialen Stellung der akademischen Berufe fernzuhalten» (Guyer 1946, 2). Der mehr modernisierungseuphorische und sich bildungspolitisch fast innovativ gebende Guyer sah in dem Kompromisskonstrukt Oberseminar zumindest einen «unbestrittenen Fortschritt» darin, dass die Berufsbildung nicht nur zeitlich, sondern auch örtlich von der Allgemeinbildung abgetrennt sei, das Oberseminar «sein Zelt in der Nähe der Hochschulen aufgeschlagen» habe und «für die wissenschaftlichen Berufsfächer Kräfte aus dem Hochschullehrkörper herangezogen» werden könnten (a.a.O., 3).

Interessanterweise amtete Hans Schälchin von 1938 bis 1941 als Präsident des SSLV, während Walter Guyer sich als Mitglied vor allem durch Vorträge auf den Jahresversammlungen des SSLV profilierte, wie zum Beispiel 1925 mit dem Thema «Der Subjektivismus unserer Zeit und sein Einfluss auf die Pädagogik» in Baden (54. JVSG 1926, 146–147) oder 1940 mit einem Beitrag zum «Anteil der Theorie in der Lehrerbildung» (68. JVSG 1940, 154–156). Beide, Schälchin und Guyer, waren mit ihrer Tätigkeit als Seminardirektoren und -lehrer der Zürcher Lehrerinnen- und Lehrerbildung als gemeinsamem Fluchtpunkt verpflichtet, favorisierten jedoch unterschiedliche Modelle und gerieten dadurch persönlich und konzeptionell Ende der 1930er- und Anfang der 1940er-Jahre innerhalb des SSLV in ein Konfliktfeld.

Die unterschiedlichen Positionen zur Reform der Ausbildung von Volksschullehrpersonen deuten an, dass im SSLV um weit mehr als nur um Fragen zur Allgemein- und Berufsbildung gerungen wurde. In welche Richtung sich ein dynamisierter SSLV bewegen sollte, war strittig. Der Verband wurde hier zugleich zum Austragungs- und Meinungsbildungsort einer weit gefassten Debatte über Berufsorientierung, Schulfeldnähe, Akademisierung und wissenschaftliches Wissen in der Lehrerbildung.

2. Aufbau neuer Leistungsbereiche? – Das Beispiel der Forschung als Forderung

Während die Debatten zur nachmaturitären Ausbildung von Volksschullehrpersonen bereits in der zweiten Hälfte des 19. Jahrhunderts geführt wurden und in der ersten Hälfte des 20. Jahrhunderts einen kräftigen Schub bekamen, liesse sich die Gründungsphase der Pädagogischen Hochschulen im engeren Sinne in den 1990er-Jahren verorten.

Zwar hatte sich die Vorgängerorganisation der SGL, der Schweizerische Pädagogische Verband, bereits 1966 auf seiner Jahresversammlung in Baden für die Schaffung einer interkantonalen «Pädagogischen Forschungsstelle» ausgesprochen. Hans Gehrig – Direktor des Oberseminars in Zürich und von 1966 bis 1976 im Vorstand des SPV mit der Verbindung zur Konferenz der Schweizerischen Seminardirektoren (SDK) befasst (analog zu Walter Bircher, welcher den Kontakt zur COHEP pflegte) – gelangte zu dieser Zeit nach einem

Besuch des in Berlin eben gegründeten Max-Planck-Instituts für Bildungsforschung (1963) zu einer «deprimierenden Einsicht» (SPV, Protokoll Jahresversammlung 1966, 3–4): Die zahlreichen Forschungsaufgaben harren der Bearbeitung; «die Schweiz hat abgedankt, ist unbekannt» (ebd.). Der SPV setzte mit seiner Verbandstätigkeit hier an: Paul Schaefer, Direktor des Seminars Wettingen (und mittelbar Lehrerbildner von Walter Bircher), nutzte sein Präsidentenamt im Vorstand des SPV (1964–1977), um mit der Einsetzung eines Arbeitsausschusses die Idee einer Pädagogischen Hochschule Aargau voranzutreiben (vgl. Brief Schaefer an Uhlig, 21. April 1966, SPV 1966). Wegen Befürchtungen unter anderem gegenüber eines unüberlegten Beitrags zu einer Akademikerschwemme und der Etablierung eines akademischen «Tummelfeldes» für sinnsuchende Lehrpersonen und der Befeuerung einer technokratischen Steuerung des Bildungswesens sollte 1978 das Hochschulprojekt politisch endgültig beendet werden (vgl. Criblez u. Herren 2006, 19). Für diesen in den 1960er-Jahren sich bereits andeutenden Wandel in der Kultur der Lehrerinnen- und Lehrerbildung, welcher sich in den 1990-Jahren auch auf der Publikationsebene zeigte, bedurfte es nicht nur prägender Leitbilder, sondern auch in Verbänden wie dem SPV organisierter Personen, die sich in der bildungspolitischen Öffentlichkeit für die Belange neuer Leistungsbereiche an den einzurichtenden Pädagogischen Hochschulen exponierten.

Eine programmatische Bedeutung für den Aufbau des Leistungsbereichs Forschung kann dem EDK-Dossier 24 mit dem Titel «Thesen zur Entwicklung Pädagogischer Hochschulen» (EDK 1993) zugesprochen werden. Charakteristisch an dieser Schrift ist, dass Forschung an Pädagogischen Hochschulen als dynamisches Handlungsfeld skizziert wurde: Während bereits die erste These als Aufgabenbeschrieb festhält, dass die neuen Einrichtungen «berufsfeldbezogene [...] Forschung [betreiben]» sollten, die zweite These «zur Qualifikation der Ausbildnerinnen und Ausbildner und weiterer Bildungsfachleute [...] das Promotions- und Habilitationsrecht»

(EDK 1993, 9) anspricht, werden im Rahmen der Verbindung von Lehre und Forschung an einer Pädagogischen Hochschule Begründungen für den Aufbau des neuen Leistungsbereichs genannt: Mit dem «klinischen Motiv» war beabsichtigt, dass angehende Lehrpersonen durch praktisches Tun in ihrer Ausbildung erleben können, «wie ein forschender Zugang zu Problemen des pädagogischen Alltags gutes pädagogisches Handeln unterstützen kann» (a.a.O., 23). Bedeutsam an dieser Formulierung war, dass Forschung unter der Verwendung des Begriffs «praktisches Tun» als eigene soziale Praxis vorgetragen wird, die sowohl Voraussetzungen in anderen Praktiken – etwa denjenigen des pädagogischen Alltags – als auch Anschlüsse für weitere Praktiken – etwa im Unterrichten – aufweist (Jaeggi 2014, 103). Schliesslich wurde mit dem «Niveau-Motiv» der Forschung an Pädagogischen Hochschulen die Funktion der Niveausicherung zugesprochen, indem Dozierende «sich der im Forschungsbetrieb üblichen Veröffentlichung und Kritik aussetzen» (EDK 1993, 24). Die EDK-Thesen wollten zur Entwicklung für ein Bewusstsein beitragen, das auf das paradoxe Theorie-Praxis-Verhältnis zum einen und zum anderen auf die schwer überbrückbare Differenz zwischen Alltagswissen, wissenschaftlichem Wissen sowie Professionswissen einginge (vgl. Hoffmann-Ocon 2007, 326; Gensicke 2006, 72; Drewek 2002, 62). Auch wenn die programmatische EDK-Schrift von der Textsorte her gar nicht ausweisen konnte, wie der Leistungsbereich Forschung auf einer operativen Ebene im Rahmen der Lehrerinnen- und Lehrerbildung zu etablieren sei (vgl. Criblez 2015, 61), waren nun Grundsätze geformt, auf die die SGL eingehen musste, um als substanzielle und glaubhafte Akteurin wahrgenommen zu werden, die ihrer Rolle als Mitgestalterin Pädagogischer Hochschulen gerecht wurde.

3. Kongresse als Mittel zur Dynamisierung der Verbandspolitik und Reform der Lehrerbildung?

Um das produktive Zusammenspiel der oben erwähnten komplexen «Forschungsmotive» als Verband von Lehrerbildnerinnen und -bildnern unterstützen zu können und innerhalb des SPV mehrheitsfähig werden zu lassen, benötigte man Anlässe zur Auseinandersetzung mit dem schwierigen Thema Forschung und Wissenschaftsbasierung in der Lehrerinnen- und Lehrerbildung. Für eine zukünftig erfolgreiche Ausbildung von Volksschullehrpersonen, so die in den 1990er-Jahren sich zunehmend durchsetzende Überzeugung, sei eine Abstützung der curricularen Inhalte auf wissenschaftlichem Wissen notwendig. Das Thema gewann nun auch für die SGL an Bedeutung. Um Handlungsfähigkeit zu demonstrieren und zu einem gemeinsamen, verbandlich abgesicherten Interpretationsrahmen zu gelangen, nutzte die SGL – ähnlich wie ihre Vorgängerinstitutionen SSLV und SPV – die «strategische Ressource» Kongress und Tagung. Das Verbandsporträt von 1993 benannte als Zielsetzungen sehr nüchtern «Information, Zusammenarbeit, Fortbildung» und führte als diesbezügliche Aktivitäten neben der Publikation einer pädagogischen Fachzeitschrift («Beiträge zur Lehrerinnen- und Lehrerbildung»; BzL) ausdrücklich den «Erfahrungs- und Gedankenaustausch über die Landesgrenzen hinaus im Rahmen von Tagungen und Kongressen», die «Organisation eines Jahreskongresses als thematische Tagung (Fortbildung)» und die Unterstützung von «Forschung im Bereich der Lehrerbildung und ihre Umsetzung» auf (SGL I/1 1993).

Vor dem Hintergrund dieser Zielsetzungen ist zu vergegenwärtigen, dass die Tagungsabsichten der SGL durch ein anderes resp. weiteres Verständnis von Tagungsfunktionen geprägt waren, als es heute in der Regel der Fall ist. Aus einer sehr idealtypischen Sicht bilden Tagungen und Konferenzen im Rahmen der Lehrerinnen- und Lehrerbildung an Pädagogischen Hochschulen Arenen, um «sich an der Wissensproduktion auf dem Niveau seiner Fachdisziplin» zu beteiligen (Forneck 2009, 252). Neben dem Austausch von Forschungsergebnissen, die sich auf das weite und von mehreren wissenschaftlichen Disziplinen bearbeitete Feld des Schul- und Bildungssystems beziehen, beabsichtigte die SGL seinerzeit ausserdem in hohem Masse, dass ihre Mitglieder im Sinne einer Fortbildung den Anschluss an wissenschaftliche Aussagesysteme erlangen und halten können. Diese Funktionsbestimmung korrespondierte mit der damaligen Verortungsfrage in der Verbandslandschaft. Dem Selbstbild zufolge sah man sich mit den eigenen Zielsetzungen und den Mitgliederinteressen in einem Bereich zwischen der Schweizerischen Akademie für Geistes- und Sozialwissenschaften (SAGW) und dem Dachverband Lehrerinnen und Lehrer Schweiz (LCH). Eine Folge dieses Selbstbildes war die interne Diskussion, ob «die SGL versuchen sollte, den Spagat zwischen LCH und SAGW zu wagen, das heisst, eine doppelte Verankerung in der SAGW und im LCH zu suchen» (SGL I/2 1993).

Die Titel vieler in den 1990er-Jahren von der SGL organisierter Jahreskongresse sind insofern aufschlussreich, als jene das letzte Jahrzehnt vor der Jahrtausendwende als Scharnierphase für die schweizerische Lehrerbildung deuteten. Neben dem Jahreskongress von 1993, «Die Lehrerbildung neu denken», fand ein Jahr später der Kongress unter dem Motto «Die schulpraktische Ausbildung neu denken» statt (1996 mit der Perspektive «Lernkultur im Wandel», 1997 mit der Betrachtung von «Forschung als Herausforderung und Chance für die Ausbildung der Lehrerinnen und Lehrer»), um im Jahr 2000 «ethische und gesellschaftliche Perspektiven für eine neue Lehrerinnen- und Lehrergeneration» aufzugreifen. Die Begriffskompositionen «neu denken», «im Wandel» und «für eine neue Lehrerinnen- und Lehrergeneration» wurden bewusst gewählt und schufen eine eigene strittige Realität. Bevor die Strukturumbrüche in Richtung Tertiarisierung in der Ausbildung der Volksschullehrpersonen vorgenommen wurden, halfen die Jahreskongresse mit, eine kulturelle Akzeptanz unter den durchaus verunsicherten Seminarlehrpersonen und Dozierenden für die Strukturbrüche und -verschiebungen hervorzubringen. Daran zeigt sich, dass die SGL im ersten Jahrzehnt ihrer Gründung auch in anderer Beziehung eine intermediäre Funktion übernommen hatte: Bis in die 1990er-Jahre müssen die kantonalen Ausbildungssysteme für Volksschullehrsonen als eher abgeschottete Biotope gedacht werden, die sehr eng mit der jeweiligen kantonalen Verwaltung verflochten waren und durch kantonale Gesetzgebungsprozesse gesteuert wurden (vgl. Criblez 2010, 24). Die Organisationsgrammatik (vgl. dazu Tyack u. Tobin 1994; Quesel 2012) der Ausbildungen von Volksschullehrpersonen, welche mit ihren Rahmenbedingungen der zumeist jahrgangsförmigen «Studiengänge» den Drehbüchern kantonaler Lehrkategorien und Lehrpläne folgten, wurde unter anderem durch den interkantonalen Harmonisierungsdruck irritiert. Als Einflussfaktoren erwiesen sich vor allem die «Interkantonale Vereinbarung über die Anerkennung von Ausbildungsabschlüssen» von 1993 (vgl. EDK 2005; Hoffmann-Ocon 2012, 432), die Thesen zur Entwicklung Pädagogischer Hochschulen (vgl. EDK 1993), aber auch die Einrichtung von Fachhochschulen im technischen, landwirtschaftlichen, kaufmännischen und gestalterischen Bereich sowie Debatten zur Reform der Lehrerbildung im europäischen Ausland (vgl. Criblez 2010, 31). Für ein feinkörnigeres Bild der Debatte zur Lehrerbildungsreform in den 1990er-Jahren muss zu diesen in der Literatur bisher aufgeführten Einflussfaktoren auch das Engagement der SGL gezählt werden, dessen Perspektive und Kommunikationsformen aufgrund der Mitgliederstruktur stets über kantonale Sichtweisen hinausging.

3.1 Der Auftaktanlass mit leisen Tönen: «Die Lehrerbildung neu denken» 1993

Vor allem zwei durch die SGL organisierte Anlässe stachen hervor: 1993 bot die SGL-Tagung «Die Lehrerbildung neu denken» einen grundsätzlichen Anschluss an die zeitgleich veröffentlichten EDK-Thesen, während der Jahreskongress 1997 mit dem Thema «Forschung als Herausforderung und Chance für die Ausbildung der Lehrerinnen und Lehrer» sich um die Ausleuchtung der Ebene einer konkreten Umsetzung bemühen sollte. Mit der Tagung «Die Lehrerbildung neu denken» stellte sich die SGL öffentlich auf die Seite der reformfreudigen Personen. Die Idee zu dieser Auftaktveranstaltung entstand im Januar 1993 beim Vorstandstreffen in Zürich. Zunächst wurden verschiedene alternative Themen diskutiert, wie zum Beispiel das LCH-Leitbild als Herausforderung der Lehrerinnen- und Lehrerbildung. Im Protokoll heisst es: «In der anschliessenden Diskussion wird deutlich, dass [...] vor allem substanzielle und nicht strukturelle Fragestellungen im Zentrum stehen sollten. [...] Betont wird auch, dass an dieser ersten Tagung der SGL nicht zu spezifische Fragestellungen behandelt werden sollten, damit sich möglichst viele Mitglieder angesprochen fühlen» (SGL I/2 1993). In der «Strukturfrage», die im Fahrwasser der EDK-Thesen auf eine Transformation der Lehrerinnen- und Lehrerseminare anspielte, sah die SGL ein Bedrohungsszenario, welches in einem Auseinanderfallen der als Adressatengruppe ausgemachten Dozierenden münden könnte. Die progressive Grundstimmung und der Aufbruchswille sollten mit dem Tagungstitel signalisiert, die potenziellen Mitglieder aber nicht durch zu laute Töne über Strukturumbrüche verschreckt werden. Mit diesem Votum wurde eine Orientierung fortgeschrieben, die sich an die ausbalancierende, intermediäre Interessenbearbeitung des SSLV anlehnte. In dieser hochschulpolitischen Gründerzeit meldeten sich weit über 200 Teilnehmende für den Jahreskongress der SGL an, der Lehrerbildung neu denken wollte (vgl. SGL I/2 1993).

Um das Themenfeld einer Revision der Lehrerbildung zwar mit leisen Tönen, aber mit prominenten Stimmen zu erschliessen – 1993 gehörten 350 Mitglieder der SGL an, und der Verband wollte mit der Neuausrichtung 3000 weitere gewinnen –, wurde unter anderem der seinerzeit renommierte Hartmut von Hentig als Hauptreferent für die erste Jahrestagung angefragt. «Einen der bekanntesten europäischen Pädagogen der Gegenwart» (SGL V/1 1993) gewonnen zu haben, gab Anlass, Bundesrat Flavio Cotti (Vorsteher EDI) auf die Jahrestagung und die neue Gesellschaft vonseiten des Vorstands, an dessen Spitze Hans Badertscher stand, aufmerksam zu machen (vgl. ebd.).

Kurt Reusser stellte in den Mittelpunkt seiner Analyse zur Rolle von Lehrerinnen und Lehrern die Vielzahl von professionellen Funktionen, welche die Lehrpersonen gleichzeitig in einer Schule wahrnehmen müssen, in der zukünftig individualisierende und pädagogisch binnendifferenzierende Formen sehr prägend sein werden. Typisierend konnten, Reusser (1994, 34) zufolge, «Expertschaft in der Sache (im Fach) und deren Vermittlung, Lernhilfe und -beratung, Klassenführung, Kommunikation sowie Organisation und Administration» dazu gezählt werden. Somit seien «Lehrende Personen, die durch ihre zugleich modellhafte und reflexive fachdidaktisch-pädagogische Expertschaft erfahrbar machen, was gründliches, in die Tiefe gehendes Verstehen und produktives Problemlösen ist, wie forderndes und ausdauerndes Lernen aussieht, welche Fähigkeiten, Strategien und Einstellungen diese Prozesse ermöglichen und voraussetzen und welche Gütestandards deren Ergebnisse auszeichnen» (ebd.). Trotz der Auflistung eines beachtlichen beruflich-professionellen Anforderungskatalogs widerstand Reusser der Versuchung, in diesem Zuge die institutionellen Strukturen zu benennen, in denen die neu gedachte Lehrerbildung sich vollziehen sollte. Rezipienten dieser Ausführungen könnten leicht die plausible Vermutung gewinnen, dass eine Pädagogische Hochschule den angemessenen beruflichen Sozialisationskontext böte, auf dessen Grundlage sich spezifische Praktiken für den Umgang mit den anspruchsvollen professionellen Funktionen ausbilden liessen. Immerhin befeuerten in den letzten Jahrzehnten Berufsrollenvielfalt und Funktionsdifferenzierungen in erzieherischen Berufen Professionalisierungstendenzen und Verwissenschaftlichung (vgl. Pasternack 2013, 72). So blieb der Frage nach dem Ort der Volksschullehrerbildung im Rahmen des ersten Jahreskongresses der SGL ein nicht leicht zu vernehmender Unterton verhaftet. Die Schwierigkeit, sich als Verband diesbezüglich festzulegen und daraus eine Strategie abzuleiten, korrespondierte mit der Befürchtung, als wieder neu konstituierte Gesellschaft zum Auftaktanlass Position gegenüber wenig populären Strukturfragen beziehen zu müssen.

3.2 «Forschung als Herausforderung und Chance für die Ausbildung der Lehrerinnen und Lehrer» 1997 – Konzeptionen zwischen gesteuertem Berufsfeldbezug und Freiheit der Wissenschaft

1996 wurde der Jahreskongress der SGL in Basel mit dem Thema «Forschung als Herausforderung und Chance für die Ausbildung der Lehrerinnen und Lehrer» ein Jahr vor seiner Realisierung konzipiert. Doch wo wurden in den 1990er-Jahren für die Lehrerbildung relevante Forschungsresultate erbracht? Obgleich die kantonal organisierten pädagogischen Arbeitsstellen forschende Funktionen im Sinne von Schulevaluation und Bildungsstatistik übernahmen, zeichneten sich diese Institutionen durch hohe Verwaltungsnähe aus und waren nur lose an die Einrichtungen der Lehrerinnen- und Lehrerbildung gekoppelt (vgl. Bosche 2013, 67; Metz 2012, 72–73). Für den Kanton Zürich führte das Pestalozzianum von 1966 bis 1986/87 in Zusammenarbeit mit dem kantonalen statistischen Amt eine Volksschulstatistik, die Stand und Bewegung der Schülerzahlen erfasste und Informationen über die Weiterbildung der Schülerinnen und Schüler nach der obligatorischen Schulzeit vermittelte;

danach wurde diese Dienstleistung in der Pädagogischen Abteilung der Erziehungsdirektion verfolgt (vgl. Wymann 1987, 133–134). Dem bereits angesprochenen EDK-Dossier 24 (1993) zufolge sollten zukünftig Pädagogische Hochschulen auch ein Forschungsmandat wahrnehmen. Daher verwundert es nicht, wenn das von Anton Hügli (Pädagogisches Institut Basel-Stadt) geleitete Vorbereitungsteam für den Jahreskongress die Empfehlungen der EDK zur Errichtung Pädagogischer Hochschulen als einen wichtigen bildungspolitischen Ausgangspunkt nannte (vgl. SGL V/8 1997).

Die SGL setzte das Thema Forschung nicht nur auf die bildungspolitische Agenda, sondern versuchte auch, konflikthafte Elemente bewusst aufzugreifen, indem erörtert wurde, wie wissenschaftlich Lehrerbildung sein könne und dürfe. Mittels grundsätzlicher Betrachtungen sollten Denkgewohnheiten beleuchtet werden, wobei die Frage «Kann wissenschaftliche Forschung Lehrerbildung und Schulpraxis überhaupt verändern?» für Anschlussdiskussionen in einer Sektionsveranstaltung sorgen sollte (vgl. SGL V/5, «Grobkonzept Jahreskongress 1997», 1996).

In seinem die Tagung rahmenden Hauptreferat ging Anton Hügli auf Forschung als Herausforderung für die Lehrerbildung in einer Art Dilemmaanalyse ein: Lehrerbildung könne sich nicht der einer Schulpraxis innewohnenden natürlichen Tendenz entziehen, sich in sich selbst zu verfestigen, da der Unterrichtsbetrieb weitergehen müsse. Die Forschungsperspektive bringe nun das Streben der Lehrerbildung nach Praxisnähe in Verlegenheit. Forschung sei an die Vorstellung gebunden, einen Bruch mit der gewohnten Sicht herbeizuführen. Sie lebe davon, Fragen zu stellen und Dinge infrage zu stellen. Die Herausforderung liege nun darin, Schulpraxis zu problematisieren und zugleich die geforderte Praxissicherheit zu schaffen. Damit rücke die Suche nach einer Möglichkeit ins Zentrum, Forschung und Praxisanleitung, Problematisierung und Dogmatisierung in einer einzigen Institution oder gar in einer Person zusammenzuzwingen (vgl. SGL V/5 1997). Hügli zufolge überlagern zwei Gemeinplätze in der Lehrerbildung einen möglichen Forschungsbezug. Aus der ersten Annahme, Unterricht und Lehre seien eine Kunst, da jedem pädagogischen Einzelfall durch eine nur ihm angemessene singuläre Handlung zu begegnen sei, formten sich die Forschung abwehrende Argumentarien. Diese Argumentarien würden eine Basis bereitstellen, nach der auf Forschung beruhende Wissenschaft für Pädagoginnen und Pädagogen wertlos sei, da verallgemeinernde Aussagen und abstrakte Schemata Unterrichtshandeln nicht anleiten könnten (vgl. Hügli 1998, 9). Der zweite Gemeinplatz beziehe sich auf die Vorstellung, Lehre und Unterricht seien ein Handwerk. Gemäss diesen Überzeugungen sei für die Stabilisierung der Schulpraxis ein Professionswissen nötig, das sich vom Forschungswissen der Wissenschaft deutlich abgrenzen liesse. Demnach hätten Lehrerbildnerinnen und -bildner einen Entlastungsgewinn, wenn sie sich auf die Vermittlung von Handlungswissen konzentrierten und Forschung an externe Stellen delegierten (vgl. a.a.O., 12). Wie vom Leiter des SGL-Kongresses zu erwarten, forderte Hügli einen radikalen Blickwechsel. Statt mit den Gemeinplätzen des Lehrer-Künstlers und Lehrer-Handwerkers die Selbstbezüglichkeit der Ausbildung von Volksschullehrpersonen weiter zu forcieren, sollten angehende Lehrpersonen von Forschungsresultaten profitieren können, welche die schwierigen «kontextbestimmenden Rahmenbedingungen» des Unterrichtens untersuchten: So könnten Studien über die Chancengleichheit in der Schule, über die Geschlechterrollenproblematik, über das politische und gesellschaftliche Umfeld der Schule sowie über Organisationsformen des Unterrichts ins Blickfeld rücken (vgl. a.a.O., 13).

Insgesamt folgte Hügli einer im deutschsprachigen Raum verbreiteten Tendenz, berufliches Handeln von Lehrpersonen an Standards zu orientieren, die der Wissenschaft und der wissenschaftlichen Ausbildung an Hochschulen und Universitäten entspringen (vgl. Stock 2013, 166). Dass Hügli diesen Blickwechsel vehement im Rahmen der Jahrestagung der SGL forderte, kann als Versuch interpretiert werden, den Verband mit seinem Kongress- und Fortbildungswesen als Sozialisationsagentur für bildungspolitisch sich interessierende und engagierte Mitglieder (Kemnitz 2014, 60) zu nutzen. Die deutlich differente Betonung der Bedeutung von Forschung und wissenschaftlichem Wissen für die Ausbildung einzelner Volksschullehrpersonen zwischen Reusser und Hügli – die freilich Repräsentanten bestimmter Positionen waren – müsste weiter ausgeleuchtet werden. Es würde sich lohnen, auf der Mikroebene der Debatte zur Reform der Lehrerbildung in der deutschsprachigen Schweiz nachzusehen, ob in den 1990er-Jahren ein *turn* erreicht worden ist und Ausbildungspraktiken, welche eine zeitgleiche Problematisierung und Stabilisierung von Schulpraxis durch Forschungsresultate guthiessen, einer Mehrheit plausibel erschienen.

3.3 Die Verschiebung des Kontextes: Der bildungspolitische Bedeutungszuwachs der EDK und der Ausbau der Arbeitsgruppen innerhalb der SGL

3.3.1 *Gründe und Hintergründe der Einrichtung von fachinternen Arbeitsgruppen*

Anfang des 21. Jahrhunderts, mit dem Aufbau der Pädagogischen Hochschulen in der ganzen Schweiz und der damit einhergehenden Tertiarisierung der Lehrerinnen- und Lehrerbildung, veränderte sich das Anforderungsprofil der Lehrerbildner und -bildnerinnen. Die Weichen dazu wurden – wie bereits erwähnt – in den 1990er-Jahren gestellt, wobei, metaphorisch gesprochen, der Hebel der EDK immer bedeutsamer wurde. Neben den EDK-Empfehlungen zur Lehrerbildung und zu den Pädagogischen Hochschulen von 1995 gewann die EDK als «Dienstleistungsbetrieb der Kantone» (Kramer 1997, 280) über die interkantonale Diplomvereinbarung von 1993 auf die Ausbildung angehender Lehrpersonen noch mehr Einfluss: Mit diesem

Schritt übertrugen die Kantone als eigentliche Träger verschiedener Ausbildungsgänge für Lehrerinnen und Lehrer der EDK rechtsetzende Kompetenzen (vgl. a. a. O., 279). Die gesamtschweizerische Steuerung der Tertiarisierung über die Anwendung des Diplomanerkennungsrechts erfolgte formal nun Schritt für Schritt über die Definition von Mindestanforderungen – etwa in den Bereichen «Umfang und Dauer des Studiums» oder «Mindestqualifikationen für Dozierende und Praxislehrkräfte» (Ambühl 2010, 16–17).

Eine ausreichend wissenschaftliche Qualifikation der Dozierenden wurde zur zwingenden Voraussetzung für eine Anstellung an der Hochschule, und in den neu strukturierten Ausbildungsgängen wurden hochschuldidaktische Kompetenzen der Lehrenden erwartet. Die fachwissenschaftlichen und fachdidaktischen Anteile in der Ausbildung von Lehrpersonen nahmen an Bedeutung zu. Dem Konkordat zur Diplomanerkennung zufolge wurde für Studierende eine Mindestzahl an Kreditpunkten Voraussetzung, um die Lehrberechtigung für ein Fach auf den einzelnen Stufen zu erwerben. Dies wurde in der Konzipierung der Hochschulstudiengänge berücksichtigt und führte dazu, dass in einzelnen Fächern zu wenig fundiert ausgebildetes Lehrpersonal zur Verfügung stand. Die Anforderungen an die Dozierenden waren nun zum einen der Besitz eines Lehrdiploms sowie (mehrjährige) Lehrtätigkeit auf einer Volksschulstufe, zum andern der Masterabschluss in einem für die Lehrerbildung relevanten Fach (vgl. dazu z. B. Art. 6 des Reglements über die Anerkennung von Hochschuldiplomen für Lehrkräfte der Vorschulstufe und der Primarstufe vom 10. Juni 1999). Stufenbezogene fachdidaktische Kompetenzen mussten von Dozierenden weitgehend berufsbegleitend erworben werden, wobei in einzelnen Fächern praxistaugliche fachdidaktische Forschungserkenntnisse fehlten.

Das Bedürfnis der SGL-Mitglieder nach Austausch und fachinternen Weiterbildungen führte zur Gründung erster fachdidaktischer Arbeitsgruppen unter dem Dach der Gesellschaft. Der Vorstand unterstützte diese Entwicklung und entschied an einer

Strategietagung, dass die bildungspolitische Ausrichtung der Gesellschaft weniger im Fokus der Aktivitäten stehen solle (vgl. SGL 2008). Die Rektorenkonferenz (SKPH später COHEP) hatte die Aufgabe übernommen, den Typus «Pädagogische Hochschule» gesamtschweizerisch in der Hochschullandschaft und im Hochschulförderungs- und -koordinationsgesetz des Bundes zu positionieren. Die SGL als bildungspolitisches Diskussionsforum verlor somit zunehmend an Bedeutung, und die SKPH resp. COHEP als Nachfolgerin der Schweizerischen Seminardirektorenkonferenz (SDK) koppelte sich zum Beispiel im Rahmen von Bilanztagungen zur «Tertiarisierung der Lehrerinnen- und Lehrerbildung» mehr und mehr an die EDK an (Ambühl u. Stadelmann 2010).

3.3.2 Fokus: Qualifizierung der Dozierenden

In den folgenden Jahren wurden innerhalb der SGL die bestehenden fachdidaktischen Arbeitsgruppen ausgebaut und neue gegründet. Mittlerweile sind zu beinahe allen Studienbereichen und (Schul-)Fächern, für die an den Pädagogischen Hochschulen Ausbildungen bestehen, Arbeitsgruppen innerhalb der SGL aktiv, um den Fachdiskurs unter den Dozierenden an den Pädagogischen Hochschulen zu unterstützen. Ab 2007 beteiligte sich die SGL an den Jahreskongressen der Schweizerischen Gesellschaft für Bildungsforschung (SGBF) und bestärkte die Arbeitsgruppen, jährlich Fachtagungen durchzuführen. Den Forschenden, dem wissenschaftlichen Nachwuchs und den Lehrenden wurde somit eine Plattform geboten, um Projekte, Studien und Best-Practice-Beispiele vorzustellen. Somit trug die SGL wesentlich zur Weiterqualifizierung der an den Pädagogischen Hochschulen tätigen Mitarbeitenden bei. Dabei bieten sowohl eine neu eingerichtete Geschäftsstelle als auch eine E-Plattform im Zusammenhang mit der Zeitschrift BzL Kontexte, mittels deren spezifische, wissenschaftsaffine Praktiken in den fachinternen Arbeitsgruppen gebildet werden können.

3.3.3 Aktivitäten als Vertreter der Dozierenden an Hochschulen

In der Abstimmung vom 21. Mai 2006 wurde durch das Schweizervolk die Neuordnung der Bildung in der Verfassung verankert. Der Verfassungsartikel besagt, dass Bund und Kantone gemeinsam den Hochschulbereich steuern sollen. Auf diesem Bildungsartikel basierend, trat im Januar 2015 das Hochschulförderungs- und -koordinationsgesetz (HFKG) in Kraft. In den neu geschaffenen Bundesgremien wie z. B. der Hochschulkonferenz oder dem Akkreditierungsrat wurde den Hochschuldozierenden per Gesetz ein Sitz zugesprochen. Im Vorfeld schlossen sich die Dozierendenverbände der drei Hochschultypen – der Verband der Fachhochschuldozierenden Schweiz (fh-ch), die Vereinigung der Schweizerischen Hochschuldozierenden (VSH) und die SGL – zur Konferenz Hochschuldozierende Schweiz bzw. swissfaculty zusammen (vgl. SGL 2012). Durch diesen Zusammenschluss konnte sichergestellt werden, dass eine legitimierte Vertretung der Dozierenden aller Schweizer Hochschulen in den Bundesgremien Einsitz nimmt. Aus politikwissenschaftlicher Sicht könnte dieser Prozess als «Fähigkeit zur Konstituierung eines kollektiven Akteurs» (Raschke u. Tils 2007, 273) gedeutet werden. Mit dieser Mehrfachverhängung der Gesellschaft können auch zukünftig komplexe Strukturierungen im hochschulpolitischen Feld antizipiert und für die Lehrerinnen- und Lehrerbildung fruchtbar gemacht werden.

4. Resümee

Wie lässt sich über einen längeren Betrachtungszeitraum hinweg der «strategische Kompass» der SGL beschreiben und deuten?

Insbesondere in Perioden, in denen sich die Strukturfrage in der Ausbildung von Volksschullehrpersonen zu einer Hauptkontroverse entwickelte, schob sich der Verband als vermittelnde, intermediäre

Institution zwischen die reformskeptischen und -euphorischen Akteure und sorgte mit seinen aushandelnden Praktiken der Jahresversammlung und Jahrestagung, zu der immer auch Referate über streitbare Bildungsthemen gehörten, für eine Verwandlung teils gegenläufiger Interessen in verbandliche Massnahmen. Diese Form der Interessenbearbeitung sorgte in Zeiten wahrgenommenen Wandels in der Lehrerbildung für eine Synchronisation von Beschleunigungs- und Entschleunigungstendenzen und letztlich für eine gewisse institutionelle Stabilität (vgl. Rosa 2013, 25). Zum strategischen Kompass in bildungspolitisch heiklen Phasen gehörte das unscharfe Thema «Reform der Lehrerbildung», wobei sich als kursbestimmend das «Grossprojekt» der Skizzierung von innerer und äusserer Organisation einer neuen Lehrerbildungsinstitution erwies, die sowohl eine befürchtete Entfremdung von einer – freilich immer auch konstruierten – Basis verhindern als auch die Dimension der Wissenschaftlichkeit einbeziehen sollte. In jüngster Zeit verstärkt der «Makrotrend» der weiteren Verflechtung von Hochschulgremien den Aufwand in der Koordination. Der Ausbau von funktional differenzierten Arbeitsgruppen innerhalb der SGL spiegelt dabei den Grad der «aussenpolitischen» Verflechtung der Gesellschaft mit anderen Gremien wider. Die Belebung der Verbandskultur erfordert neben dem hohen Koordinationsaufwand mit strategischem Wissen ausgerüstete Vorstandsmitglieder, die in einem unübersichtlichen hochschulpolitischen Feld Richtungsfragen zur Mitgestaltung von Pädagogischen Hochschulen entscheiden. Es wäre lohnenswert, in zukünftigen Studien weiter nach dem Beitrag der SGL und ihrer Vorgängerverbände zur Entstehung einer bildungspolitischen Kultur in Auseinandersetzung mit Lehrerbildungsreformen zu fragen.

Quellen

a) Forschungsbibliothek Pestalozzianum

Bericht über die Verhandlungen der Zürcherischen Schulsynode. 1929 *[Die Neugestaltung der Lehrerbildung im Kanton Zürich, Referat gehalten an der 94. Versammlung der Schulsynode vom 30. September 1929 in Winterthur von Dr. Hans Schälchlin, Seminardirektor, Küsnacht, 100–127]* Pfäffikon: A. Peter [ZH HC I 12].

Guyer, Walter. 1946. *Das Oberseminar des Kantons Zürich* [Nachlass Guyer, 19-seitiges Typoskript].

Schälchlin, Hans. 1928. *Pädagogisches Institut des Kantons Zürich. Weisungen zum Organisationsentwurf.* Vorlage Dr. Hs. Schälchlin, Seminardirektor [ZH HF III 1].

SGL. 1993. *Ein Portrait* [Schulgeschichte SGL, I, 1].

SGL. 1993. *Protokoll [Vorstand] Dienstag, 5.1.1993, Restaurant Du Nord Zürich* [Schulgeschichte SGL, I, 2].

SGL. 1993. *[Einladung Bundesrat Flavio Cotti], 17.2.1993* [Schulgeschichte SGL, V,1].

SGL. 1993. *Protokoll der 4. Sitzung des Vorstandes der SGL, Restaurant Du Nord Zürich, 15.5.1993* [Schulgeschichte SGL, I, 2].

SGL. 1993. *Protokoll der Vorstandssitzung vom 2.11.1993, Sekundarlehramt Bern* [Schulgeschichte SGL, I, 2].

SGL. 1997. *[Aufruf zum Jahreskongress der SGL am 7./8. November 1997]* [Schulgeschichte SGL, V, 3].

SGL. 1997. *[Tagungsprogramm] Jahreskongress der SGL, Pädagogisches Institut Basel-Stadt, 7. und 8. November 1997, Kongresszentrum Messe Basel* [Schulgeschichte SGL, V, 5].

SGL. 1997. *Grobkonzept Jahreskongress 1997 von Toni Hügli (Brief an Hans Badertscher) vom 20. Dezember 1996* [Schulgeschichte SGL, V, 5].

SGL. 2008. *Klausurprotokoll des SGL-Vorstandes vom 25.8.2008* [Schulgeschichte SGL].

SGL. 2012. *Kooperationsvereinbarung* [Schulgeschichte SGL].

SPV. 1966. *Brief von Paul Schaefer an Werner Uhlig vom 21. April 1966* [Schulgeschichte SGL].

SPV. 1966. *Protokoll Jahresversammlung 1966 in Baden. Sitzung von Samstag, 26. November. Pädagogische Arbeitsstelle* [Schulgeschichte SGL].

b) Allgemeine Bestände

EDK, Hrsg. 1993. *Thesen zur Entwicklung Pädagogischer Hochschulen.* Dossier 24. Bern: EDK.
EDK, Hrsg. 1999. *4.2.2.3. Reglement über die Anerkennung von Hochschuldiplomen für Lehrkräfte der Vorschulstufe und der Primarstufe vom 10. Juni 1999 (gestützt auf die Artikel 2, 4 und 6 der Interkantonalen Vereinbarung über die Anerkennung von Ausbildungsabschlüssen vom 18. Februar 1993 (Diplomvereinbarung) und auf das EDK-Statut vom 3. März 2005).* Bern: EDK.
EDK. 2005. *4.1.1. Interkantonale Vereinbarung über die Anerkennung von Ausbildungsabschlüssen vom 18. Februar 1993 (Änderung vom 16. Juni 2005).* Bern: EDK.
Hügli, Anton. 1998. «Warum Forschung für die Ausbildung der Lehrerinnen und Lehrer vonnöten ist.» *Beiträge zur Lehrerbildung* 16 (1): 5–17.
Reusser, Kurt. 1994: «Die Rolle von Lehrerinnen und Lehrern neu denken. Kognitionspädagogische Anmerkungen zur ‹neuen Lernkultur›.» *Beiträge zur Lehrerbildung* 12 (1): 19–37.
Vogt, Franziska, Erika Stäuble und Elisabeth Hardegger. 2008. *Zweck und Ziele der SGL* [Typoskript 20. Oktober 2008].
Wymann, Hans. 1987. *Das Pestalozzianum Zürich und sein pädagogischer Auftrag 1955–1986.* Zürich: Verlag des Pestalozzianums Zürich.

Literaturverzeichnis

Ambühl, Hans. 2010. «Zur Einleitung: Wie steht es um die Ziele, die mit der Tertiarisierung der Lehrerinnen- und Lehrerbildung verbunden waren.» In *Tertiarisierung der Lehrerinnen- und Lehrerbildung,* hrsg. v. Hans Ambühl und Willi Stadelmann, 14–21. Bern: EDK.
Ambühl, Hans und Willi Stadelmann, Hrsg. 2010. *Tertiarisierung der Lehrerinnen- und Lehrerbildung. Bilanztagung I.* Bern: EDK.
Bosche, Anne. 2013. *Schulreformen steuern. Die Einführung neuer Lehrmittel und Schulfächer an der Volksschule (Kanton Zürich, 1960er- bis 1980er-Jahre).* Bern: hep.
Criblez, Lucien. 2010. «Die Reform der Lehrerinnen- und Lehrerbildung in der Schweiz seit 1990: Reformprozesse, erste Bilanz und Desiderata.» In *Tertiarisierung der Lehrerinnen- und Lehrerbildung. Bilanztagung I,* hrsg. v. Hans Ambühl und Willi Stadelmann, 22–58. Bern: EDK.
Criblez, Lucien. 2015. «Forschung im Bildungsbereich: Aufgabe der akademischen Disziplin, der Bildungsplanungsstellen und der Pädagogischen Hochschulen – Veränderungen in der Schweiz seit den 1960er-Jahren.» In

Unscharfe Grenzen – eine Disziplin im Dialog: Pädagogik, Erziehungswissenschaft, Bildungswissenschaft, Empirische Bildungsforschung, hrsg. v. Edith Glaser und Edwin Keiner, 51–70. Bad Heilbrunn: Klinkhardt.

Criblez, Lucien und Marc Herren. 2006. «Hochschule, Fachschule oder Fachhochschule? Die aargauische Hochschulpolitik bis zur Fachhochschulgründung.» In *Die Schule im Glashaus. Entstehung und Entwicklung der Fachhochschule Aargau Nordwestschweiz*, hrsg. v. René Bortolani, 18–45. Baden: Hier und Jetzt.

Drewek, Peter. 2002. «Erziehungswissenschaft und pädagogisches Wissen.» In *Erziehungswissenschaft. Politik und Gesellschaft*, hrsg. v. Hans-Uwe Otto, Thomas Rauschenbach und Peter Vogel, 59–74. Opladen: Leske + Budrich.

Forneck, Hermann. 2009. «Die Autonomie Pädagogischer Hochschulen.» *Beiträge zur Lehrerbildung* 27 (2): 250–256.

Gensicke, Dietmar. 2006. *Irritationen pädagogischer Professionalität. Vermittlungshandeln im Erziehungssystem in Zeiten individualistischer Habitusformen.* Heidelberg: Carl-Auer.

Grube, Norbert und Andreas Hoffmann-Ocon. 2015. «Orte der Lehrerinnen- und Lehrerausbildung im Kanton Zürich – Überblick auf Dynamiken, Kontroversen und eine spannungsgeladene Vielfalt.» In *Orte der Lehrerinnen- und Lehrerbildung im Kanton Zürich*, hrsg. v. Andreas Hoffmann-Ocon, 25–96. Bern: hep.

Hoffmann-Ocon, Andreas. 2007. «Zum Auftrag der Allgemeinen Pädagogik in der Ausbildung von Lehrerinnen und Lehrern.» *Beiträge zur Lehrerbildung* 25 (3): 317–328.

Hoffmann-Ocon, Andreas. 2012. «Ausbildungsmodelle für Lehrpersonen der Sekundarstufe I in der Deutschschweiz – Grundlinien und Konfliktlinien.» *Schweizerische Zeitschrift für Bildungswissenschaften* 34 (3): 415–439.

Hoffmann-Ocon, Andreas. 2014. «Akademisierung oder Verakademisierung? Lesarten zu Ausbildungsformen von Lehrpersonen am Beispiel des Kantons Zürich aus bildungshistorischer Perspektive.» *IJHE. Bildungsgeschichte. International Journal for the Historiography of Education* 4 (2): 197–213.

Hoffmann-Ocon, Andreas und Peter Metz. 2013. «Nähe und Distanz. Zur Geschichte und zum Verhältnis des Gymnasial- und des Seminarlehrervereins.» *Gymnasium Helveticum* 67 (5): 13–19.

Jaeggi, Rahel. 2014. *Kritik von Lebensformen.* Berlin: Suhrkamp.

Kemnitz, Heidemarie. 2014. «Forschung zur Geschichte und Entwicklung des Lehrerberufs vom 18. Jahrhundert bis zur Gegenwart.» In *Handbuch der Forschung zum Lehrerberuf.* 2., überarbeitete und erweiterte Auflage, hrsg. v. Ewald Terhart, Hedda Bennewitz und Martin Rothland 34–51. Münster: Waxmann.

Kramer, Urs. 1997. «Die Funktion der EDK zwischen gestern und heute.» In *Die Schweizerische Konferenz der kantonalen Erziehungsdirektoren 1897 bis 1997. Entstehung, Geschichte, Wirkung*, hrsg. v. Hans Badertscher, 273–282. Bern: Haupt.

Lussi Borer, Valérie und Lucien Criblez. 2011. «Die Formierung der Erziehungswissenschaften und die akademische Lehrerinnen- und Lehrerbildung.» In *Zur Geschichte der Erziehungswissenschaften in der Schweiz. Vom Ende des 19. bis zur Mitte des 20. Jahrhunderts*, hrsg. v. Rita Hofstetter und Bernard Schneuwly, 237–270. Bern: hep.

Metz, Peter. 2012. «Eingangsstufe – ein schweizerisches Reformprojekt im Fokus des Interesses von Wissenschaft und Politik.» In *Reformprozesse im Bildungswesen. Zwischen Bildungspolitik und Bildungswissenschaft*, hrsg. v. Andreas Hoffmann-Ocon und Adrian Schmidtke, 69–106. Wiesbaden: Springer VS.

Pasternack, Peer. 2013. «Von der Kryptoprofessionalisierung zur Teilakademisierung. Frühpädagogische Berufsfeldentwicklungen.» *die hochschule. journal für wissenschaft und bildung* 17 (1): 58–78.

Quesel, Carsten. 2012. «Die ‹Grammar of Schooling› als populistische Ressource. Zum Scheitern von zwei Bildungsreformen in Deutschland und der Schweiz.» *Schweizerische Zeitschrift für Bildungswissenschaften* 34 (1): 99–112.

Raschke, Joachim und Ralf Tils. 2007. *Politische Strategie. Eine Grundlegung.* Wiesbaden: VS Verlag für Sozialwissenschaften.

Rosa, Hartmut. 2013. *Beschleunigung und Entfremdung. Entwurf einer Kritischen Theorie spätmoderner Zeitlichkeit.* Berlin: Suhrkamp.

Stock, Manfred. 2013. «Hochschulentwicklung und Akademisierung beruflicher Rollen. Das Beispiel der pädagogischen Berufe.» *die hochschule. journal für wissenschaft und bildung,* 17 (1): 160–172.

Tyack, David und William Tobin. 1994. «The Grammar of Schooling. Why Has it Been so Hard to Change.» *American Educational Research Association* 31 (3): 453–479.

Pädagogische Hochschulen – vor allem der Lehre verpflichtet?

Über die Bedeutung des Leistungsbereichs Ausbildung an Pädagogischen Hochschulen

Barbara Fäh

Ein zentraler Auftrag von Pädagogischen Hochschulen als tertiären Bildungseinrichtungen ist die Ausbildung und Qualifizierung von Lehrerinnen und Lehrern für eine herausfordernde Praxis. Sie sind damit für alle Stufen des Schulsystems der forschungsbasierten und praxisorientierten Lehre verpflichtet. Pädagogische Hochschulen stehen aber auch im Spannungsfeld zwischen Schule, Bildungspolitik und -verwaltung sowie Hochschulsystem. Der folgende Artikel zeigt auf, wie die PH Zürich dieses Spannungsfeld innovativ zu nutzen versteht.

Walter Bircher hat den Leistungsbereich Ausbildung als Prorektor Ausbildung von 2001 bis 2007 und als Rektor von 2007 bis 2015 virtuos in diesem Spannungsfeld orchestriert.

1. Einleitung

Pädagogische Hochschulen (PHs) sind tertiäre Bildungseinrichtungen. Eine zentrale Aufgabe besteht darin, Fachpersonen für Unterricht und Erziehung an öffentlichen Schulen auszubilden. Die PH Zürich bietet Ausbildungen für Lehrpersonen im Kindergarten, auf Kindergarten-/Unterstufe, Primarstufe, Sekundarstufe I und Sekundarstufe II im Bereich Berufsbildung an. Dafür verwendet sie einen Grossteil ihrer Mittel. Gemäss dem Bundesamt für Statistik (BFS 2013) werden gesamtschweizerisch zwischen 58 und 83 Prozent der Gesamtbudgets der PHs für den Leistungsbereich Ausbildung eingesetzt. Bedeutet diese Aussage, dass Pädagogische Hochschulen «Lehrhochschulen» sind?

Pädagogische Hochschulen stehen im Spannungsfeld von unterschiedlichen Akteuren und äusseren Anspruchsgruppen: Bildungspolitik und -verwaltung, Schulpraxis sowie Wissenschafts- und Hochschulsystem. Um die Komplexität der Ausbildung von Lehrpersonen an der Pädagogischen Hochschule Zürich abzubilden, wird auf der Grundlage eines kurzen professionstheoretischen Abrisses der Leistungsbereich Ausbildung unter diesen Spannungsfeldern näher beleuchtet.

2. Professionstheoretische Grundlagen

Die Berufsrealität der Lehrpersonen ist äusserst komplex und durch Widersprüchlichkeiten geprägt. Das Lehrerinnen- und Lehrerhandeln ist nicht eindeutig bestimmbar, nicht völlig vorhersehbar und nur begrenzt planbar. Unterrichtliche und erzieherische Handlungssituationen sind immer komplex und mehrdimensional und somit nur bedingt von der Lehrperson abhängig (vgl. Forneck 2009). Viele gesellschaftliche Herausforderungen wie die Heterogenität der Schülerinnen und Schüler, sich wandelnde Werte und Normen, konkurrierende Ansprüche, multiprofessionelle Kooperationen, Individualisierung sowie Digitalisierung sind nur einige der nennenswerten Veränderungen, die sich im Klassenzimmer in besonderer Weise stellen (vgl. Leder 2011).

Jürgen Baumert und Mareike Kunter (2006) haben notwendige Kompetenzen für professionelles Handeln beschrieben. Dabei benennen sie Professionswissen (Fachwissen, pädagogisches Wissen, fachdidaktisches Wissen, Beratungswissen, Organisationswissen) und unterschiedliche Repräsentationsformen des Wissens (Regelwissen, fallgebundenes Wissen, strategisches Wissen). Berufliches Können stützt sich aber auch auf implizites Wissen, das erfahrungsgebunden ist und sprachlich schwer zu explizieren ist.

Wertorientierungen, Überzeugungen und Alltagskonzepte sind solche impliziten Konzepte, die gemäss Helmut Messner (2007) für das berufliche Handeln vermutlich einflussreicher sind als formales wissenschaftliches Berufswissen. Trotz verschiedener Versuche, das Berufswissen für angehende Lehrpersonen zu bestimmen, gibt es keine für den Lehrberuf allgemeingültige Kompetenz- und Wissensbeschreibung. Dagegen können der Berufsauftrag (vgl. LCH 2014), das Berufsleitbild und die Standesregeln (vgl. LCH 2008) des Dachverbandes Lehrerinnen und Lehrer Schweiz (LCH) als Orientierungshilfe für eine Positionierung zwischen Makrosystem Gesellschaft und dem Lehren und Lernen im Schulalltag verstanden werden (vgl. Fend 2006; Keller 2015).

Das Kompetenzstrukturmodell der PH Zürich (2009) beschreibt über alle Stufen hinweg die spezifischen Leistungs- und Kompetenzerwartungen an das Handeln von Lehrpersonen und somit Wissensbereiche, Fähigkeiten, Fertigkeiten und Einstellungen, die zur Bewältigung des Berufsauftrages erforderlich sind.

Kompetenz wird an der PH Zürich, in Anlehnung an Weinert (2001), verstanden als individuelle Disposition, die dazu befähigt,

Handlungssituationen in enger Wechselwirkung mit gesellschaftlichen Erwartungen (Normen/Werten), Rahmenbedingungen und Ressourcen zu bewältigen. Eine Kompetenz wird durch Wissen, Fähigkeiten (Können) und Einstellungen/Haltungen fundiert und in Abhängigkeit von motivationalen/volitionalen Aspekten in bestimmten Situationen als Performanz realisiert. Dabei lassen sich anhand der beobachtbaren Leistung, der Performanz, gewisse Schlüsse auf die zugrunde liegende Kompetenz ziehen. Individuelle Kompetenz und in der Situation auftretende Performanz sind jedoch nicht zwingend deckungsgleich. Kompetenzentwicklung vollzieht sich über das Handeln und Reflektieren in konkreten Situationen (vgl. Gerber u. Müller Fritschi 2013; Hof 2002; Städeli et al. 2010). Ausgelöst werden Reflexionsprozesse durch die Wahrnehmung und Beobachtung von Differenzen bzw. Diskrepanzen oder von nicht hinreichender Bewältigung einer Anforderung (vgl. Dewey 1933; 2004; Greif 2004; Schön 1983, 1987). Der Referenzpunkt der professionellen Reflexion ist das zur Verfügung stehende wissenschaftliche Wissen. Als konstitutiver Bestandteil von Professionalität wird, ausgehend von der Erfahrung und dem im Erfahrungskontext vorhandenen Wissen, eine Steigerung der Rationalität in der Praxis durch die Reflexion auf das disziplinäre und transdisziplinäre Wissen erreicht (vgl. Dewe 2009; Dewe u. Otto 2011a, 2011b).

Das Kompetenzstrukturmodell der Pädagogischen Hochschule Zürich (2009) hat eine dreifache Referenz: Es bezieht sich auf das berufliche Handlungsfeld im Lehrberuf allgemein, auf die inhaltliche Wissensbasis, die dem Können zugrunde liegt, sowie auf die Umsetzungsbereitschaft und -fähigkeit. Mit dem Kompetenzstrukturmodell hat die PH Zürich die Weichen Richtung Kompetenzorientierung früh gestellt. So war dieses in der Entwicklung des innovativen Studiengangs Kindergarten/Unterstufe richtungsgebend. Das kompetenzorientierte Curriculum, welches die stufenbezogene fachdidaktische und erziehungswissenschaftliche Perspektive schärft, bildete die Ausgangslage für die Entwicklung und

Ausgestaltung des kompetenzorientierten Lehrplans des Kindergartens im Kanton Zürich. Dieser wiederum hat einen starken Einfluss auf die Entwicklung des ersten Zyklus im Lehrplan 21.

Mit einem kompetenzorientierten Hochschulstudium gehen sowohl die Selbstverantwortung der Studierenden als auch Standortbestimmungen zum Stand des Kompetenzerwerbs einher. Dazu dienen einerseits Instrumente wie das studentische Portfolio, durch das die Studierenden den Kompetenzerwerb nachvollziehbar darlegen. Andererseits dienen Angebote wie Beratungen, Sprechstunden usw. der Unterstützung für den Lernprozess. Die Rolle der Dozierenden verändert sich und damit auch die Hochschuldidaktik.

Die Module auf der Primarstufe sind grösstenteils kompetenzorientiert ausgerichtet. In der Weiterentwicklung geht es nun darum, die Kompetenzorientierung hochschuldidaktisch umzusetzen. Dazu gehört eine grössere Mitverantwortung der Studierenden für ihren Kompetenzerwerb während der Ausbildung. So sollen sie durch anspruchsvolle Lernaufgaben den Stand des Kompetenzerwerbs kontinuierlich erfahren. Zudem sollen formativ-prognostische Rückmeldungen eine individuelle Planung des Studiums ermöglichen.

Auch die Studiengänge Sekundarstufe I an der PH Zürich werden mit Beginn des Herbstsemesters 2017 grundlegend angepasst, optimiert und kompetenzorientiert ausgestaltet. Kernstücke dieser Reform sind die Erweiterung des Studienangebots um ein konsekutives Masterstudium sowie die Konzeption von zwei «Modullandschaften», in welche das ganze Studienangebot integriert wird. Dem Ziel, dem schwer fassbaren Begriff der «Kompetenzorientierung» Kontur zu verleihen, wird mit der Herausgabe eines Studienbuchs im Herbstsemester 2016 Rechnung getragen. In diesem Studienbuch wird kompetenzorientierter Unterricht erziehungswissenschaftlich und fachdidaktisch geklärt, und es werden konkrete Umsetzungen aufgezeigt.

Verhältnismässig früh musste sich die Berufsbildung mit dem Thema Kompetenzorientierung befassen. Für die Abteilung Sekundarstufe II/Berufsbildung der PH Zürich (und ihre Vorläufer im Rahmen des Zürcher Hochschulinstituts für Schulpädagogik und Fachdidaktik ZHSF) stellte sich die Frage, was Kompetenzorientierung für die Ausbildung von Berufsfachschullehrpersonen bedeutet, schon mit der Einführung des neuen Berufsbildungsgesetzes 2004 und seit Inkrafttreten der ersten Rahmenlehrpläne (RLP) für Berufsbildungsverantwortliche 2006. Die RLP fordern die Ausrichtung auf Handlungskompetenzen in der Ausbildung von Berufsbildungsverantwortlichen, sie geben Minimalstandards vor, überlassen aber den Institutionen bewusst auch Raum, bei der Umsetzung der Vorgaben ihr eigenes Profil zu schärfen. In einem auf mehrere Jahre angelegten Projekt entwickelten die Teams der Berufsbildungsstudiengänge der PH Zürich die Grundlagen für eine Kompetenzorientierung ihrer Angebote. Ein erstes Kompetenzraster wird derzeit im Rahmen eines Pilotprojekts evaluiert.

Aufgrund des dargelegten Verständnisses von Kompetenz und der Komplexität des beruflichen Handelns und der Herausforderungen im System Schule basiert der Lehrberuf damit unverrückbar auf wissenschaftlichem Wissen und praktischer Erfahrung sowie deren Relationierung. Die Relationierung von Theorie und Praxis ist aber mit Schwierigkeiten verbunden: Die beiden Systeme sind verschiedenen Logiken verpflichtet, die zwar aufeinander bezogen, aber trotzdem verschieden ausgerichtet sind. Unbestritten ist, dass wissenschaftliches Wissen sich nicht linear auf das Handeln anwenden lässt (vgl. Neuweg 2002). Wissenschaftliches Wissen bildet den Rahmen, um praktische Erfahrungen einzuordnen, das Handeln zu begründen, kritisch zu hinterfragen und Alternativen zu entwickeln. Praxis dagegen besteht unabhängig vom theoretischen Wissen und ist situations- und erfahrungsgebunden. Professionalität verbindet flexibles berufliches Können mit wissenschaftlich fundierter Denk- und Urteilsfähigkeit. Ziel der Ausbildung ist daher die Bildung eines *reflective practitioner* (Schön 2011), der Aktion und Reflexion kontinuierlich aufeinander bezieht. Durch die kontinuierliche Reflexion und Evaluation der eigenen pädagogischen

Praxis unter bewusstem und systematischem Einbezug der Wissensbereiche werden die eigenen Handlungsmöglichkeiten kontinuierlich erweitert. Die Reflexion der eigenen hinter der Handlung liegenden Werte, Überzeugungen, Vorstellungen und Erwartungen erfordert, dass die häufig impliziten subjektiven Theorien expliziert werden (vgl. Dewe 2009; Flores u. Day 2006; Futter 2014; Halim, Nor u. Subahan 2011; Neuweg 2013; Radulescu 2012). Dafür braucht es eine fundierte wissenschaftliche Basis.

Auf der Grundlage dieser kurzen professionstheoretischen Überlegungen soll im Weiteren die Ausbildung von Lehrpersonen im Spiegel von Berufspraxis, Bildungspolitik und -verwaltung sowie Wissenschaftssystem beleuchtet werden.

3. Ausbildung – Berufspraxis

Der Ausbildung von Lehrerinnen und Lehrern auf Hochschulstufe wird oft eine Verwissenschaftlichung nachgesagt und damit eine Praxisferne unterstellt. Dies ist in Realität nicht so.

Die berufspraktische Ausbildung an der PH Zürich macht zirka ein Viertel der Ausbildungszeit aus und ist konzeptionell und strukturell in das Curriculum eingebunden. Die enge Koppelung von berufspraktischer Ausbildung und Hochschulbildung dient der Entwicklung der Professionalität und damit der Relationierung von wissenschaftlichen Wissenselementen und praktischem Handlungswissen.

Grundsätzlich haben das Schulfeld und die Pädagogische Hochschule gemeinsam die Verantwortung für die Ausbildung der zukünftigen Lehrpersonen, aber in dieser professionsrelevanten Interaktion kommt der Pädagogischen Hochschule eine erhöhte Verantwortung für die Wahrnehmung und Gestaltung dieses Austauschs zu. Die berufspraktische Ausbildung im ersten Studienjahr erfolgt an der PH Zürich schon seit 2005 an Kooperationsschulen. Dabei übernehmen

Kooperationsschulleitende eine Koordinations- und Begleitaufgabe in Bezug auf die Studierenden und Praxislehrpersonen und damit eine Art Brückenfunktion zwischen der Schule und der Pädagogischen Hochschule. Die enge Koppelung an die Schulen sichert den Wissenstransfer und eignet sich hervorragend für die Eignungsabklärung, welche im ersten Studienjahr erfolgt. Zurzeit erarbeitet die PH Zürich ein Projekt, bei dem die verbindliche Zusammenarbeit auf das ganze Studium ausgedehnt wird. Das Interesse in der Praxis ist hoch. Konzeptionell basiert dieses Modell auf den *Professional Development Schools*, welche die Ziele verfolgen, pädagogische Praxis begründet zu gestalten und weiterzuentwickeln, ein kontinuierliches Lernfeld für Studierende im gesamten Spektrum beruflicher Anforderungen sowie eine Chance für die Weiterentwicklung vor Ort für erfahrene Lehrpersonen zu bieten (vgl. Futter 2014). Die eigentliche Ausgestaltung dieser Weiterentwicklung soll unter systematischem Einbezug des Schulfeldes geschehen. Damit können die Eigenheiten der einzelnen Schule genauso berücksichtigt werden wie die rechtlichen Vorgaben und konzeptionellen Anliegen der PH Zürich.

Allerdings besteht zwischen den Ansprüchen an die Ausbildung von Lehrpersonen und den Erwartungen an die Anstellung bzw. die Einsetzbarkeit ein Spannungsfeld. Ausbildung und Anstellung funktionieren nach einer je unterschiedlichen Logik: Die Berufspraxis orientiert sich an schulorganisatorischer Flexibilität und an Stundenplan, Lektionentafel und Schulfächern. Die Pädagogischen Hochschulen dagegen sind in der Pflicht, die Ausbildungsstandards im Sinne des dargelegten Professionsverständnisses hochzuhalten, und orientieren sich an Kompetenzen, Fachlichkeit und Studierbarkeit. Es ist unwahrscheinlich, dass dieses Spannungsfeld einfach aufgelöst werden kann.

Ein Lösungsansatz wäre die Bildung einer «professionellen Allianz» (Leder 2011) zwischen Schulfeld und Pädagogischer Hochschule. Unter Allianz wird die Zusammenarbeit zweier gleichwertiger Partner verstanden, die ein gemeinsames Ziel verfolgen und Synergien schaffen. Mit der angelegten Zusammenarbeit der PH

Zürich mit den Kooperationsschulleitenden für die Ausbildung und mit dem Projekt der Professional Development Schools ist hierzu eine starke Basis geschaffen.

4. Ausbildung – Bildungspolitik und -verwaltung

In der Schweiz tragen die Kantone die Hauptverantwortung für die obligatorische Bildung. Auch die Pädagogischen Hochschulen stehen in der Verantwortung der Kantone und werden fast ausschliesslich durch diese finanziert. Die Schweizerische Erziehungsdirektorenkonferenz (EDK) koordiniert diese dezentrale Organisation. Die Pädagogischen Hochschulen sind daher auch eng mit den kantonalen Bildungsdepartementen verbunden. In Zürich ist die Pädagogische Hochschule zusätzlich Teil der Zürcher Fachhochschule, die ausserdem die Zürcher Hochschule der Künste (ZHDK) und die Zürcher Hochschule der Angewandten Wissenschaften (ZHAW) umfasst.

Das Hochschulamt (HSA) stellt die Einhaltung der politischen Vorgaben für die Zürcher Fachhochschule und die Universität Zürich mittels Leistungsaufträgen und Globalbudget sicher. Das Gesetz über die Pädagogische Hochschule (PHG) legt ausserdem die Grundlagen für die Steuerung und Führung der Pädagogischen Hochschule fest (PHG 25. 10. 1999 [Stand 1. Januar 2012]). Ziel ist die Ausbildung von qualifizierten Lehrpersonen auf einer wissenschaftlichen Grundlage. Sie sollen das fachliche Wissen und die pädagogischen Fähigkeiten erwerben, die sie zur Ausübung ihres Bildungsauftrags und zum Umgang mit neuen Anforderungen benötigen. Im Kanton Zürich entscheidet der Bildungsrat über die Studienfächer gemäss dem Lehrplan der Volksschule. Weiter wird festgelegt, dass die Pädagogische Hochschule die berufseinsteigenden

Lehrpersonen adäquat begleitet, Weiterbildungen anbietet, welche den Bedürfnissen der Lehrpersonen und den kantonalen Prioritäten entsprechen, Leistungen wie Beratungen und Evaluationen erbringt, anwendungsorientierte Forschung und Entwicklung betreibt und sich an der Erarbeitung von Lehrmitteln beteiligt.

Das Volksschulamt (VSA) ist zuständig für schulorganisatorische Aufgaben und die Verwaltung des Lehrpersonals und der Finanzen sowie Rechtsdienstaufgaben und zeichnet verantwortlich für Unterrichts- und Lehrplanfragen, Entwicklungs-, Koordinations-, Aufsichts- und Beratungsaufgaben im Schulfeld und für vielfältige Dienstleistungen für den Sonderschulbereich. Die Mitarbeitenden des Volksschulamtes unterstützen die Schulen darin, den Ansprüchen unterschiedlichster Interessengruppen (Politik, Wirtschaft und Gesellschaft, Schulbehörden, Lehrpersonen, Eltern, Schülerinnen und Schüler) gerecht zu werden. Zu den wichtigsten Aufgaben des VSA gehört ausserdem die Begleitung der Schulen im Rahmen aktueller Projekte, wie beispielsweise bei der Einführung des kantonalen Lehrplans basierend auf dem Lehrplan 21. Das Volksschulamt ist fast exklusive Anstellungsbehörde insbesondere der Abgängerinnen und Abgänger der Eingangs- und Primarstufe der Pädagogischen Hochschule und hat deshalb ein grosses Interesse, in der Aus- und Weiterbildung sowie in Fragen der Beratung, Forschung und Entwicklung Einfluss nehmen zu können.

Die PH Zürich orientiert sich für die Ausbildung an Kompetenzen, welche übergreifende Aussagen zu Wissen, Können, Überzeugungen und Werten machen, die Berufsabgängerinnen und -abgänger benötigen, um für den Berufseinstieg optimal vorbereitet zu sein (vgl. PH Zürich 2009). Oftmals sind diese Zielsetzungen einer guten Ausbildung von Lehrpersonen für alle Akteure ein prioritäres Bestreben, sie argumentieren aber aus unterschiedlichen Sichtweisen und Bedürfnissen, was nicht selten zu Missverständnissen und Meinungsverschiedenheiten führt. Betrachtet man die Befragung der Absolventinnen und Absolventen, welche zum zweiten Mal im

Mai 2015 im Auftrag der Bildungsdirektion des Kantons Zürich durchgeführt wurde, so wird den Abgängerinnen und Abgängern vonseiten der Schule eine grundsätzlich hohe Kompetenz direkt nach der Ausbildung zugeschrieben, allerdings werden auch Mängel ausgemacht wie zum Beispiel in der Elternarbeit (vgl. Nido u. Trachsler 2015).

Zusammenfassend gibt es zwischen den Ansprüchen an die Ausbildung von Lehrpersonen und den Erwartungen der Bildungspolitik und -verwaltung an ihre Einsetzbarkeit ein Dilemma. Die Engführung von Ausbildungszielen und Anstellungspraxis bringt die Pädagogischen Hochschulen in eine schwierige Lage. Ausbildung und Anstellung funktionieren nach je unterschiedlichen Logiken:

— Schule funktioniert nach schulorganisatorischer Flexibilität und orientiert sich an Stundenplänen, Lektionentafeln und Schulfächern. Das Lehrdiplom der PH Zürich gilt als Ausweis für die Zulassung zum Schuldienst im Kanton Zürich. Das Volksschulamt vergibt die Unterrichtsberechtigung an Lehrpersonen, die das Lehrdiplom nicht an der PH Zürich erworben haben.
— Die Pädagogische Hochschule orientiert sich an Kompetenzprofil, Studierbarkeit und Fachlichkeit und hat die Unterrichtsbefähigung zum Ziel.

Die Bildungsverwaltung formuliert den Anspruch auf Einsetzbarkeit der Lehrpersonen gemäss den Bedürfnissen des Schulfeldes; die Pädagogische Hochschule ist verpflichtet, die Ausbildungsstandards hochzuhalten, was zu einem Spannungsverhältnis zwischen Breite und Tiefe der Ausbildung führt. In der Literatur wird dieses Dilemma mit einer Transferkompetenz (vgl. Leder 2011) zu beantworten versucht. Dabei steht im Zentrum der Ausbildung die pädagogische, fachliche und fachdidaktische Professionalität, die in einigen Fächern vertieft wird. Die erlangten professionellen Kompetenzen können im Bedarfsfall auf weitere Fächer transferiert werden. Ergänzt mit dem Absolvieren eines Ergänzungsstudiums, welches zeitlich und belastungsmässig machbar ist, kann die Unterrichtsberechtigung für ein weiteres Fach erworben werden. Damit wird das Einsatzpotenzial der Lehrpersonen erweitert, es ist eine anschlussfähige Antwort auf die Erfordernisse des Schulfeldes. Das Angebot an Ergänzungsfächern der PH Zürich ist denn auch sehr gut besucht. Es wäre hochinteressant, die Fragestellung nach der Transferkompetenz forschungsmässig zu vertiefen.

5. Ausbildung im Kontext von Hochschul- und Wissenschaftssystem

Wie schon weiter oben ausgeführt, sind Pädagogische Hochschulen tertiäre Bildungseinrichtungen und gehören damit zum Hochschul- und Wissenschaftssystem der Schweiz, welches sich an internationalen Wissenschaftsstandards zu orientieren hat. Hochschulen sind durch institutionalisierte Formen von Forschung und Lehre charakterisiert, insbesondere wird die Vermittlung und Aneignung von in derselben Hochschule generiertem Wissen verlangt. Andererseits soll vorhandenes Wissen einer permanenten kritischen Reflexion über seine sachliche Gültigkeit und ethische Relevanz unterzogen werden. Die Inhalte der Lehre sollen kontinuierlich überprüft werden, und die Studierenden sind neben der Aneignung von Wissen und Kompetenzen zum Aufbau einer kritisch-reflexiven Haltung aufgefordert. In der Beschreibung von Hochschulen, insbesondere von Universitäten, wird oft genannt, dass die Personalunion von Forschenden und Dozierenden grundsätzlich gegeben sein muss, wenn auch nicht im gesamten Themenspektrum. Hochschullehre ist forschungsorientiert, sie präsentiert nicht nur gesichertes Wissen, sondern bedenkt gleichzeitig den Prozess von dessen Erwerb und Erneuerung mit. Dieses Bewusstsein entwickeln diejenigen Studierenden, die sich schrittweise in die kritische Denkhaltung hineinbegeben, um letztlich auch selbst zu forschen. Dies gilt auch für die Dozierenden: Dozierende, welche ausschliesslich mit Lehraufgaben betraut werden, büssen gemäss diesem Verständnis ihre Rolle als Hochschuldozierende ein (vgl. Friedrich-Schiller-Universität Jena 2007, 17).

Aus Sicht einer Hochschule – auch einer Pädagogischen Hochschule – sind die Forderungen an die Forschungsorientierung der Lehre nicht neu. Die hier beschriebene Forderung der Einheit von Lehre und Forschung in einer Person kann für Pädagogische Hochschulen keine absolute Gültigkeit haben. Grundsätzlich gilt aber auch für sie, dass die Produktivität der Forschung, die Bekanntes aktualisiert, revidiert, neues Wissen hervorbringt und neue Entwicklungen anstösst, die Lehre hochschultypisch bedingt, so wie umgekehrt auch aus der Lehre Impulse für die Forschung erwachsen. Deshalb muss die Ausbildung an einer Pädagogischen Hochschule auf einen Prozess zielen, der eine intrinsisch motivierte Auseinandersetzung mit der Sache in den Mittelpunkt rückt. Dozierende und Studierende müssten sich demzufolge in hohem Masse auf Verunsicherungsprozesse und die Risiken ihrer eigenverantwortlichen Bewältigung einlassen (vgl. a. a. O., 21).

An vielen Pädagogischen Hochschulen bestehen strukturelle und organisatorische Schwierigkeiten, Lehre einerseits und Forschung und Entwicklung anderseits in eine verbindliche Verbindung zu setzen. Jede Hochschule versucht, dieser Problematik unterschiedliche Handlungsmöglichkeiten und Organisationsformen entgegenzusetzen. An der PH Zürich werden seit einiger Zeit Professuren mit erweitertem Leistungsauftrag in der Ausbildung angestellt. Sie sollen die Verbindung von Lehre und Forschung nicht allein über ihre Person und Qualifikation, sondern auch über die Vernetzung im jeweiligen Fachbereich sicherstellen. Es gilt zu beobachten, wie sich diese Form in der aktuellen Struktur bewährt.

6. Zusammenfassung und Fazit

Pädagogische Hochschulen stehen vielen Anforderungen gegenüber. Es braucht eine (Neu-)Definition des Hochschultyps Pädagogische Hochschule. Um diesen Punkt weiter zur verfolgen, ist es ratsam, die eingangs gestellte Frage noch einmal anzusehen: Sind Pädagogische Hochschulen aufgrund ihres hohen Anteils an Lehre als Lehrhochschulen anzusehen? Und was charakterisiert diese?

Anna Froese (2013) hat in ihrem Werk «Organisation der Forschungsuniversität. Eine handlungstheoretische Effizienzanalyse» unter anderem die Charakteristika von Lehruniversitäten beschrieben. Lehruniversitäten konzentrieren sich auf die Bereiche der praxisnahen Qualifizierung von Studierenden, der anwendungsorientierten Forschung sowie des Wissens- und Technologietransfers. Dabei zeigen sich drei essenzielle Charakteristika:

— Lehruniversitäten bieten wissenschafts- und gleichzeitig berufsorientierte Lehrangebote, das heisst, sie qualifizieren vor allem zu einem Bachelor für «Beschäftigungskontexte ausserhalb der Forschung» (a. a. O., 50).
— Die Forschung zeichnet sich durch ein hohes Mass an Anwendungsorientierung aus.
— Zentrale Bezugsgruppen der deutschen Lehruniversität sind der Staat, die Studierenden sowie Unternehmungen (vgl. a. a. O., 50–51).

Nach dieser Definition sind Pädagogische Hochschulen Lehrhochschulen. Sie konzentrieren sich auf die praxisnahe Qualifizierung von Lehrpersonen für das regionale Schulsystem. Ihre Studiengänge sind kompetenzorientiert ausgerichtet und richten sich nach den Bedürfnissen und dem Bedarf des Praxisfeldes.

Forschung und Entwicklung ist berufs- und unterrichtszentriert und zielt auf schrittweise Verfeinerung und Verdeutlichung bestehenden wissenschaftlichen Wissens ab. Aktuelle Entwicklungen der beruflichen Praxis fliessen zeitnah in die Forschung und Entwicklung ein (vgl. ebd.). Pädagogische Hochschulen sind dabei besondere Hochschulen, weil ihre Tätigkeiten ein hohes Mass an sozialer Relevanz haben. Die Ausbildungsgänge der Pädagogischen Hochschulen orientieren sich deshalb auch eng am Bedarf und an den Bedürfnissen der Praxis. Die Reglementierungen durch die EDK, den Kanton und deren Gremien stehen dabei manchmal im Gegensatz zu einer Hochschulbildung. Nichtsdestotrotz gehören die Pädagogischen Hochschulen zum Wissenschaftssystem der Schweiz und haben die Aufgabe, ihre Position als Hochschule zu definieren. Dabei soll hier offenbleiben, was die Pädagogischen Hochschulen denn ausmacht und wie sie sich als Hochschultyp definieren.

Eine der grossen Herausforderungen der Pädagogischen Hochschulen besteht darin, Forschung und Lehre im Kontext der oben beschriebenen Spannungsfelder optimal zu organisieren. Betrachtet man die Pädagogischen Hochschulen der Schweiz, so wird dies unterschiedlich gelöst. Allen gemeinsam ist, dass der eigene Nachwuchs fehlt.

Pädagogische Hochschulen sind zuallererst der forschungsbasierten und praxisorientierten Lehre verpflichtet, mit dem Anspruch der Qualifizierung von Lehrerinnen und Lehrern für eine herausfordernde Praxis. Wie oben beschrieben, ist es nur äusserst selten möglich, diese Komplexität in einer Person abzubilden. Deshalb wird an der Pädagogischen Hochschule Zürich die Vernetzung der Leistungsbereiche Lehre, Forschung und Entwicklung und Beratung gefordert (vgl. Hollenweger, Unterweger u. Higel 2013).

In der Literatur werden organisationale Netzwerke als mögliche Antwort diskutiert. Unter einem organisationalen Netzwerk werden soziale Systeme verstanden, «die vornehmlich aus autonomen Akteuren zusammengesetzt sind, die den professionellen Auftrag zwischen sich reflexiv koordinieren» (Reis 2011, 1). Die Akteure lassen sich nur unter der Bedingung des eigenen Nutzens auf ein Netzwerk ein. Der Nutzen wiederum hängt vom Charakter des Netzwerks ab, welches «richtungsoffen» oder «zielgerichtet» sein kann. Zielgerichtete Netzwerke verfolgen klar definierte Aufgaben und Zwecke. «Die zu bewältigende Aufgabe ist zu komplex, als dass sie von einem Akteur allein zu bewältigen wäre. Die Akteure haben jeweils spezifische Eigenschaften, an denen andere interessiert sind, und initiieren bzw. koordinieren Tauschprozesse untereinander» (Schubert 2008, in a. a. O., 1). Netzwerke zeichnen sich dadurch aus, dass die autonomen Akteure nur begrenzt steuerbar sind. Vielmehr spielen Vertrauen, Selbstverpflichtung der Akteure, Verlässlichkeit sowie Verhandlung eine wichtige Rolle. Unabdingbar für diese Art von Zusammenarbeit sind gemeinsam entwickelte und getragene Ziele, Werte und Überzeugungen.

Gilt ein solches Verständnis von Netzwerkarbeit innerhalb einer Organisation, kann die strukturelle Verbindung von Forschenden, Lehrenden, Praktikerinnen und Praktikern produktiv genutzt werden.

Die Pädagogische Hochschule Zürich hat mit der Besetzung von Professuren in der Ausbildung diesen Weg gewählt. Es ist kein einfacher Weg, die «Stolpersteine» sind allgegenwärtig, doch zeigt sich auch ein hohes Innovationspotenzial. Die PH Zürich ist daran, die Rahmenbedingungen für diese Art von Zusammenarbeit zu schaffen – im Sinne einer optimalen Ausbildung von Lehrpersonen für die Schule von heute und morgen.

Literaturverzeichnis

Baumert, Jürgen und Mareike Kunter. 2006. «Stichwort: Professionelle Kompetenz von Lehrkräften.» *Zeitschrift für Erziehungswissenschaft* 9 (4): 469–520.
BFS, Bundesamt für Statistik. 2013. Finanzen der Hochschulen, Personal- und Studierendenstatistik. Online verfügbar unter: http://www.bfs.admin.ch/bfs/portal/de/index/themen/15/06/data/blank/04.html - parsys_37993 (29.5.2015).

Dewe, Bernd. 2009. «Reflexive Professionalität: Massgabe für Wissenstransfer und Theorie-Praxis-Relationierung im Studium der Sozialarbeit.» In *Soziale Arbeit zwischen Profession und Wissenschaft*, hrsg. v. Anna Riegler, Sylvia Hojnik und Klaus Posch, 47–64. Wiesbaden: Springer VS Research.

Dewe, Bernd und Hans-Uwe Otto. 2011a. «Profession.» In *Handbuch Soziale Arbeit*, 4., völlig neu bearb. Aufl., hrsg. v. Hans-Uwe Otto und Hans Thiersch, 1131–1142. München: Reinhardt.

Dewe, Bernd und Hans-Uwe Otto. 2011b. «Professionalität.» In *Handbuch Soziale Arbeit*, 4., völlig neu bearb. Aufl., hrsg. v. Hans-Uwe Otto und Hans Thiersch, 1143–1153. München: Reinhardt.

Dewey, John. 1933. *How We Think. A Restatement of the Relation of Reflective Thinking to the Educative Process*. Lexington: Heath.

Dewey, John. 2004. *Erfahrung, Erkenntnis und Wert*, hrsg. und übersetzt von Martin Suhr. Frankfurt a. M.: Suhrkamp.

Fend, Helmut. 2006. *Neue Theorie der Schule. Einführung in das Verstehen von Bildungssystemen*. Wiesbaden: VS Verlag für Sozialwissenschaften.

Flores, Maria Assunção und Christopher Day. 2006. «Contexts which Shape and Reshape New Teachers' Identities: A Multi-Perspective Study.» *Teaching and Teacher Education* 22: 219–232.

Forneck, Hermann J. 2009. «Von den äusseren zur inneren Tertiarisierung – Entwicklungslinien der Professionalisierung.» In *Professionalisierung von Lehrerinnen und Lehrern: Orientierungsrahmen für die Pädagogische Hochschule FHNW*, hrsg. v. Hermann J. Forneck et al., 207–221. Bern: hep.

Friedrich-Schiller-Universität Jena, Hrsg. 2007. *Das Spezifikum universitärer Bildung*. Jena: IKS.

Froese, Anna. 2013. *Organisation der Forschungsuniversität. Eine handlungstheoretische Effizienzanalyse*. Wiesbaden: Springer Gabler.

Futter, Kathrin. 2014. *Professionsentwicklung von Studierenden während der schulpraktischen Ausbildung*. Pädagogische Hochschule Zürich, Prorektorat Ausbildung Zürich.

Gerber, Andrea und Elisabeth Müller Fritschi. 2013. «Selbstreflexion aus Sicht von Studierenden der Sozialen Arbeit: Verständnis und auslösende Momente.» *Soziale Innovation* 8: 138–142.

Greif, Siegfried. 2004. *Coaching und ergebnisorientierte Selbstreflexion. Theorie, Forschung und Praxis des Einzel- und Gruppencoachings*. Göttingen: Hogrefe.

Halim, Lilia, Aishah Buang Nor und Mohd Meerah Tamby Subahan. 2011. «Guiding Student Teachers to be Reflective.» *Procedia – Social and Behavioral Sciences* 18: 544–550.

Hof, Christiane. 2002. «Von der Wissensvermittlung zur Kompetenzorientierung in der Erwachsenenbildung?» *Literatur und Forschungsreport* 49: 151.

Hollenweger, Judith, Gisela Unterweger und Gabriele Higel. 2013. *Der Umgang mit Wissen in vernetzten Projekten an der PHZH. Erkenntnisse aus drei Fallstudien und weiterführende theoretische Überlegungen*. Zürich: PH Zürich.

Keller, Hans-Jürg. 2015. *Professionsverständnis des Lehrberufes. Konsensfähiges und Strittiges an der PH Zürich*. PH Zürich, unpubliziertes Manuskript.
LCH. 2008. *LCH Berufsleitbild/LCH Standesregeln.* Online verfügbar unter: http://www.lch.ch/fileadmin/files/documents/Verlag_LCH/LCH-Berufsleitbild_Standesregeln.pdf (25.9.2015).
LCH. 2014. *Der Berufsauftrag der Lehrerinnen und Lehrer.* Online verfügbar unter: http://www.lch.ch/fileadmin/files/documents/Verlag_LCH/Berufsauftrag_LCH.pdf (25.9.2015).
Leder, Christian, Hrsg. 2011. *Neun Thesen zur Lehrerinnen- und Lehrerbildung (33A)*. Bern: EDK.
Messner, Helmut. 2007. Vom «Wissen zum Handeln – vom Handeln zum Wissen: Zwei Seiten einer Medaille.» *Beiträge zur Lehrerbildung* 25 (3): 364–376.
Neuweg, Georg Hans. 2002. «Lehrerhandeln und Lehrerbildung im Lichte des Konpzepts des impliziten Wissens.» *Zeitschrift für Pädagogik* 48 (1): 10–29.
Neuweg, Georg Hans. 2013. «Lehrerinnen- und Lehrerbildung durch Wissenschaft: Zur Vielschichtigkeit einer zeitgenössischen Einigungsformel.» *Beiträge zur Lehrerbildung* 31 (3): 301–309.
Nido, Miriam und Ernst Trachsler. 2015. *Der anspruchsvolle Weg zum Lehrerinnen- und Lehrerberuf. Zweite Befragung von Berufseinsteigerinnen und Berufseinsteigern an der Volksschule im Kanton Zürich*. Winterthur: Bildungsforschung. Projekte, Konzepte, Evaluationen. Ernst Trachsler/iafob-Institut für Arbeitsforschung und Organisationsberatung.
PHG, Gesetz über die Pädagogische Hochschule, 414.41 C.F.R. (25.10.1999 [Stand 1. Januar 2012]).
PH Zürich. 2009. *Kompetenzstrukturmodell*, hrsg. 2013. Zürich: PH Zürich.
Radulescu, Camelia Tugui. 2012. «Systematic Reflective Enquiry Methods in Teacher Education.» *Procedia – Social and Behavioral Sciences* 33: 998–1002.
Reis, Claus. 2011. Bedeutung und Funktion organisationaler Netzwerke. Fachhochschule Frankfurt. Online verfügbar unter: http://www.lahn-dill-kreis.de (30.6.2015).
Schön, Donald. 1983. *The Reflective Practitioner. How Professionals Think in Action*. New York: Basic Books.
Schön, Donald. 1987. *Educating the Reflective Practitioner. Toward a New Design for Teaching and Learning in the Professions*. San Francisco: Jossey-Bass.
Schön, Donald. 2011. *The Reflective Practitioner. How Professionals Think in Action*, 9. Auflage. Aldershot: Ashgate.
Städeli, Christoph, Andreas Grassi, Katy Rhiner und Willy Obrist. 2010. *Kompetenzorientiert unterrichten. Das AVIVA-Modell*. Bern: hep.
Weinert, Franz E. 2001. «Vergleichende Leistungsmessung in Schulen – eine Selbstverständlichkeit.» In *Leistungsmessung in Schulen*, hrsg. v. Franz E. Weinert, 17–32. Weinheim: Beltz.

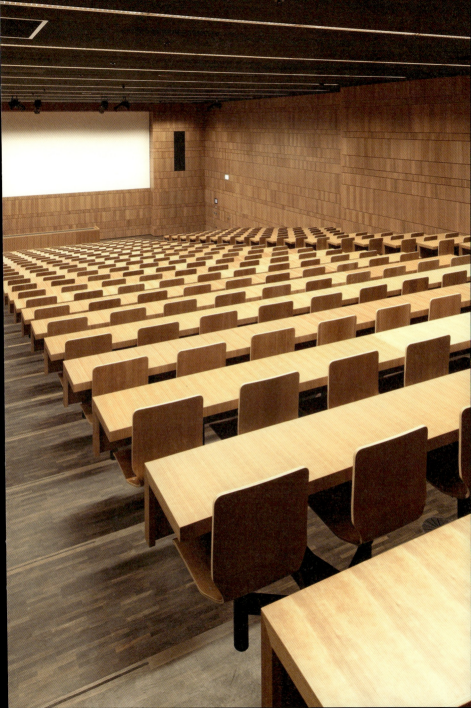

ANGEKOMMEN, ABER NOCH NICHT AM ZIEL

Weiterbildung und Forschung als neue Leistungsbereiche in den Institutionen der Lehrerinnen- und Lehrerbildung

Alois Suter und Peter Tremp

Mit der Gründung der Pädagogischen Hochschule Zürich 2002 wurden Ausbildung und Weiterbildung von Lehrpersonen sowie Bildungsforschung zusammengeführt. Zu etablieren war eine gemeinsame Organisationsform, Strategie und Kultur der Zusammenarbeit, was angesichts der Überführung aller Mitarbeitenden als spannender und spannungsgeladener Prozess der gegenseitigen Annäherung zu leisten war. Mehrere strukturelle Reorganisationen sind sprechender Ausdruck dafür. Am Beispiel der Leistungsbereiche Forschung und Weiterbildung, die an der PH Zürich in demselben Prorektorat organisiert sind, thematisieren wir die Unterschiede der Aufgaben und Eigenlogiken. Im Beitrag werden einige Spannungsfelder diskutiert und Fragen zur weiteren Entwicklung an der Pädagogischen Hochschule Zürich erörtert.

1. Einleitung

Weiterbildungsangebote für Lehrpersonen gibt es im Kanton Zürich seit Langem, mit der Gründung der Pädagogischen Hochschule Zürich ist Weiterbildung aber als Aufgabe an diese Einrichtung übertragen und damit unter einem gemeinsamen Dach mit der Ausbildung von Lehrpersonen angesiedelt worden. Ähnliches gilt für den Leistungsbereich Forschung. Damit sind diese beiden Leistungsbereiche, welche vordem am Pestalozzianum sehr eng mit Bildungspolitik und Bildungsverwaltung verbunden waren, in neue Zuständigkeiten überführt worden – wobei gerade im Falle der Weiterbildung die Beziehungen zu den vormalig verantwortlichen Verwaltungsstellen neu definiert werden mussten.

Die Pädagogische Hochschule Zürich hat diese beiden Leistungsbereiche 2006 in einem Prorektorat zusammengefasst. Trotz aller Unterschiede, sowohl in den Logiken als auch in den Anforderungen an die beteiligten Mitarbeitenden, lassen sich die Aufgaben der beiden Bereiche durch einige Gemeinsamkeiten charakterisieren. Zwei sollen hier kurz genannt werden.

— Sowohl Weiterbildung als auch Forschung sind systematisch darauf angelegt, die Grenzen der eigenen Institution zu überschreiten: Weiterbildung, da sie sich an Adressaten ausserhalb der eigenen Einrichtung wendet; Forschung, da diese auf Austausch angewiesen ist und sich ihre Erkenntnisse nur in der (internationalen) Fach-Community validieren lassen.

— Forschung und Weiterbildung generieren durch ihre Leistungen Erträge für die Hochschule und sind gehalten, einen Anteil ihrer Kosten durch Einnahmen über den sogenannten Selbstfinanzierungsgrad zu decken. Während die Forschung einen Drittmittelanteil in ihren Projekten sicherstellen muss, sind Leistungen der Weiterbildung grundsätzlich kostendeckend zu erbringen, sofern dies die kantonalen Leistungsaufträge nicht anders vorgeben. Damit sind beide Leistungsbereiche abhängig von ihrer (volatilen) Ertragssituation, die sie nur bedingt steuern können. Sie sind zwingend auf Erträge angewiesen, nicht zuletzt auch aufgrund der fest angestellten Mitarbeitenden in ihren Leistungsbereichen.

2. Der Leistungsbereich «Weiterbildung und Beratung»

2.1 Auftrag und Anspruch

«Bedenkt man, dass es zehn Jahre braucht, um in einem anspruchsvollen Berufsfeld eine umfassende ‹Expertise› zu erlangen, und stellt man den gleichzeitigen Wandel des schulpädagogischen Feldes in Rechnung, so lässt sich die Bedeutung einer rekurrenten, die berufliche Lebensspanne umfassenden Weiterbildung ermessen» (Reusser u. Tremp 2008, 5). Was hier für den Lehrberuf gesagt wird, kennzeichnet viele Berufe der modernen Wissensgesellschaft. Grundständige Ausbildungen vermitteln zwar Novizen und Novizinnen das elementare Rüstzeug für ihren Eintritt in die Berufswelt, aber sie führen nicht zur Meisterschaft. Von Lehrpersonen kann diese durch Weiterlernen am Arbeitsort Schule, durch Austausch mit Kolleginnen und Kollegen und durch Besuch von beruflichen Weiterbildungen erreicht werden. Hier setzt der Anspruch der PH an: Sie versteht ihre Weiterbildungsangebote im Sinne des lebenslangen Lernens als professionsbezogen, wissenschaftlich fundiert, praxisnah und qualitativ hochstehend sowie nachhaltig.

Die EDK publizierte bereits 1978 eine Empfehlung, die von verschiedenen Stufen der Berufsausbildung spricht. Aus- und Weiterbildung von Lehrkräften wurde als Kontinuum verstanden im Sinne einer rekurrenten Bildung (vgl. EDK 1978, 59). Fort- und

Weiterbildung werden in diesem Dokument als eigenständige Elemente unterschieden. Da in der Praxis eine klare Abgrenzung der beiden Formen schwierig ist, wird heute meist von beruflicher oder fachlicher *Weiter*bildung gesprochen.

Für die Lehrkräfte im Kanton Zürich war das Pestalozzianum bis zur Gründung der Pädagogischen Hochschule Zentrum und Anbieter der Weiterbildung und Beratung. Aus- und Weiterbildung waren institutionell getrennt, das Pestalozzianum organisierte in einer Drehscheibenfunktion (mit Ausnahme der Weiterbildung/ Beratung von Berufseinsteigenden) die Angebote der Beratung, Schulentwicklung und Weiterbildung. Die kursorischen Weiterbildungsprogramme wurden im Auftrag des Erziehungsrates, teilweise in Kooperation mit den Berufsverbänden erarbeitet und durchgeführt. In den 1990er-Jahren, mit Einführung der teilautonomen Volksschulen, erhielt die Diskussion um die rekurrente berufliche Bildung der Lehrer und Lehrerinnen neuen Auftrieb mit dem Verweis auf lebenslanges Lernen. Die bis 2002 getrennten Anbieter von Aus- und Weiterbildung wurden in einer Hochschule zusammengefasst – die Steuerung der Weiterbildung verschob sich von der Bildungsdirektion und den Berufsverbänden in die Hochschule. Das Gesetz zur Pädagogischen Hochschule hält als Auftrag dazu fest:

> *§ 14. Die Pädagogische Hochschule sorgt für die Berufseinführung. [...]*
> *§ 21. Die Pädagogische Hochschule bietet allein oder mit andern Hochschulen Nachdiplomstudien und Kurse an zum Erwerb der Lehrbefähigung in zusätzlichen Unterrichtsfächern sowie zur Weiterbildung der Lehrkräfte. Das Weiterbildungsangebot berücksichtigt die Berufserfahrung.* (PHG 1999, 4–6)

Die knapp gehaltenen gesetzlichen Ausführungen benennen die Formen des Angebots (Kurse und Nachdiplomstudiengänge), die

Zielgruppe (Lehrpersonen), erteilen einen konkreten Auftrag (Berufseinführung) und setzen eine Rahmenbedingung (Berücksichtigung der Berufserfahrung). Damit entsteht der Eindruck, als würde die gesamte Ausgestaltung der Weiterbildung durch die Hochschule gesteuert. Ein Blick auf die langjährige Praxis an der PH Zürich widerspricht dem. Rund ein Drittel der Leistungen in der Weiterbildung entfällt auf unbefristete kantonale Leistungsaufträge wie «Berufseinführung» und «Intensivweiterbildung». Ein zweites Drittel umfasst alle zeitlich befristeten Weiterbildungsaufträge des Volksschulamtes und von Schulen (Nachqualifikationen, Lehrmitteleinführungen, schulinterne Weiterbildungen usw.), und lediglich ein Drittel des Angebots wird als Jahresprogramm (Kurse, CAS, MAS) von der Hochschule selbst im Sinne eines Quasimarktangebots ausgeschrieben.

2.2 Spannungsfelder und Herausforderungen bei kantonalen Aufträgen

Vorab gilt es, festzuhalten, dass die von vielen als «wissenschaftlich» oder «theoretisch» geprägte Weiterbildung schnell ihr Publikum gefunden hat, auch bei den (noch) seminaristisch ausgebildeten Lehrpersonen. Insbesondere die Weiterbildungen zur Schulleiterin bzw. zum Schulleiter eröffneten vielen Lehrpersonen eine Laufbahn im schulischen Arbeitsfeld, denn innert weniger Jahre durchliefen Hunderte diese Nachdiplomstudiengänge. Analoges liesse sich von den Weiterbildungen für DaZ-Lehrpersonen sagen. Dazu beigetragen haben sicher auch die von der EDK festgelegten Profile für Zusatzausbildungen von Lehrpersonen: Schulleitung, Fachlehrperson Berufswahlunterricht und Medien/ICT. Die Bologna-Erklärung ermöglichte es der Hochschule zudem, für Weiterbildungen Credits zu vergeben und CAS, DAS und MAS anzubieten. Damit eröffneten sich für Lehrpersonen neue berufliche Entwicklungsperspektiven, da diese formalen Weiterbildungsabschlüsse anrechenbar wurden in bildungswissenschaftlichen universitären Hochschulstudiengängen, nicht nur in der Schweiz, sondern auch im benachbarten Ausland. Auch die kantonalen Leistungsaufträge zur Berufseinführung und die Intensivweiterbildung erwiesen sich als stark nachgefragte, von den Teilnehmenden sehr geschätzte Angebote. Die PH hat diese laufend evaluiert, weiterentwickelt und den Bedürfnissen der Absolventen und Absolventinnen entsprechend angepasst.

Mit der Tertiarisierung der Weiterbildung durch die Überführung an die PH erreichte diese eine begrenzte Autonomie, wurde aber auch neuen Rahmenbedingungen unterstellt. So hält das Fachhochschulgesetz fest, dass Weiterbildungsangebote «kostendeckend» durchzuführen seien, damit keine Wettbewerbsverzerrung zulasten privater Anbieter entsteht (FaHG 2007, § 32). Die Zürcher Bildungsdirektorin Regine Aeppli hielt dazu 2010 fest, dass diese Kostendeckung für viele Angebote der Fachhochschulen nicht leistbar sei und dass «auch die Kantone als Träger der FH auf klare Regeln beim Vollzug pochen müssen» (Aeppli 2010, 25). Die nur beschränkt bei der Hochschule liegende Steuerungshoheit des Weiterbildungsangebots hat zur Konsequenz, dass auch die Auflage der Kostendeckung nur teilweise erfüllt werden kann. Dieses Spannungsfeld wird deutlich bei einem Blick auf die Umsetzung des neuen Volksschulgesetzes (VSG) im Kanton Zürich.

Die Umsetzung des VSG ab Ende 2006 war verbunden mit einer Vielzahl von Weiterbildungs- und Beratungsangeboten der PH für Lehrpersonen, Schulen und Schulleitungen, welche die im neuen Gesetz verlangten Anpassungen im Schulbetrieb implementieren sollten. Diese Leistungen der PH wurden als Aufträge an die Hochschule erteilt und vertraglich festgeschrieben, wobei die Entschädigungen für die einzelnen Leistungen vorgegeben wurden. Auch wenn eine inhaltliche Mitsteuerung in den Angeboten durch die PH möglich war, lagen die abschliessenden Entscheide beim Auftraggeber, dem Volksschulamt.

Eine zweite Herausforderung bei der Umsetzung des VSG entstand durch die *Nachfragesituation*, die nicht mit den Planungszahlen des Auftraggebers übereinstimmte: Während die Ausbildungen für Schulleitungen massiv weniger als erwartet nachgefragt wurden, überstieg jene für die DaZ-Lehrpersonen, die neu über eine zertifizierte Nachqualifikation verfügen mussten (CAS Deutsch als Zweitsprache), die Planungszahlen um das Doppelte. Die Weiterbildung der PH musste die Personalressourcen in gewissen Bereichen aufstocken, in andern reduzieren. Als autonomer Weiterbildungsanbieter hätte die PH Angebotsmenge und Preise selbstständig anpassen können, je nach Nachfrage und verfügbaren Personalressourcen.

Ein weiteres Spannungsfeld der Weiterbildung ist die vom eigenen Anspruch her geforderte, bei Aufträgen aber nicht einzufordernde *Nachhaltigkeit*. Auch hierfür kann die Umsetzung VSG als Beispiel dienen: Diese Intervention im Zürcher Schulsystem und die damit angestossenen Schulentwicklungsschritte wurden nicht durch wissenschaftliche Begleitforschung auf Nachhaltigkeit überprüft. Die standardisierten Evaluationen, wie sie im Kursbereich stattfinden, genügen bei solchen Systeminterventionen nicht.

Die Dimension des Millionenauftrags und dessen Impact auf die eigene Hochschule wurden von der PH unterschätzt, insbesondere auch in seinen Effekten auf das Personal. Als Auftragnehmerin hatte die PH die im Schulfeld ausgelöste Nachfrage zu bedienen. Die beschränkten Personalressourcen der Weiterbildung verringerten die eigenen Möglichkeiten für kostenpflichtige Angebote (Quasimarktangebote). Weil die Lehrpersonen die mit der Implementierung des VSG kostenlos angebotenen Weiterbildungen belegten und kostenpflichtige Angebote der PH abwählten, sank die Nachfrage dafür deutlich. Grossaufträge erzeugen die Gefahr der Kannibalisierung eigener Weiterbildungsangebote.

Schliesslich veränderte sich am Ende der Umsetzungsweiterbildungen im Jahr 2011 die Nachfrage sehr deutlich (Belastung der

Lehrpersonen), was neue Angebote verlangte. Von 2007 bis 2011 absolvierten viele Zürcher Lehrpersonen einen kostenlosen Nachdiplomstudiengang (CAS) im Rahmen der Umsetzung des VSG. Die Nachfrage brach ab 2012 markant ein. Damit wurde für die Hochschule die *Risikofrage* sehr deutlich gestellt: Wer trägt das (finanzielle) Risiko, wenn längere Weiterbildungen abgesagt werden müssen, weil das verlangte Anmeldequorum nicht erreicht wird? Da die Leistungen mehrheitlich von fest angestellten Mitarbeitenden der Weiterbildung erbracht werden, blieb und bleibt das Risiko ganz bei der Hochschule.

Der nächste grosse Weiterbildungsauftrag für die PH steht bevor: die Einführung des neuen Lehrplans 21. Die PH wird im Auftrag des Bildungsrats eine Vielzahl von Weiterbildungen anzubieten haben, welche die Lehrpersonen und Schulen im Wechsel zum neuen Lehrplan unterstützen. Aktuell werden Einführungsmodelle sowie der Weiterbildungsbedarf im Volksschulamt im Rahmen eines Projektes mit allen Betroffenen diskutiert. Anzunehmen ist, dass ab 2017 auf mehrere Jahre hinaus der Grossteil des PH-Angebots auf die Einführung des Lehrplans ausgerichtet sein wird. Damit werden sich alle genannten Spannungsfelder, inhaltliche Steuerung, Finanzierung, Mengenplanung und effektive Nachfrage, Kannibalisierung und interne Personalressourcen, erneut auftun.

2.3 Spezifika der Weiterbildung

Aus- und Weiterbildung werden meist im Begriff «Lehre» zusammengefasst. Damit verwischen sich wichtige Spezifika. Auf einige sei an dieser Stelle hingewiesen.

Das *Gegenüber* der Weiterbildner und Weiterbildnerinnen sind erfahrene Berufsleute, altersmässig heterogen, meist aus unterschiedlichen Stufen. Gemeinsam ist ihnen ihre Profession und dass die Teilnehmerinnen ihre Weiterbildung selber bezahlen und einen entsprechenden «Gegenwert» erwarten, in Form von neuem Wissen, verändertem Verständnis ihres Handelns, neuen Handlungsoptionen usw. Als häufigstes Motiv nennen die Teilnehmenden in einer Befragung der PH Zürich 2012, dass sie praxisnahe Hilfestellungen und Hinweise, innovative Ideen oder Lösungsvorschläge für Problemstellungen erwarten. Wird diese Erwartung nicht bedient, suchen sie andere Anbieter von Weiterbildungen (Konkurrenz) oder wenden sich an Berufskollegen und -kolleginnen. Im Unterschied zu den Studiengängen der Ausbildung, deren Curricula für drei bis fünf Jahre Ausbildung konstant bleiben, müssen Angebote der Weiterbildung laufend den veränderten Bedürfnissen der Zielgruppen und dem Bedarf des Schulfelds folgen, um besucht zu werden. Damit ist ihre «Lehre» permanent aufgefordert, sich weiterzuentwickeln und sich jeder Routinisierung zu verschliessen.

Weiterbildungsangebote erfordern ein *Marketing:* Sie müssen ihre «Abnehmer und Abnehmerinnen» finden, weil sie freiwillig besucht werden und andere Anbieter vergleichbare Angebote machen. Entsprechend ist Werbung der PH dafür nötig. Zweifellos spielt dabei immer auch der «Ruf» mit, den sich ein Weiterbildner bzw. eine Weiterbildnerin im Schulfeld erworben hat. Persönliche Empfehlungen unter Lehrpersonen sind verbreitet und in ihrer Wirkung nicht zu unterschätzen.

Ein wichtiges Werbeargument sind EDK-Anerkennungen bei Nachdiplomstudiengängen, externe Evaluationen und Testimonials. Aber auch EDK-Bestätigungen sind kein Garant für stetige Nachfrage. So sinken (nicht nur an der PH Zürich) die Zahlen bei den von der EDK anerkannten Master of Advanced Studies. Ausschlaggebend sind hierfür wohl ungenügende berufliche Laufbahnoptionen nach dem Abschluss.

Für die Jahresplanungen und Budgetierungen werden *Bedarfsschätzungen* gemacht, im Jahr 2012 sogar abgestützt auf eine Befragung bei den Zielgruppen durch ein externes Institut. Auch wenn ein Bedarf der Lehrpersonen für «integrativen Unterricht» rückgemeldet wurde, ist nicht gesichert, dass genügend Anmeldungen für einen Kurs oder CAS dazu eingehen. Viele Themen haben Konjunkturen: «Älter werden im Beruf» brach nach einem Boomjahr völlig ein und fand keine Fortsetzung, andere Angebote halten sich mit entsprechenden Anpassungen über Jahre. Zwei Postulate aus diesen Erfahrungen seien hier angemerkt:

— Weiterbildung muss, unternehmerisch gesprochen, einen Betrag als Risikokapital für innovative Angebote einsetzen können, die nicht dem Damoklesschwert der Kostendeckung unterliegen.

— Weiterbildung muss zum Zweiten in einen engeren Austausch mit ihren Zielgruppen kommen, um Bedarf und Bedürfnisse pulsnaher abschätzen zu können. Befragungen zeigen die Grosswetterlage, für die Detailplanung sind «Pionierschulen» der Weiterbildung zu gewinnen. Zu prüfen ist auch, wie Lehrpersonen und Schulleitungen partiell für die Weiterbildung tätig werden können, sei es in Doppelanstellungen oder über temporäre Mandate.

Während die Ausbildung an der PH Zürich organisational kompakt nach den Stufenabschlüssen aufgestellt ist, hat sich die Weiterbildung 2010 auf die *Profession* Lehrer bzw. Lehrerin ausgerichtet und intern nach Themen organisiert. Fragen zu Bildung, Selbst- und Sozialkompetenzen, zu Allgemeiner Didaktik, Schul- und Unterrichtsentwicklung usw. stellen sich stufenübergreifend. Alle Themenfelder der Weiterbildung bieten alle Formate und Settings vom Kurs bis zum CAS an. Damit versammeln sich fachlich versierte Dozierende in einem Themenfeld. Die thematische Aufstellung erhebt auch den Anspruch, leichter die Verbindung von Forschung und Weiterbildung herstellen zu können, weil die Forschungsgruppen an der PH thematische Ausrichtungen aufweisen.

3. Der Leistungsbereich «Forschung und Entwicklung»

Mit der Etablierung der Pädagogischen Hochschulen wurde «Forschung und Entwicklung» zu einem neuen Leistungsbereich der Einrichtungen der Lehrerinnen- und Lehrerbildung. Hochschulen sind Orte der systematischen wissenschaftlichen Erkenntnis(-suche). Mit Forschung ist der Anschluss an ein System des Wissensaustauschs beabsichtigt, der zentral über Hochschulen organisiert wird. Mit Forschung schliessen sich die Pädagogischen Hochschulen an einen internationalen Wissensspeicher und -generator an – und dies sehr wohl auch zum grossen Vorteil für die lokale Umgebung, denn Forschung und Entwicklung leisten einen Beitrag zur Weiterentwicklung einer forschungsbasierten Aus- und Weiterbildung von Lehrpersonen, der Weiterentwicklung der Lehrprofession, der Schulpraxis und des Bildungssystems insgesamt – und der wissenschaftlichen Disziplinen.

3.1 Die Entwicklung der Forschung an der PH Zürich

Die Studiengänge mit ihren Logiken zeigen sich – so hat es Karl Weber festgehalten – als das wichtigste Strukturprinzip an Pädagogischen Hochschulen und Fachhochschulen. Entsprechend hat sich in der Forschung bisher auch keine einheitliche Strukturbildung ergeben (vgl. Weber et. al. 2010).

Die PH Zürich ist 2002 – nach umfangreichen Vorarbeiten – mit einem Prorektorat «Forschung – Dienstleistungen – Wissensmanagement» gestartet, das bald in «Prorektorat Forschung und Innovation» umbenannt wurde. Dieses Prorektorat unterteilte sich damals in drei Departemente: das Departement Wissensmanagement (mit den Einheiten Informationszentrum, Verlag, E-Learning, Medienlernen, Medienlab und Medienwerkstatt), das Departement

Forschung und Entwicklung (mit den Einheiten System und Handlungsfeld Schule, Sprachen lernen, Ästhetische Bildung und Medienbildung; zusätzlich: Institut für Historische Bildungsforschung) und das Departement Dienstleistungen. 2006 wurde das Departement «Forschung und Entwicklung» in das neu geschaffene Prorektorat «Weiterbildung und Forschung» integriert und die inhaltliche Ausrichtung auf sieben Themenbereiche fokussiert («BildMedienBildung»; Bildungsverläufe – Bildungsräume; Gesundheit und Behinderung;Professionalitätund Kompetenzmessung; Schule – Lernen – System; Schule als öffentliche Institution; Sprachliches Lernen im Unterricht – Unterricht und Kompetenzentwicklung).

Die Forschungsgruppen haben sich später leicht modifiziert, aus dem Departement wurde 2010 die «Abteilung Forschung und Entwicklung». Zudem haben sich seit 2012 einige Forschungsgruppen zu Forschungszentren weiterentwickelt.

Ergänzend zu diesen Forschungsgruppen und Forschungszentren hat die PH Zürich 2012 begonnen, Forschungscluster zu etablieren und damit den Leistungsbereich Forschung und Entwicklung sowohl thematisch als auch personell zu erweitern und gleichzeitig neue Möglichkeiten einer Verbindung von Forschung und Lehre zu schaffen.

Die Pädagogische Hochschule Zürich kennt heute also zwei hauptsächliche Organisationsformen von Forschung und Entwicklung: Forschungsgruppen resp. Forschungszentren einerseits und Forschungscluster andererseits. Mit dieser «doppelten Organisation» werden je spezifische Vorteile erreicht, welche für die Forschung an der PH Zürich insgesamt bedeutsam sind.

Forschungsgruppen und Forschungszentren sind in der Abteilung Forschung und Entwicklung organisiert. Sie sind je auf spezifische thematische Schwerpunkte hin fokussiert. Die Gruppen und Zentren sind gleichzeitig zentrale Einheiten im wissenschaftlichen Austausch mit anderen Hochschulen und Forschenden sowie mit

Schulen, Lehrpersonen und der Bildungsverwaltung. Und Forschungsgruppen sind auch Orte der akademischen Nachwuchsförderung. Forschungszentren haben sich aus Forschungsgruppen weiterentwickelt. Sie geben auf Fragen der Vernetzungen und Kooperationen, der Nachwuchsförderung und der Verknüpfung mit der Lehre systematische und versierte Antworten und leisten damit einen wesentlichen Beitrag zur Etablierung und Positionierung von Forschung als Leistungsbereich an der PH Zürich. Indem Zentren feste Kooperationsbeziehungen mit ausgewählten funktionsäquivalenten Einrichtungen schaffen, werden Forschungspartnerschaften ebenso ermöglicht wie attraktive Nachwuchsförderungsmassnahmen geschaffen (Promotionsmöglichkeiten oder Forschungsgastsemester).

Forschungscluster hingegen sind thematisch fokussierte (lose) Verbünde von Forscherinnen und Forschern (Clusterprofessuren). Diese gehören verschiedenen Organisationseinheiten an und haben die gemeinsame Aufgabe, das Thema forschungsbasiert nachhaltig weiterzuentwickeln. Die beteiligten Personen haben in ihrem jeweiligen Portfolio einen Forschungsanteil von (mindestens) 40 Prozent, was etwa dem entspricht, was unter einer Lehrprofessur in Deutschland diskutiert wird. Die personelle Unterstellung bleibt in der angestammten Organisationseinheit, der Cluster insgesamt ist der Hochschulleitung gegenüber rechenschaftspflichtig. Forschungscluster sind hauptsächlich fachdidaktisch (und curricular) ausgerichtet. Damit entspricht die inhaltliche Ausrichtung weitgehend der Positionierung resp. Lehrtätigkeit der einzelnen Personen in ihrer angestammten Organisationseinheit (Abteilung).

Die lose Struktur von Forschungsclustern ermöglicht innovative Ausweitungen. Angedacht, aber noch kaum realisiert ist beispielsweise die Ausweitung von Forschungsclustern über die Grenzen der Hochschule hinaus und damit eine produktive Kooperation mit anderen Hochschulen.

3.2 Leistungsdimensionen

Mit der eingeschliffenen Verwendung des Begriffspaars «Forschung und Entwicklung» an Pädagogischen Hochschulen und Fachhochschulen scheinen diese Hochschultypen darauf aufmerksam machen zu wollen, dass die *scientific community* nicht alleiniges Referenzsystem des entsprechenden Leistungsbereichs sein könne – und wissenschaftliche Reputation nicht die einzige Währung. Damit ist aber auch die Frage aufgeworfen, wie Forschung und Entwicklung systematisch zusammenhängen – und ob das eine ohne das andere zu haben ist. Und vor allem: Es wird eine begriffliche Differenz zu den universitären Hochschulen geschaffen: Dort wird lediglich von Forschung gesprochen, auch wenn Universitäten sehr wohl auch «Entwicklungsleistungen» erbringen.

Die Leistung der Forschung zeigt sich traditionellerweise hauptsächlich in wissenschaftlichen Publikationen und wird häufig an eingeworbenen Drittmitteln gemessen. Damit stellen sich allerdings zum einen grundsätzliche Fragen nach der Adäquatheit dieser Messgrössen, zum anderen ist damit nur ein kleiner Ausschnitt des Leistungsspektrums von Forschenden berücksichtigt – gerade an Pädagogischen Hochschulen mit ihren spezifischen Organisationsstrukturen und Rahmenbedingungen.

Die PH Zürich hat vor wenigen Jahren Leistungsindikatoren definiert, welche zum einen Empfehlungen und Richtlinien verschiedener Expertinnen- und Expertengremien berücksichtigen, zum anderen die spezifische Situation des eigenen Hochschultyps im Auge behalten. Diese Leistungsindikatoren sind entsprechend breit gefasst, sodass verschiedene Leistungen Berücksichtigung finden. Dazu gehören beispielsweise Wissenstransferleistungen, Herausgeberschaften, Gremien- oder Gutachtertätigkeiten. Zudem sind diese Leistungsindikatoren so konzipiert, dass die unterschiedlichen Forschungsgruppen und Forschungszentren mit ihren fachspezifischen Kulturen, Praxen und Strategien ihre Leistungen abbilden können.

Die einzelnen Leistungsdimensionen mit ihren Kriterien bilden nur immer einen Teilaspekt der Leistung ab und haben ihre Vor- und Nachteile. Alle Leistungsindikatoren zusammen ergeben jedoch ein verlässliches Gesamtbild des Leistungsbereichs Forschung und Entwicklung, welches Aussagen sowohl zur Quantität als auch zur Qualität ermöglicht.

Leistungsdimensionen	Kriterien
a) Netzwerk/Kooperationen	Aktive Mitarbeit in Fachgremien, Kommissionen ...
b) Applikationen	Lehrmittel, Software, Konzepte ...
c) Qualifikationen	Promotionen, (studentische) Qualifikationsarbeiten ...
d) Rezeptionserfolg	Zitationen, Zeitungsartikel, Rezensionen ...
e) Publikationszahlen	Quantität der Veröffentlichungen ...
f) Publikationslisten	Art und Inhalt der Veröffentlichungen ...
g) PH-interne Leistungen	Interne Evaluationen, Methodenberatung, Ausbildung, Weiterbildung, Beratung, Projekte der Abteilung ...
h) Drittmittel	SNF, KTI, öffentliche Quellen, Stiftungen, Private ...
i) Anerkennung in der *scientific community*	Tagungsbeiträge, Forschungspreise, Keynotes, externe Lehraufträge, Gastprofessuren, Peer Reviews ...
j) Anerkennung im Schulfeld	Expertisen, Gutachten ...

Quelle: PH Zürich

Diese Leistungsindikatoren sind unter anderem Grundlage einer jährlichen internen Leistungsdokumentation und dienen in einem ersten Schritt der internen Qualitätsentwicklung bzw. der Selbstreflexion. Und sie dokumentieren, dass Forschung an Hochschulen nicht bloss im Dienste der Ausbildung steht oder als «Querschnittsaufgabe» verstanden werden kann, sondern bedeutsamer Leistungsauftrag ist, der mit den weiteren Hochschulleistungen verbunden ist.

3.3 Wissenschaftskommunikation

Forschung an Pädagogischen Hochschulen ist mit der Erwartung eines Praxisbezugs konfrontiert. «Praxisbezug» lässt sich in verschiedene Bedeutungen auffächern. So kann beispielsweise gemeint sein, dass Forschungsthemen aus dem berufspraktischen Alltag in Schulen hervorgehen oder Projekte angemessene Lösungen resp. Anstösse für die Weiterentwicklung einer bestimmten Praxis geben sollen. Praxisbezug kann aber auch meinen, Lehrpersonen und Schulen an Projekten zu beteiligen. Konkretisierende Beispiele solcher «praxisbezogenen Projekte» können verdeutlichen, dass die oft verwendete Gegenüberstellung von Grundlagenforschung und angewandter Forschung und ihre Zuordnung zu Hochschultypen dem Sachverhalt nicht angemessen sind.

Auch «Wissenschaftskommunikation» – in genereller Verwendung des Begriffs – entspricht einer Erwartung nach gesellschaftlichem Bezug. «Wissenschaftskommunikation» ist zum einen der Versuch, über Wissenschaft und Forschung mit einer erweiterten Adressatengruppe ins Gespräch zu kommen. Zum anderen ist es eine Art Rechenschaftslegung für grosse öffentliche Geldmittel, die investiert werden und bei denen die Wissenschaft darauf besteht, keinen Eingriffen von aussen ausgesetzt zu sein. Diese Rechenschaftslegung ergibt sich nicht zuletzt aus einem konstitutiven Element von Forschung, nämlich im Voraus nicht zu wissen, was das

Ergebnis sein wird und damit auch nicht zu wissen, wie nützlich und brauchbar die Forschung denn überhaupt ist. Wissenschaftskommunikation wäre, so gesehen, die Antwort auf einen Vertrauensvorschuss.

Wenn auch «Wissenschaftskommunikation» und «Wissenschaftsdialog» sympathische Anliegen sind, so sind sie doch auch mit Vorbehalten konfrontiert. Ein Vorbehalt betrifft die Komplexität von Wissenschaft, die in unverantwortbarer Weise reduziert werde. Dahinter steckt ein bestimmtes Modell, das zwei Etappen unterscheidet: Wissenschaftlerinnen und Wissenschaftler entwickeln ein wissenschaftliches Wissen, Popularisierer und Popularisiererinnen verbreiten es in aufbereiteten Versionen. Wissenschaftliche Forschung ist eine Sache von Expertinnen und Experten. Und Wissenschaftsdialog macht aus Laiinnen und Laien nicht bereits Expertinnen und Experten. Laiinnen und Laien werden auch die Wissenschaft nicht unbedingt nach wissenschaftlicher Rationalität einschätzen.

Damit sind auch Fragen nach den Grenzen der Vermittelbarkeit verbunden. Vereinfacht ausgedrückt: Wie lässt sich das, wofür Forschende viele Jahre investiert haben, um es zu verstehen, in fünf Minuten oder 800 Zeichen darstellen? Welche «Eintrittsleistungen» sind notwendige Voraussetzung für das vertiefte Verständnis einer Sache? Gleichwohl: Der Umgang mit sachlicher Komplexität ist eine urdidaktische Aufgabe – «Wissenschaftskommunikation» und «Wissenschaftsdialog» kennen damit bedeutsame Bezüge zu Pädagogischen Hochschulen und ihren zentralen Themen «Didaktik» und «Kommunikation». Diese Kernkompetenz von Pädagogischen Hochschulen macht sie auch geeignet, sich in besonderem Masse um «Wissenschaftskommunikation» und «Wissenschaftsdialog» zu kümmern.

Kommunikation ist immer darauf angewiesen, dass die Sache, die kommuniziert wird, auch tatsächlich interessiert. Selbstverständlich findet jedes Forschungsteam, dass seine Arbeit interessant und bedeutsam sei. Erziehungs- und Bildungswissenschaften und damit Pädagogische Hochschulen haben insofern gute Voraussetzungen, als ihre Themen tatsächlich populär sind und deshalb auch von Zeitungen, Radio und Fernsehen gerne aufgegriffen werden: Sie sind allgemein bekannt, lassen sich mit eigenen Erfahrungen verknüpfen und sind für viele in den Alltag integriert. Und umgekehrt ist damit das Problem verbunden, das wir auch beim Thema «Fussball» kennen: Alle reden mit, alle sind Nationaltrainer. Die Herausforderung liegt demnach insbesondere darin, deutlich zu machen, was Wissenschaft ist und ausmacht, wo sich wissenschaftliches Wissen von anderen Wissensformen (etwa: Erfahrungswissen von Lehrpersonen oder Eltern) unterscheidet. Und auch: wo die Reichweite der Wissenschaft und wissenschaftlicher Erkenntnisse liegt.

4. Entwicklungsaufgaben

Zwar kennt die Lehrerinnen- und Lehrerbildung eine lange Tradition, doch sind Pädagogische Hochschulen junge Einrichtungen. Gerade die Integration von Weiterbildung und Forschung sowie generell «Hochschulförmigkeit» stellen einige Ansprüche, für die adäquate Organisationsformen erst erprobt werden mussten – und wohl weiterhin erprobt werden müssen.

Abschliessend sollen einige «Entwicklungsfelder» genannt werden, für die zwar Überlegungen und Konzepte bestehen, aber noch keine tragfähigen Realisierungsformen gefunden wurden.

4.1 Verknüpfung von Forschung und Lehre

Hochschulen lassen sich charakterisieren als ein Bündel von Aufgaben (vgl. die Einleitung zu diesem Band). Die unterschiedlichen Organisationsformen von Hochschulen haben je ihre Vor- und

Nachteile bei der Realisierung der einzelnen Aufgaben sowie bei ihrer Verknüpfung.

Für die PH Zürich, die ihre Organisationseinheiten entlang des vierfachen Leistungsauftrags organisiert, ist insbesondere die Verbindung von Forschung und Lehre eine Herausforderung – auch bei der Verknüpfung von Weiterbildung und Forschung, die ja im selben Prorektorat zusammengefasst sind.

Die Verknüpfung von Forschung und Lehre kann aus mindestens drei unterschiedlichen Perspektiven diskutiert werden:

— Perspektive der Studierenden/des Studiums bzw. Lehrpersonen/Weiterbildung: Hochschulen sind Einrichtungen der wissenschaftsgestützten resp. wissenschaftsorientierten Lehre. Damit sind verschiedene Erwartungen verknüpft, die in professionsorientierten Studiengängen und Weiterbildungsangeboten eng mit Berufskonzepten verbunden sind. Dazu gehören insbesondere der Erwerb eines forschungsbasierten Wissens und der Aufbau einer forschenden Haltung – oder die Kenntnis der Forschungsschwerpunkte der eigenen Hochschule. Dabei ist allerdings zu beachten, dass Forschung nicht *per se* eine curriculare Bedeutung hat und also Anspruch auf Integration in ein Curriculum bzw. Weiterbildungsangebot. Entsprechend ist zu prüfen, welche Projekte besonderes geeignet sind, einen Beitrag zur Erreichung der beabsichtigten Kompetenzen von Lehrpersonen zu leisten. Und auch: welche hochschuldidaktischen Zugänge eine forschende Grundhaltung unterstützen (vgl. Tremp u. Hildbrand 2012; Tremp 2015).

— Perspektive der Forschung: Forschung profitiere, so ein traditionelles Argument, von der Lehre, indem sie sich dort der Diskussion stellen müsse und damit wichtige Anregungen erhalte. Bei professionsorientierten Studiengängen scheint zudem eine spezifische Funktion bedeutsam: Lehrpersonen in der Weiterbildung übernehmen in «Forschungsdiskussionen» die Aufgabe einer «berufspraktischen Validierung» des generierten Wissens.

Zudem: Forschung kann, je nach Konzept der Weiterbildung, insofern auch von der Lehre profitieren, als sich Lehrpersonen in der Weiterbildung an der Generierung von Wissen beteiligen und an Forschungsprojekten mitarbeiten, indem sie beispielsweise ihren Weiterbildungsurlaub als «Forschungsurlaub» realisieren.

— Perspektive der Dozierenden: Eine zentrale Argumentation der Verknüpfung von Forschung und Lehre auf personaler Ebene geht dahin, dass mit eigener Forschungstätigkeit eine Beteiligung an der *scientific community* resp. an disziplinärer Wissensgenerierung ermöglicht und die Aktualisierung der Lehrthemen vorstrukturiert werde.

Allerdings: Die genannten Zielsetzungen lassen sich in unterschiedlicher Art erreichen. Die traditionelle Formel einer Verknüpfung von Forschung und Lehre, welche gerade auf die personale Ebene zielt, ist im Rahmen einer bestimmten (idealistischen) Universitätskonzeption entstanden und auch in der heutigen Realisierung an bestimmte Rahmenbedingungen gebunden. Die Pädagogischen Hochschulen mit einem sehr geringen Forschungsanteil müssen also «Verknüpfungen von Forschung und Lehre» finden, welche den obgenannten Perspektiven mit ihren Anliegen und Ansprüchen ebenso Rechnung tragen wie dem eigenen institutionellen Kontext und dabei simple «Universitätskopien» vermeiden.

4.2 Personalentwicklung[1]

Leistungen an Hochschulen sind in hohem Masse mit den einzelnen Personen verbunden, die sie gestalten. Dies gilt in der Forschung ebenso wie in der Weiterbildung. Entsprechend ist «Personalentwicklung» ein bedeutsames Thema.

Im Zentrum der Entwicklung von Personen steht die Weiterentwicklung ihres fachlichen Wissens, welches Basis und Kern jeder wissenschaftlichen Tätigkeit an Hochschulen ist. Diese Fachlichkeit findet in den verschiedenen Leistungsbereichen einer Pädagogischen Hochschule je unterschiedliche Verwendungsformen, so zum Beispiel bei der Generierung neuen Wissens (Forschung), der Vermittlung von Wissen (Lehre) oder der Anwendung des Wissens (Entwicklung, Beratung), wobei dies an einer PH immer mit Blick auf die spezifische Profession Lehrer bzw. Lehrerin geschieht. Die Aufgaben des wissenschaftlichen Personals setzen also – neben der disziplinären Fachlichkeit – je spezifische Expertise in den Verwendungsformen voraus: forschungsmethodisches, hochschuldidaktisch-erwachsenenbildnerisches oder beraterisches Wissen und Können. Für letztere beide wird dies überprüfbar an formalen, anerkannten Weiterbildungsabschlüssen: einem Zertifikat für Hochschuldidaktik bzw. Erwachsenenbildung und einem anerkannten Beratungsabschluss eines Berufsverbands (zum Beispiel BSO). Für die Pädagogischen Hochschulen ist der Blick auf die Profession zentral zu berücksichtigen, denn alle Leistungen werden für diese eine Profession erbracht.

Die Fachlichkeit des wissenschaftlichen Personals an Pädagogischen Hochschulen ist somit eine dreifache: die disziplinäre

---

[1] Die folgenden Passagen zu Fragen der Personalentwicklung entstammen weitgehend einem internen Konzeptpapier resp. einem Projekt zu Personalentwicklung, das von Erika Stäuble geleitet wurde. Die Überlegungen zu den Laufbahnen der Fachlichkeit wurden in einer Arbeitsgruppe (Erika Stäuble, Alois Suter und Peter Tremp) entwickelt (vgl. auch Tremp, Stäuble u. Suter 2014).

(Studienabschluss einer Disziplin, eines Fachs), Wissen und Können in der Verwendungsform (Wissen generieren, vermitteln, anwenden in Forschung, Lehre, Dienstleistungen) und die professionsbezogene (Wissen generieren, vermitteln und anwenden für die Praxis von Lehrpersonen).

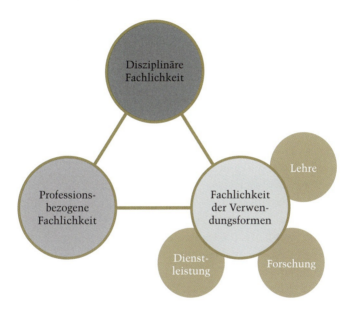

Quelle: PH Zürich

Hinzu kommt: Die wissenschaftliche Tätigkeit an einer Hochschule kennt eine doppelte Verortung: in der eigenen Organisation und gleichzeitig in der disziplinären Fach-Community, in der Wissen geprüft, diskutiert, akzeptiert oder abgelehnt wird. Diese diskursive Validierung des Wissens und Tuns im Austausch mit einer disziplinären oder professionsbezogenen Fach-Community ist Teil eines grundsätzlichen Anspruchs, der mit jeder Wissenschaftsorientierung einhergeht.

Dieses Konzept einer «Fachlichkeit in drei Ausprägungen» kann gleichzeitig die populäre, mehrdeutige Forderung eines «Berufsfeld- oder Schulbezugs» klären helfen, hinter dem sich eine unklare Kombination aus Ansprüchen an inhaltliche Orientierungen der Hochschule insgesamt, vermeintliche Zeichen gesteigerter Glaubwürdigkeit gegenüber Schulpraxis (und Bildungsverwaltung) oder unterstellter individueller (hochschul-)didaktischer Kompetenz verbergen kann. Professionsorientierung ist im Konzept einer «Fachlichkeit in drei Ausprägungen» lediglich *eine* Ausprägung, die sich zudem nicht mit «eigener Unterrichtstätigkeit» gleichsetzen lässt.

Insgesamt ist dieses Konzept eine wichtige Grundlage für weitere Entwicklungsschritte an der PH Zürich, auch wenn nicht alle Fragen der Personalentwicklung damit beantwortet sind. Zwei Herausforderungen sollen hier noch kurz genannt werden:

— Wenn den einzelnen Personen an Hochschulen, wie oben bereits vermerkt, eine grosse Bedeutung zukommt, so stellt sich die Frage, wie Leistungen einer Hochschule kommuniziert werden: mit oder ohne expliziten Hinweis auf diese Personen. In der Weiterbildung etwa hängt der «Erfolg» eines Angebots bei den Teilnehmenden stark mit der didaktischen und fachlichen Kompetenz der Personen zusammen, die einen Kurs oder CAS leiten. Ähnlich verhält es sich bei der Beratung. Gleichwohl sind die Ausschreibungen von Weiterbildungs- und Beratungsangeboten der PH Zürich bisher stark «thematisch» bestimmt, und die Personen treten in den Hintergrund.
— Personalentwicklung und Laufbahnplanung an Hochschulen kann sich nicht ausschliesslich an der eigenen Hochschule orientieren. Traditionellerweise schliesst die (langfristige) wissenschaftliche Tätigkeit an Hochschulen einen Wechsel des Ortes mit ein. Mit ihrer Organisationsstruktur und dem geringen Forschungsvolumen ist allerdings Personalentwicklung an

der PH Zürich eingeschränkt, was individuelle Wechsel an einen anderen Hochschultypus betrifft, und nicht einfach zu realisieren. Damit ist auch die Positionierung von Mitarbeitenden im übergreifenden Wissenschafts- und Hochschulkontext erschwert.

4.3 Aussenbezüge

Wir haben einleitend festgehalten, dass die beiden Leistungsbereiche Weiterbildung und Forschung stark über Aussenbezüge geprägt sind. Gleichwohl sind gerade die lokalen Kontakte bisher nicht systematisch entwickelt. Was die Weiterbildung betrifft, so wäre zum einen die Zusammenarbeit mit anderen Pädagogischen Hochschulen in der Weiterbildung zu vertiefen (mehr Kooperation statt Konkurrenz), zum andern sind die Zielgruppen (Lehrpersonen, Schulleitungen) stärker in die Entwicklungsvorhaben und Angebote (Beispiel Pionierschulen) miteinzubeziehen.

Was die Forschung angeht, so stellen sich die bereits genannten Fragen nach einem Einbezug von Lehrpersonen in Forschungsprojekte oder nach versierten Formen eines Wissenschaftsdialogs.

Forschung und Weiterbildung (und Ausbildung) könnten prüfen, wie eine Zusammenarbeit mit lokalen Museen oder Kultureinrichtungen zu gestalten wäre. Diese würden dabei als wichtige «ausserschulische Bildungseinrichtungen» wahrgenommen, und schulisches und ausserschulisches Lernen würden miteinander verknüpft. Museen könnten sich zu eigentlichen Laborschulen entwickeln, die sich damit als Erfahrungsfeld für Aus- und Weiterbildung von Lehrpersonen ebenso anbieten würden wie für die erforschende Auseinandersetzung mit Lernaktivitäten von Schülerinnen und Schülern. Solche Vorhaben böten gerade in der Verbindung verschiedener Leistungsbereiche und Organisationseinheiten der PH Zürich einen Mehrwert, wie er an Hochschulen und bei ihrer Verbindung von Aufgaben und Funktionen beabsichtigt ist.

Die PH Zürich ist eine vergleichsweise junge Organisation. Sie hat bereits einige Entwicklungen durchlaufen und auch unterschiedliche Organisationsformen erprobt. Dies war mit Aufwand verbunden und hat Energien absorbiert. Dennoch bleibt die Offenheit für weitere strukturelle Änderungen der Hochschule eine Notwendigkeit. Mit Blick auf die heutige Struktur ist beispielsweise zu prüfen, ob die Gemeinsamkeiten von Weiterbildung und Forschung genügend tragfähig sind, um wünschbare Weiterentwicklungen unter dem gemeinsamen Dach eines Prorektorats Erfolg versprechend zu ermöglichen.

Literaturverzeichnis

Aeppli, Regine. 2010. «Weiterbildung als Teil des Fachhochschulauftrags.» In *Jahresbericht der PH Zürich 2010*, 25.
Deutscher Wissenschaftsrat. 2007. Empfehlungen zu einer lehrorientierten Reform der Personalstruktur an Universitäten. Online verfügbar unter: http://www.wissenschaftsrat.de/download/archiv/7721-07.pdf (28.9.2015).
EDK, Erziehungsdirektorenkonferenz. 1978. Beschlüsse und Empfehlungen zu Lehrerbildung von morgen vom 26. Oktober 1978. Online verfügbar unter: http://www.edk.ch/dyn/13398.php (14.8.2015).
FaHG, Fachhochschulgesetz Kanton Zürich vom 2. April 2007. Online verfügbar unter: http://www2.zhlex.zh.ch/appl/zhlex_r.nsf/0/5C80894541402C8AC-125774C003E8751/$file/414.10_2.4.07_69.pdf (28.9.2015).
PHG, Gesetz über die Pädagogische Hochschule, vom 25. Oktober 1999. Online verfügbar unter: http://www2.zhlex.zh.ch/appl/zhlex_r.nsf/0/EA990B26F4D-BB5CDC1257339001F5BE7/$file/414.41_25.10.99_58.pdf (28.9.2015).
Reusser, Kurt und Peter Tremp. 2008. «Diskussionsfeld, Berufliche Weiterbildung von Lehrpersonen.» *Beiträge zur Lehrerbildung* 26: 1.
Tremp, Peter, Hrsg. 2015. *Forschungsorientierung und Berufsbezug. Hochschulen als Orte der Wissensgenerierung und der Vorstrukturierung von Berufstätigkeit*. Bielefeld: Bertelsmann.
Tremp, Peter und Thomas Hildbrand. 2012. «Forschungsorientiertes Studium – universitäre Lehre: Das ‹Zürcher Framework› zur Verknüpfung von Lehre und Forschung.» In *Einführung in die Studiengangentwicklung*, hrsg. v. Tobina Brinker und Peter Tremp, 101–116. Bielefeld: Bertelsmann.
Tremp, Peter, Erika Stäuble und Alois Suter. 2014. «Personal und Personalentwicklung in (berufsorientierten) Hochschulen – Ein Diskussionsbeitrag.» *fh-ch* 3: 9–11.
Weber, Karl, Andreas Balthasar, Patricia Tremel und Sarah Fässler. 2010. *Gleichwertig, aber andersartig? Zur Entwicklung der Fachhochschulen in der Schweiz*. Bern. Online verfügbar unter: http://www.grstiftung.ch/de/media/publikationen/handlungsfelder_laufend.html (28.9.2015).

Verwaltung zwischen Support, Rahmensetzung und Eigenleben

Roger Meier

Die Verwaltungen an Pädagogischen Hochschulen und Fachhochschulen haben seit Beginn eine bedeutende Rolle gespielt und prägen stark die Struktur der Hochschulen. Damit ist aber auch die Frage verbunden, wie viel Verwaltung eine Hochschule erträgt, welches die adäquate Stellung einer Verwaltung im Gefüge einer Hochschule ist und wie viel kreative Unorganisiertheit für eine Hochschule notwendig ist.

1. Einleitung

Spannungsverhältnisse zwischen der Verwaltung und den produktiven Bereichen einer Unternehmung oder zwischen Stabs- und Linienfunktionen gibt es nicht nur an Hochschulen, sie finden sich in den meisten Unternehmen und sind nicht hochschulspezifisch. Im folgenden Beitrag soll dargelegt werden, dass zwischen einer modernen Hochschule und einer privatwirtschaftlich organisierten Unternehmung in den grundlegenden Bereichen von Management und Führung keine wesentlichen Unterschiede bestehen. Die Anforderungen an moderne Hochschulen entsprechen heute längst denen eines Wirtschaftsbetriebs und unterscheiden sich lediglich in deren Ausprägungen. Dies gilt auch für die Rolle der Verwaltung und für das Zusammenspiel mit den Leistungsbereichen.

2. Hochschulen als betriebswirtschaftlich geführte Organisationen

In den letzten Jahren haben sich die Rahmenbedingungen für Hochschulen substanziell verändert. Dies gilt ganz besonders für die noch relativ jungen Pädagogischen Hochschulen, die mit der Schaffung der Fachhochschulen vor gut zehn Jahren aus den früheren Seminaren entstanden sind.

Im Verlaufe der Jahre wurden immer höhere Anforderungen an sie gestellt. Dazu beigetragen haben unter anderem die Regelungen von Bologna, ein starkes Wachstum der Studierendenzahlen, der Ausbau des Leistungsangebots sowie ein steigendes Kostenbewusstsein im Zuge von knappen öffentlichen Finanzen. Hinzu kommen ein wachsendes öffentliches Interesse, ein zunehmender

Legitimationsdruck und die immer wichtiger werdenden Kosten-Nutzen-Relationen. Themen wie Qualitätsmanagement und -kontrolle, Evaluierungen und Kundenorientierung sind heute auch bei den Pädagogischen Hochschulen keine Fremdwörter mehr (vgl. Pellert u. Widmann 2011, 18–19; Grossman, Pellert u. Gotwald 1997). Die Forderung an eine wirkungsorientierte Verwaltungsführung (*New Public Managment*, NPM) und die vermehrte Vergabe von Globalbudgets führen bei den Hochschulen zu einer deutlich höheren Verantwortung bezüglich Einsatz und Wirkung der Finanzmittel. Fragestellungen wie «Welche Gegenleistungen bieten Hochschulen?» oder «Was ist der Return von Bildungsinvestitionen?» rufen vermehrt nach einem Nachweis der Rentabilität und verlangen letztlich eine Output-orientierte Steuerung, bei der die Wirkung im Zentrum steht (vgl. Pellert u. Widmann 2011, 18–19).

Zugenommen hat auch der Wettbewerb unter den Hochschulen selbst. Marketingaktivitäten und Kommunikation werden zur Gewinnung und Bindung von Studierenden und Weiterbildungsteilnehmenden immer wichtiger. In der Forschung nimmt die internationale Vernetzung zu, und der Drittmittelbeschaffung kommt eine zentrale Funktion zu.

Managementkompetenzen gewinnen dadurch auf allen Stufen an Bedeutung und werden immer wichtiger. Auf allen Ebenen und in allen Bereichen entsteht erhöhter Steuerungsaufwand, und deutlich wachsende Anforderungen stellen sich an die Führung und an die Hochschulleitungen. Die Hochschulen entwickeln sich von bürokratischen Strukturen hin zu modernen, unternehmerisch handelnden Organisationen, bei denen betriebswirtschaftliche Steuerungs- und Managementsysteme zwischenzeitlich eine zentrale Rolle spielen. Dies gilt insbesondere für die Verwaltung. Moderne Hochschulen werden in Zukunft noch verstärkt wie Wirtschaftsbetriebe geführt werden müssen, wobei jede Hochschule ihr eigenes Profil und ihr eigenes Führungs- und Managementsystem selbst entwickeln muss.

Fazit: Die Anforderungen an die Führung von Hochschulen haben sich in den letzten Jahren grundlegend geändert und sich in zentralen Fragen jenen von privatwirtschaftlichen Unternehmen angeglichen. Betriebswirtschaftliche Kriterien und Regeln gelten für Hochschulen gleichermassen, insbesondere für deren Verwaltung.

3. Expertenorganisation und betriebswirtschaftliche Führung

Häufig stehen die Angehörigen von Hochschulen den beschriebenen Entwicklungen kritisch, wenn nicht gar ablehnend gegenüber. In der wachsenden Ausrichtung an betriebswirtschaftlichen Regeln und Prozessen sehen sie eine «Verbürokratisierung» und letztlich eine Gefährdung ihrer akademischen Freiheit. Zumeist wird ins Feld geführt, eine Hochschule sei eine Expertenorganisation und unterliege damit anderen Regeln als ein wirtschaftliches Unternehmen (vgl. Dubs 2012, 446).

Expertenorganisationen zeichnen sich durch den Umgang mit Wissen aus. Ihr Kerngeschäft ist die Wissensproduktion und Wissensvermittlung. Die Leistungsfähigkeit der sogenannten Experten und Expertinnen ist – ökonomisch gesprochen – das Kapital der Organisation, das wichtigste Produktionsmittel schlechthin. Die Reputation einer Organisation ist meist eng verknüpft mit der Reputation ihrer Experten und Expertinnen (vgl. Grossmann, Pellert u. Gotwald 1997, 25; Laske, Meister-Scheytt u. Küpers 2006, 106).

Von privaten, wirtschaftlich geführten Unternehmen unterscheiden sich Expertenorganisationen in mancherlei Hinsicht. Typischerweise verfügt das wissenschaftliche Personal, verfügen die Experten und Expertinnen über eine relativ hohe individuelle

Autonomie und Selbstständigkeit und eine relativ starke Stellung in der Organisation. Sie sehen sich selbst oft nicht als «das Personal» und wollen nicht geführt, nicht «gemanagt» werden. Häufig besteht eine nur geringe Identifikation mit der Gesamtorganisation. Die Mitarbeitenden fühlen sich primär der Profession verpflichtet und orientieren sich vorab an der *scientific community* oder an ihrem Fach. Lose gekoppelte, individualisierte Organisations- und Arbeitsformen sind die Folge davon. Oft interessiert nicht, wie Finanzen, Betriebsmittel oder Infrastruktur beschafft und bereitgestellt werden. Die Verwaltung wird denn auch mehr gelitten als geliebt und häufig als störend empfunden. Demokratische Traditionen, familienähnliche Strukturen und das Kollegialitätsprinzip machen es schwer, innovative oder sozial schwierige Entscheidungen zu treffen und umzusetzen (vgl. Pellert u. Widmann 2011, 23–27; Grossmann, Pellert u. Gotwald 1997, 25–30).

Es scheint, als prallten damit zwei unterschiedliche Welten aufeinander: auf der einen Seite der Anspruch auf eine betriebswirtschaftlich orientierte, effiziente Führung einer Hochschule und auf der anderen Seite ein auf Selbstverantwortung und Mitverantwortung basierendes Hochschulverständnis.

Die Freiheit der Lehre und Forschung und damit die Autonomie einer Hochschule lassen sich heute aber nur mit einer Führung nach betriebswirtschaftlichen Grundsätzen (und einer professionellen Verwaltung) garantieren. Das Kollegialitätsprinzip und basisdemokratische Entscheidungsprozesse genügen den heutigen Anforderungen nicht mehr. Betriebswirtschaftliches Denken und Handeln ist auf allen Ebenen unabdingbar. Häufig sind die erforderlichen Kenntnisse dafür aber nicht vorhanden, und es fehlt an der entsprechenden Ausbildung (vgl. Dubs 2012, 446). Nicht jeder «Experte» bzw. jede «Expertin» verfügt automatisch über die erforderlichen betriebswirtschaftlichen Kenntnisse und ist in der Lage, erfolgreiche Strategien zu entwickeln und umzusetzen.

Dafür sind andere Stellen in der Organisation meist besser geeignet. Allen voran hat die Hochschulleitung die Aufgabe, Strukturen und Prozesse zu schaffen und zu initiieren, damit die Experten und Expertinnen ihr Wissen anwenden und ihre Professionalität entwickeln können. Sie ist in erster Linie dafür verantwortlich, die Leistungsmöglichkeit, -willigkeit und -fähigkeit ihres Personals zu fördern und zu unterstützen. Nur mit einer betriebswirtschaftlich abgestützten, zielgerichteten Strategie, einer adäquaten Organisation und effizienten Prozessen können die erforderlichen Freiräume geschaffen und erhalten werden. Die Eigenarten der Institution müssen dabei immer mitbedacht und wesentliche Eckwerte, wie Ziele, Schwerpunkte, Wertmassstäbe, Qualitätsansprüche und Messgrössen müssen gemeinsam erarbeitet und dürfen nicht einseitig (etwa nur durch die Verwaltung) vorgegeben werden. Die Verwaltung unterstützt die Hochschulführung dabei massgeblich.

Fazit: Die Besonderheiten einer Expertenorganisation vermögen keine grundsätzlichen Ausnahmen und Abweichungen von der Anwendung betriebswirtschaftlicher Prinzipien in der Führung einer Hochschule oder Bildungsorganisation zu begründen. Die Freiheit in Lehre und Forschung kann auf die Dauer nur durch eine betriebswirtschaftlich begründete und gesicherte Autonomie gewährleistet und aufrechterhalten werden. Der Verwaltung kommt dabei eine zentrale Funktion zu.

4. Die Verwaltung als betriebswirtschaftliches Gewissen

Was aber ist «die Verwaltung»? Im Gabler Wirtschaftslexikon (o. J.) findet sich die folgende Kurzerklärung:

Betriebliche Verwaltung i. e. S. ist die Grundfunktion im betrieblichen Geschehen, die nur mittelbar den eigentlichen Zweckaufgaben des Betriebs (Beschaffung, Produktion, Absatz) dient, indem sie den reibungslosen Betriebsablauf durch Betreuung des ganzen Betriebs gewährleistet. Als betriebliche Verwaltung i. w. S. *bezeichnet man dagegen alle Tätigkeitsbereiche innerhalb der Unternehmung, die nicht unmittelbar zum Produktionsbereich, also dem technischen Bereich, gehören.* Öffentliche Verwaltung: *die im Rahmen der Gewaltenteilung ausgeübte behördliche Tätigkeit, die weder Gesetzgebung noch Rechtsprechung ist.* [Hervorhebungen durch den Verfasser]

Formen der Verwaltung finden sich in nahezu allen Unternehmen, auch in öffentlich-rechtlichen Organisationen. Im Sinne der obigen (engen) Definition umfassen sie die wesentlichen kaufmännischen Grundfunktionen eines Unternehmens wie Finanzen, Personal, Sachverwaltung, Organisation. Nimmt man die Verwaltungsdirektion der PH Zürich als Beispiel, so sind das die Bereiche Finanzen, Personal, Informatikdienste, Business Applications, Facility Management, Eventmanagement und die Bibliothek. Im Rektorat angesiedelt sind das Generalsekretariat mit dem Rechtsdienst, die Hochschulentwicklung und die Kommunikation. Auch diese Bereiche zählen zur Verwaltung i. e. S., wenngleich sie organisatorisch nicht in der Verwaltungsdirektion angesiedelt sind. Nicht zur Verwaltung gehören hingegen die Unterstützungs- und Administrationsfunktionen in den Leistungsbereichen. In der PH Zürich wären dies etwa die Kanzlei in der Ausbildung oder die Geschäftsstelle in der Forschung. Spricht man von «der Verwaltung», wird im Allgemeinen von einem engen Begriffsverständnis ausgegangen.

Alternativ werden für die Verwaltung auch andere Begriffe wie Administration, Backoffice, Stab, Zentrale, Services und dergleichen gebraucht. Welche Bezeichnung verwendet wird, ist meist nicht entscheidend, massgebend sind vielmehr die konkreten Aufgaben, die damit verbunden sind.

Vergleicht man die Verwaltung der Hochschulen mit den Verwaltungsfunktionen von privatwirtschaftlichen Unternehmen, zeigen sich meist keine grundlegenden Unterschiede. Beide Arten von Organisationen benötigen gleichermassen Funktionen wie Finanzen, Personal, IT, Kommunikation, Rechtsdienst usw. Unterschiede können sich bei den Inhalten und Ausprägungen ergeben, so etwa bei den Finanzen oder im Personalwesen, wo für die öffentlich-rechtlichen Hochschulen die einschlägigen kantonalen Rechtsgrundlagen anstelle entsprechender privatrechtlicher Regelungen und Vorschriften gelten. In anderen Bereichen hingegen, wie etwa im Facility Management oder in der IT, sind meist gar keine oder zumindest keine grossen Unterschiede zu beobachten.

Die Verwaltung ist immer Teil der Gesamtorganisation. Ihre Aufgaben und Funktionen werden dort festgelegt und können je nach gewählter Organisationsform umfassender oder weniger umfassend sein. Dabei spielen häufig die Grösse eines Unternehmens, sein Entwicklungsgrad oder das regulatorische Umfeld eine Rolle. Werden der Verwaltung zu viele Aufgaben übertragen, ist ein Unternehmen «überorganisiert», und es bleibt i. d. R. zu wenig Spielraum für freies Handeln. Ist es «unterorganisiert», überwiegen oft Einzelentscheidungen und situatives Handeln. Ein weiterer Faktor ist der Grad der Zentralisierung oder Dezentralisierung. Dabei finden stark zentralisierte Verwaltungen bei den Leistungsbereichen in aller Regel weniger Akzeptanz als dezentral organisierte Verwaltungseinheiten. Aus Sicht der Führung ist es immer ein Balanceakt zwischen der institutionellen Sicherung von Freiräumen (Freiwilligkeit) und der Etablierung von Vorschriften und Regelungen (Verbindlichkeit) (vgl. Bühner 2004, 3 u. 121–124; Laske, Meister-Scheytt u. Küpers 2006, 110).

Die Verwaltung ist in der Regel hierarchisch und nach betriebswirtschaftlichen Kriterien und Prozessen organisiert. Neben der

Wahrnehmung der kaufmännischen Grundfunktionen kommt ihr auch die Aufgabe der Unterstützung der Unternehmens- oder Hochschulleitung zu. Je nach Organisationsform ist die Verwaltung als Ganzes oder sind Teile davon in den obersten Leitungsgremien vertreten. In den meisten Hochschulen ist der Verwaltungsleiter bzw. die Verwaltungsleiterin Mitglied der Hochschulleitung. Der Verwaltung kommt damit neben den Unterstützungsfunktionen auch eine eigenständige Lenkungs- und Führungsverantwortung zu. In dieser Rolle hat sie immer auch die Interessen der Gesamtorganisation im Auge zu haben. Häufig ist sie sogar die einzige Stelle, die ein fachliches Interesse an der Entwicklung und Gestaltung der Gesamtinstitution hat. Eine wichtige, gesamtinstitutionelle Rolle kommt der Verwaltung im Bereich der Finanzen zu. Im Rahmen der finanziellen Planung liegt es häufig an ihr, dafür zu sorgen, dass die verfügbaren (knappen) Mittel in Übereinstimmung mit den strategischen Zielen gerecht auf die Leistungsbereiche verteilt werden. Last but not least ist sie dafür verantwortlich, dass die Budgetvorgaben auf Ebene der Leistungsbereiche, aber auch auf Ebene der Gesamtinstitution eingehalten werden.

Die Verwaltung ist zugleich aber auch Dienstleisterin. In dieser Rolle hat sie die Aufgabe, die bestmöglichen Voraussetzungen zu schaffen, damit «die Produktion», also die Leistungsbereiche Lehre (Aus- und Weiterbildung) und Forschung und Dienstleistung, ihre Produkte erstellen können. Die Verwaltung stellt dafür die erforderliche Infrastruktur (Büros, Seminarräume, Bibliothek usw.) und Mittel (Software für Studierendenadministration, Selbstlernen, persönliche Arbeitsgeräte usw.) zur Verfügung. Darüber hinaus werden zahlreiche weitere Supportfunktionen bereitgestellt, die in ihrer Summe die Erfüllung des Kernauftrags erst ermöglichen. So stellt das Eventmanagement etwa die Raum- und Anlassdisposition sicher und unterstützt bei der Organisation von Tagungen, das Facility Management hilft und unterstützt bei der Durchführung von Veranstaltungen oder bei der Beschaffung von Material, die Informatikdienste helfen im Customer Center bei Problemen mit dem Computer weiter, Business Applications unterstützt bei der Bereitstellung der Informationen auf dem Intranet oder im Internet, die Personalabteilung unterstützt die Leistungsbereiche bei der Einstellung von neuen Mitarbeitenden und stellt sicher, dass der Lohn pünktlich bezahlt wird, die Finanzabteilung stellt die relevanten Führungskennzahlen zur Verfügung, die Rechtsabteilung berät bei der Erstellung von Reglementen für Studiengänge, oder die Kommunikation hilft und unterstützt bei der Erarbeitung von Marketingmaterialien oder der Herausgabe von internen oder externen Schriftstücken.

Bei allen ihren Tätigkeiten ist die Verwaltung aber nicht nur der Handlanger und darf es nicht sein. Sie muss auch den Anspruch und die Kompetenz haben, gestaltend und lenkend mitzudenken und mitzuwirken. Von einer modernen und aktiven Verwaltung wird erwartet, dass sie Ideen einbringt, Innovationen anstösst und stetig an der Optimierung und Verbesserung der Rahmenbedingungen arbeitet. An der PH Zürich gingen von den Verwaltungsabteilungen denn auch immer wieder wesentliche Entwicklungen und Impulse aus. Als Beispiele erwähnt seien etwa die Einführung von Office365/ Sharepoint, das elektronische Personaldossier, der E-Recruiting-Prozess, das MIS mit dem elektronischen Planungsprozess, das Raumreservationssystem, die (ausschliesslich) digitale Audio-/Video-Ausstattung sämtlicher Seminar- und Gruppenräume oder die Einführung eines modernen Prozess- und Projektmanagements.

In vielen Bereichen wird die Verwaltung allerdings auch stark beeinflusst durch gesetzliche oder behördliche Vorgaben. Hier ist sie in ihrem Handeln nicht frei. Beim Thema Sicherheit etwa gibt es keine Spielräume. Feuerpolizeiliche Vorgaben sind bedingungslos einzuhalten; hier kann und darf es keine Diskussionen und Ausnahmen geben. Gleiches gilt auch im Finanzbereich, wo die massgebenden Rechnungslegungsvorschriften konsequent anzuwenden sind. Weitere Bereiche mit zwingenden Rechtsvorschriften, die durch die Verwaltung strikt um- und durchgesetzt werden müssen, liegen etwa im Personal- und Sozialversicherungsrecht, im Arbeitsrecht, beim Datenschutz und der Datensicherheit oder im Mietrecht.

Fazit: Der Verwaltung kommen vielfältige Rollen und Aufgaben zu. Einmal ist sie Dienstleisterin und Serviceproviderin, ein anderes Mal muss sie gesetzliche Vorschriften um- und durchsetzen, dann hat sie Verantwortung bei gesamtinstitutionellen Fragen wahrzunehmen, oder sie spielt eine entscheidende Rolle als Ideengeberin und Innovatorin. Letztendlich ist sie das betriebswirtschaftliche Gewissen eines Unternehmens, ganz speziell einer Hochschule.

Damit setzt sie sich aber häufig auch in Widerspruch und in ein Spannungsverhältnis zu den Leistungsbereichen und kann durch diese als störend und hinderlich empfunden werden.

5. Zielkonflikte und Spannungsfelder zwischen Verwaltung und Leistungsbereichen

Die Leistungsbereiche konzentrieren ihre Aktivitäten in der Regel auf ihre primäre Aufgabenerfüllung. Im Rahmen des vierfachen Leistungsauftrags sind dies die Konzipierung und Durchführung von Studiengängen, Weiterbildungen, Forschungsprojekten und Dienstleistungen. Alles andere wird als störend, als hinderlich angesehen. Damit sind Zielkonflikte und Spannungsfelder zwischen den Leistungserbringern und der Verwaltung programmiert. Der Verwaltung wird oft Bürokratisierung, Ökonomisierung und administrativer Leerlauf vorgeworfen. Sie wird dafür verantwortlich gemacht, dass die Leistungsbereiche ihren ureigentlichen Auftrag, die

Erstellung der Produkte, nicht mehr ausreichend erfüllen können. Aus Sicht der Leistungsbereiche verursacht die Verwaltung vor allem Kosten, die ihnen sowieso nichts bringen und lediglich ihr Produkt verteuern. Sicherheitsvorschriften werden als Schikane empfunden, die Innovationen und Neuerungen behindern und die Leistungsbereiche in ihren gewohnten Abläufen stören.

Auf der anderen Seite kann die Verwaltung oftmals nicht nachvollziehen, warum die Leistungsbereiche Vorschriften nicht einhalten, Interessen Einzelner höher gewichten als gesamtinstitutionelle Aspekte, neue Entwicklungen und Ideen nicht mit der gleichen Begeisterung und dem gleichen Enthusiasmus aufnehmen wie sie selbst, Kosten oftmals gar keine oder nur eine untergeordnete Bedeutung zumessen oder Prozesse, Weisungen und Richtlinien nicht einhalten.

Vergleicht man mit der Privatwirtschaft, stellt man fest, dass es sich bei diesen Zielkonflikten wiederum um kein hochschulspezifisches Phänomen handelt. Gleiche Beobachtungen und Erfahrungen können auch in privatwirtschaftlich organisierten Unternehmen gemacht werden, etwa zwischen dem Vertrieb und der Produktion und/oder der Administration/Verwaltung. So hat ein Verkäufer oder eine Verkäuferin oftmals wenig Verständnis für die Eigenheiten eines Produkts. Wäre das Produkt doch nur anders ausgestaltet, dann könnte er bzw. sie viel mehr davon verkaufen. Oder wäre da nur nicht die bürokratische Verwaltung, mit allen ihren administrativen Vorschriften und Auflagen, auch dann liesse sich das Produkt weit besser absetzen. Auf der anderen Seite hat die Verwaltung oftmals keine Freude an der Produktentwicklung, die mit ihren (komplizierten) Produkten die Administration nur erschwert anstatt erleichtert. Und dann ist da auch noch der Vertrieb, der immer wieder Anträge unterbreitet, die durch die Administration nicht oder nur mit viel Aufwand verarbeitet oder überhaupt nicht angenommen werden können. Die Beispiele liessen sich beliebig fortsetzen.

Fazit: Zielkonflikte und damit Spannungsfelder zwischen unterschiedlichen Organisationseinheiten, insbesondere zwischen der Verwaltung und den Leistungsbereichen, sind letztlich Ausdruck der unterschiedlichen Aufgaben und Funktionen innerhalb einer Organisation. Bis zu einem gewissen Grad sind sie systemimmanent und durchaus auch gewollt. Sie existieren in privatwirtschaftlichen Unternehmen gleichermassen wie an Pädagogischen Hochschulen. In Expertenorganisationen treten sie allerdings meist ausgeprägter in Erscheinung und werden stärker wahrgenommen und thematisiert.

6. Erfolgsfaktoren im Umgang mit dem Spannungsfeld Verwaltung – Leistungsbereiche

Eingangs wurden die Fragen aufgeworfen, wie viel Verwaltung eine Hochschule erträgt, welches die adäquate Stellung einer Verwaltung im Gefüge einer Hochschule ist und wie viel «kreative Unorganisiertheit» für eine Hochschule notwendig ist. Diese Fragen können in dieser Form letztlich nicht abschliessend beantwortet werden. Die nachfolgenden Überlegungen sollen aber dazu beitragen, das gegenseitige Verständnis von Leistungsbereichen und Verwaltung zu fördern und damit die Voraussetzungen für eine optimale und fruchtbare Zusammenarbeit zu schaffen. Jede Organisation, sei sie nun privatwirtschaftlich organisiert oder sei sie eine öffentlich-rechtliche Expertenorganisation, kann ihre Ziele nur im Miteinander und nicht im Gegeneinander erreichen.

6.1 Akzeptanz schaffen

Als Erstes gilt es zu akzeptieren, dass es in einer Unternehmung, aber auch in einer Hochschule Stellen mit unterschiedlichen Funktionen gibt und dass es Aufgabe dieser Stellen ist, die ihnen zugewiesenen Funktionen innerhalb der Organisation wahrzunehmen und zu vertreten. Dabei kann es und muss es zwangsläufig zu Ziel- und Interessenkonflikten kommen. Wichtig ist, dass sich die verschiedenen Parteien dessen bewusst sind und dies akzeptieren. Erst dieses Grundverständnis schafft die Voraussetzung, dass mit Konflikten in einer positiven und konstruktiven Art und Weise umgegangen werden kann. Gelingt es, diese Spannungen auszuhalten, werden die positiven Effekte daraus überwiegen.

6.2 Informieren und kommunizieren

Die Verwaltung ist nicht Selbstzweck. Sie arbeitet nicht für sich selbst. Ihre Existenzberechtigung und Aufgaben ergeben sich immer aus der Zielsetzung der Gesamtorganisation. Oberstes Ziel aller Verwaltungshandlungen muss die Ausrichtung auf die Zielerfüllung der Gesamtinstitution sein. Betriebswirtschaftliche Grundsätze und Effizienz spielen bei ihrem Handeln eine entscheidende Rolle und stehen oft im Widerspruch zu Werten und Ansichten innerhalb einer Expertenorganisation oder von einzelnen Personen. Diesen unterschiedlichen Ansichten kann nur durch ein besseres gegenseitiges Verständnis begegnet werden. Seitens der Verwaltung gilt es, gefällte Entscheide und getroffene Massnahmen bestmöglich zu erläutern und zu begründen und in den Gesamtkontext zu stellen. Information und Kommunikation sind wichtige Mittel, um Verständnis zu schaffen. Nur was man versteht, kann man auch akzeptieren. Dabei ist gegenseitiger Respekt zentral, Respekt, einander zuzuhören und sich gegenseitig ernst zu nehmen. Häufig wird beobachtet, dass sich Vertreter und Vertreterinnen von Expertenorganisationen selbst als den wichtigsten Teil der Organisation betrachten und sie die Verwaltung auf ihre reine Dienstleisterfunktion reduzieren. Dabei verkennen sie die Rolle und Aufgabe der Verwaltung grundlegend. Auch wird häufig nicht (an-)erkannt, dass Mitarbeitende der Verwaltung in ihren Aufgabengebieten genauso über Fach- und Expertenwissen und entsprechende Ausbildungen und Erfahrungen verfügen (müssen).

Nur wenn Verwaltung und Leistungsbereiche einander gegenseitig den nötigen Respekt zollen und auf Augenhöhe miteinander kommunizieren, lassen sich optimale Ergebnisse für die Gesamtinstitution erzielen.

Ein Praxisbeispiel aus der PH Zürich mag dies veranschaulichen: Kurz nach dem Bezug des neuen Campus hängten einige Dozierende Zeichnungen und Bilder aus Lehrveranstaltungen in den Treppenhäusern auf. Sie waren sich nicht bewusst, dass es sich hierbei um Fluchttreppenhäuser handelte. Das Facility Management machte die verantwortlichen Personen folglich darauf aufmerksam und bat sie, die Bilder aus Sicherheitsgründen zu entfernen. Dies wurde anfänglich verweigert, und die Sicht der Verwaltung, dass hier die Sicherheit von Studierenden und Mitarbeitenden gefährdet sei, wollte oder konnte man (anfänglich) nicht verstehen. Die Fronten waren schnell verhärtet, allein weil die beteiligten Personen und Bereiche nicht genügend präzise miteinander kommunizierten. Dabei ging es der Verwaltung keineswegs darum, das Aufhängen von Bildern grundsätzlich zu verhindern, sondern lediglich dafür zu sorgen, dass die Gegenstände nicht im Fluchttreppenhaus, sondern an anderen dafür geeigneten Orten aufgehängt wurden. Das Missverständnis konnte letztlich geklärt werden, indem die Vertreter und Vertreterinnen der Verwaltung und des zuständigen Fachbereichs sich gemeinsam die feuerpolizeilichen Pläne anschauten, zusammen nach möglichen und sinnvollen alternativen Orten zum Aufhängen von Zeichnungen und Bildern suchten und diese schliesslich auch fanden.

6.3 Gemeinsam Lösungen entwickeln

In einer Expertenorganisation können mangelnde Mitsprache und basisdemokratisch zu wenig abgestützte Entscheide – auch bei aus Sicht der Verwaltung vermeintlich sinnvollen Entscheidungen und Massnahmen – zu Widerstand und fehlender Akzeptanz aufseiten der Leistungsbereiche führen. Vielmals genügt es nicht, nur zu informieren, zu erklären und zu überzeugen. Oftmals ist es entscheidend, Lösungen gemeinsam zu entwickeln und zu erarbeiten, allein um damit die nötige Akzeptanz zu schaffen.

Als Beispiel mag hier die Entwicklung eines neuen Prozesses für die Mitarbeitendenbeurteilung dienen. Die Personalabteilung könnte eine derartige Beurteilung in Eigenregie erarbeiten, Fachwissen und Know-how dazu sind vorhanden. Ohne Einbezug der Leistungsbereiche dürfte es aber schwierig sein, die nötige Akzeptanz für eine neue Lösung zu finden. Ein gemeinsames Vorgehen erscheint hier vielversprechender.

6.4 Interessen abwägen

Eine weitere Herausforderung ist der Umgang mit Partikulärinteressen und Sonderwünschen (Ausnahmen). Häufig bringen Mitarbeitende aus ihrer persönlichen, individuellen Sicht und Situation zwar durchaus berechtigte und nachvollziehbare Wünsche und Ideen auf. Stehen diese aber im Widerspruch zu vereinbarten Standards oder dem Gleichbehandlungsgrundsatz müssen sie durch die Verwaltung trotzdem häufig zurückgewiesen werden. Gerade hier ist es Aufgabe der Verwaltung, die unterschiedlichen Interessen gegeneinander abzuwägen und Entscheidungen aus einer gesamtinstitutionellen Sicht zu treffen. Aus Sicht der Betroffenen mag dies im Einzelfall oft auf Unverständnis und Ablehnung stossen.

6.5 Verständnis aufbringen

Zu einem optimalen Zusammenspiel zwischen Verwaltung und Leistungsbereichen müssen zu guter Letzt auch die Leistungsbereiche selbst ihren Beitrag leisten. Sie müssen erkennen und akzeptieren, dass Expertenorganisationen traditionellerweise von der Verwaltung «zusammengehalten» werden und dass das administrative Personal oftmals die einzige Gruppe ist, die ein Interesse an der Gestaltung der Gesamtorganisation hat (vgl. Laske, Meister-Scheytt u. Küpers 2006, 109). Von Experten und Expertinnen muss deshalb vermehrt gefordert werden, dass auch sie gesamtinstitutionell denken und handeln und die Verwaltung als wichtigen «gleichberechtigten» Teil der Gesamtinstitution akzeptieren. Die Leistungsbereiche müssen unbestrittenermassen ihre Autonomie haben, gleichzeitig müssen sie aber aktiv ihre Rolle als Teil der Gesamtinstitution wahrnehmen. Die Verwaltung muss die Rahmenbedingungen (Organisation, Prozesse) schaffen, die dies ermöglichen. Im Gegenzug müssen die Experten und Expertinnen/Fachbereiche aber auch Verständnis aufbringen, dass es bei Verwaltungshandlungen oft nicht um «mehr Bürokratie» geht, sondern gerade um die Gewährleistung der geforderten Autonomie. Dies ist nur durch eine offene, ehrliche, transparente, wertschätzende und gleichberechtigte Art und Weise der Zusammenarbeit möglich.

Vergleicht man mit privatwirtschaftlichen Unternehmen, zeigt sich, dass dort Ziel- und Interessenkonflikte zwischen Teilbereichen der Gesamtorganisation genauso bestehen, diese aufgrund der vorherrschenden hierarchischen Strukturen jedoch oftmals einfacher aufgelöst werden können als in Expertenorganisationen. So gesehen, stellen sich an die Führung einer Experten- oder Bildungsorganisation mithin weit höhere Anforderungen.

Fazit: Ziel- und Interessenkonflikte und damit Spannungsfelder zwischen Leistungsbereichen und Verwaltung sind normal und im Rahmen der Gesamtorganisation zum Teil explizit gewollt. Sie sind zu akzeptieren. Wesentlich ist, wie damit umgegangen wird. Entscheidend ist seitens der Verwaltung, dass sie ihre Handlungen – gerade in Bildungsorganisationen – ausreichend erklärt und begründet und sie damit für die Leistungsbereiche nachvollzieh- und akzeptierbar macht. Von den Leistungsbereichen muss erwartet werden, dass sie die Rollen und Aufgaben der Verwaltung und ihre gesamtinstitutionelle Bedeutung (an-)erkennt und die Verwaltung als gleichwertige Partnerin akzeptiert. Dies stellt hohe Ansprüche an sämtliche Führungskräfte und Mitarbeitende, gerade in Expertenorganisationen.

7. Zusammenfassung

Hochschulen, insbesondere auch Pädagogische Hochschulen, müssen im heutigen Umfeld nach betriebswirtschaftlichen Kriterien geführt werden. Die Verwaltung spielt dabei eine zentrale Rolle. Sie ist das betriebswirtschaftliche Gewissen der Organisation. Aufgrund ihrer zentralen Rolle in der Gesamtorganisation und ihrer gesamtinstitutionellen Verantwortung ist sie das verbindende Glied in einer Expertenorganisation. Sie hat die Rahmenbedingungen zu schaffen, damit die Leistungsbereiche ihre Leistung optimal erbringen und ihre Autonomie bewahren können. Interessen- und Zielkonflikte zwischen der Verwaltung und den Leistungsbereichen sind aufgrund der unterschiedlichen Rollen normal und teilweise sogar gewollt. Damit die Organisation als Gesamtes erfolgreich sein kann, sind diese Spannungsfelder gegenseitig zu akzeptieren und zu respektieren. Für eine konstruktive und erfolgreiche Zusammenarbeit ist aber eine gute gegenseitige Information und Kommunikation (erklären, begründen) unabdingbar. Die Verwaltung und die Leistungsbereiche müssen dazu ihren Beitrag leisten und sich als gleichwertige Partner anerkennen. Nur eine partnerschaftliche Zusammenarbeit auf Augenhöhe bietet Gewähr für eine konstruktive Gestaltung und Weiterentwicklung der Gesamtorganisation.

Literaturverzeichnis

Bühner, Rolf. 2004. *Betriebswirtschaftliche Organisationslehre*. 10., bearb. Aufl. München: Oldenbourg: Wissenschaftsverlag.
Dubs, Rolf. 2012. «Ansätze einer wirksamen Personalentwicklung an Universitäten.» In *Personal führen und Organisationen gestalten*, hrsg. v. Reto Steiner und Adrian Ritz. Bern: Haupt.
Gabler Wirtschaftslexikon, hrsg. v. Springer Gabler Verlag. O.J. Stichwort: «Verwaltung.» Online verfügbar unter: http://wirtschaftslexikon.gabler.de/Archiv/2121/verwaltung-v11.html (6.6.2015).
Grossmann, Ralph, Ada Pellert und Victor Gotwald. 1997. «Krankenhaus, Schule, Universität: Charakteristika und Optimierungspotentiale.» In *Besser – Billiger – Mehr. Zur Reform der Expertenorganisationen Krankenhaus, Schule, Universität*, hrsg. v. Ralph Grossmann. Wien: Springer.
Laske, Stephan, Claudia Meister-Scheytt und Wendelin Küpers. 2006. *Organisation und Führung*. Münster: Waxmann.
Pellert, Ada und Andrea Widmann. 2011. *Personalmanagement in Hochschule und Wissenschaft*. 3., überarb. Aufl. Oldenburg: Carl-von-Ossietzky-Universität Oldenburg.

«Eine solche berufliche Laufbahn lässt sich nicht im Voraus planen»

Ein Gespräch mit Walter Bircher

Peter Tremp und Reto Thaler

Prof. Dr. Walter Bircher war von 2007 bis 2015 Rektor der Pädagogischen Hochschule Zürich (PH Zürich). Zuvor war er seit der Gründung der PH Zürich im Jahr 2002 Prorektor Ausbildung.

Der ehemalige Primarlehrer begann seine Tätigkeit in der Lehrerinnen- und Lehrerbildung 1981 am Seminar für Pädagogische Grundausbildung des Kantons Zürich. Ab 1982 war er am neuen Primarlehrerseminar (PLS) tätig, wo er 1988 als Vizedirektor die Leitung der Abteilung Oerlikon übernahm. 1993 wurde er zum Direktor des Real- und Oberschullehrerseminars (ROS) des Kantons Zürich gewählt. Während seiner beruflichen Tätigkeit bildete sich der promovierte Geograf am IAP Zürich und an der Universität Zürich im Bereich Management weiter.

Im folgenden Interview blickt er auf seine berufliche Laufbahn und die Tätigkeit in der Zürcher Lehrerinnen- und Lehrerbildung zurück.[1]

---

1 Wir danken Elma Fehratovic für die Transkription des Interviews.

«Die Seminarzeit war für mich ausserordentlich wichtig»

Sie sind Rektor der Pädagogischen Hochschule Zürich und beschäftigen sich beruflich seit vielen Jahren mit Bildung, Schule und Unterricht. Wie haben Sie sich überhaupt für Schule und Lehrberuf zu interessieren begonnen?

Ich wurde sehr früh in der Schule sozialisiert. Mein Vater war Lehrer. Mit vier oder fünf Jahren, wenn meine Mutter ausser Haus engagiert war, durfte ich hinten im Schulzimmer meines Vaters mit Fünftklässlern sitzen und zeichnen.

Und das zeichnete bereits die Laufbahn vor? Wenn man Ihre Berufsbiografie überblickt, so zeigt sich eine interessante Entwicklung vom Seminaristen in Wettingen über den Lehrer in Frick bis zur jetzigen Funktion als Rektor der PH Zürich. Solche Laufbahnen werden in Zukunft wohl immer seltener.

Eine solche berufliche Laufbahn lässt sich nicht im Voraus planen. Sie hängt von zahlreichen Weichenstellungen ab. Eine erste Weichenstellung fand bei mir mit sechzehn Jahren statt, gegen Ende meiner Zeit in der Bezirksschule. Mein Vater sagte eines Tages zu mir: «Ich habe dir eine Lehrstelle organisiert. Du fängst im Frühling in der Bank hier in Frick an und machst eine Banklehre.» Ich versuchte meinen Vater zu überzeugen, dass ich weiter zur Schule gehen wollte. Ich konnte mich durchsetzen und besuchte das Lehrerseminar in Wettingen.

Ihr Vater war eine bekannte Persönlichkeit in Frick. Er war nicht nur langjähriger Lehrer, sondern beispielsweise auch Feuerwehrkommandant. Interessanterweise haben Sie Ihre berufliche Laufbahn als Lehrer auch in Frick begonnen, am selben Ort, wo Ihr Vater tätig war.

Eine grosse Nähe also, zumal Sie damals wieder bei Ihren Eltern wohnten.

Tatsächlich. Und rückblickend war dies keine einfache Zeit. Mein Vater hatte sein Schulzimmer direkt über meinem. Wenn er das Schulhaus verliess, konnte er durch das Fenster beobachten, was sein Sohn in der Schule machte. Am Mittagstisch gab es dann oft Diskussionen. Und häufig endeten diese Diskussionen ohne Einigung, denn wir hatten unterschiedliche Vorstellungen davon, was Schule ist und wie sie sein soll. Ich hatte im Lehrerseminar beispielsweise «Summerhill» von A. S. Neill kennengelernt. Antiautoritäre Erziehung war damals en vogue. Mein Vater konnte verständlicherweise damit überhaupt nichts anfangen.

Vater und Brüder werden später auch in einem Jahresbericht der Abteilung Oerlikon des Primarlehrerseminars erwähnt. Sie schrieben damals als neu gewählter Schulleiter: «Dem Vorbild des Vaters und der beiden älteren Brüder nacheifernd, trat ich in das Primarlehrerseminar des Kantons Aargau in Wettingen ein.» Wie schätzen Sie im Rückblick diese Zeit ein?

Die Seminarzeit war für mich ausserordentlich wichtig. Die ersten zwei Jahre war ich als interner Seminarist zuerst in einem Dreierzimmer, später in einem Zweierzimmer im Seminar einquartiert. In der Peergroup verbrachten wir viel Freizeit. In der 3. und 4. Klasse des Seminars wohnte ich in Wettingen bei derselben «Schlummermutter» wie zuvor meine beiden Brüder. Sie kannte uns gut und war schon fast Teil der Familie. Aus Sicht der Eltern war hauptsächlich die Überlegung massgebend: Hier schaut jemand zum Rechten. Allerdings liess mir die «Schlummermutter» Freiheiten und eröffnete mir damit in der Phase der Identitätsfindung die Möglichkeit, neue Erfahrungen zu machen.

Im Jahr Ihrer Patentierung als Lehrer trat der damalige Direktor des Seminars Wettingen, Paul Schaefer, nach 24 Jahren in dieser Funktion zurück. In seiner Rede anlässlich der Schlussfeier im April 1971 kommt er auf die Frage zu sprechen, warum es heute Lehrermangel gebe, nachdem doch die Zahl der Seminarklassen deutlich erhöht werden konnte. Seine Antwort: «Weil man heutzutage nicht Primarlehrer bleibt.» Und er führt aus: «Vielleicht streben aber manche junge Lehrerinnen und Lehrer, nicht immer bewusst, tatsächlich aber doch darum aus dieser Aufgabe weg, weil sie sich ihr nicht gewachsen fühlen.»

Das war bei mir nicht der Grund. Ich bin zwei Jahre als Primarlehrer im Amt gewesen. Der Beruf hat mir ermöglicht, während des Militärdienstes gleichzeitig als Lehrer angestellt zu bleiben. Aber ich wusste auch: Es gibt noch vieles, was mich interessiert. Mir war früh klar: Ich wollte studieren.

«Hochschulentwicklung ist ein partizipativer Prozess»

In der angesprochenen Rede schildert der Direktor des Seminars Wettingen, wie er nach seiner Wahl seine drei wichtigsten Vorhaben auf einen Zettel geschrieben und in der mittleren Tischschublade deponiert hatte. Und weiter heisst es: «Alle drei Aufgaben gebe ich unbewältigt an meinen Nachfolger weiter.» Als Sie Rektor geworden sind, haben Sie Ihre Vorhaben ebenfalls festgehalten? Haben Sie auch eine mittlere Tischschublade?

Mir war von Anfang an klar, dass die Aufgabe, ein Prorektorat oder eine Hochschule zu leiten, keine Aufgabe einer Einzelperson ist. Hochschulentwicklung ist ein partizipativer Prozess und muss mit verschiedenen Exponenten zusammen realisiert werden. Der Steuermann kann dabei allenfalls initiieren, motivieren, die Fäden zusammenspinnen und günstige Voraussetzungen schaffen. Dennoch habe ich mir bei meinem Amtsantritt einige Ziele vorgenommen: Unsere PH als Hochschule zu entwickeln, sie innovativ zu machen.

Haben Sie die Zeit als Prorektor Ausbildung an der Pädagogischen Hochschule Zürich als Lehrjahre für das Rektorat wahrgenommen?

Nein, denn dies war eine ganz andere Aufgabe. Die Herausforderung als Prorektor war eine Pionieraufgabe, weil wir die ganze Ausbildung neu aufbauen konnten. Ich denke, wir hatten Visionen, innovative Konzepte und neue Perspektiven. Prorektor und Departementsleitungen arbeiteten intensiv und äusserst konstruktiv zusammen. Mit dem neu konzipierten Theorie-Praxis-Modell, der Orientierung der Ausbildung an Standards und mit dem neuen Kompetenzstrukturmodell setzte die PH Zürich damals schweizweit den Benchmark.

Sie sind der Nachfolger von Walter Furrer, dem Gründungsrektor der Pädagogischen Hochschule Zürich. Wenn dieser die Hochschule durch die Gründungsphase geführt hat, wie würden Sie die Phase bezeichnen, die Sie leiteten? Konsolidierungsphase? Entwicklungsphase?

Es war wohl beides. Weiterentwickelt haben wir die Organisationsstruktur und uns von der Matrix verabschiedet, die mit der Mehrfachunterstellung der Mitarbeitenden als sehr problematisch erlebt wurde. Insofern hat unsere Hochschule in den ersten Jahren auch einige Erfahrungen gesammelt, die gezeigt haben, was funktioniert und was eben nicht gut läuft. Für mich ist aber klar: Entwicklungen sind nie abgeschlossen, gerade in einer komplexen

Organisation. Und: Entwicklungen können bei Mitarbeitenden auch Ängste auslösen.

Beim Thema Promotionsrecht von Pädagogischen Hochschulen haben Sie Ihre Position in Ihrer Amtszeit als Rektor geändert: Zuerst zeigten Sie sich dem Thema gegenüber eher skeptisch, heute sind Sie ein Verfechter des Promotionsrechts.

Die anfängliche Zurückhaltung lässt sich auch begründen: Ich wollte das Thema evolutiv, in kleinen Schritten angehen, also vorerst die internen Voraussetzungen schaffen und zum Beispiel die erforderlichen Fachdidaktik-Kompetenzen aufbauen, und nicht einfach das Promotionsrecht für Pädagogische Hochschulen einfordern und damit signalisieren, dass sich hauptsächlich die Universitäten bewegen müssen. Heute sehe ich verstärkt die Notwendigkeit des kooperativen Promotionsrechts, um in erster Linie den eigenen Fachdidaktik-Nachwuchs und die fachdidaktische Forschung zu fördern. Damit kann sich die PH als Hochschule mit ihrem spezifischen Profil in der Hochschullandschaft deutlich abgrenzen und etablieren.

Welche Fragen im Verhältnis Lehrerbildung – Schule haben Sie besonders beschäftigt?

Das System Schule ist das Spiegelbild unserer Gesellschaft. Die raschen Veränderungen in der Demografie und die Migrationseffekte haben zu Reformen im Schulsystem geführt. Vielfach wurden in der Vergangenheit entsprechende Anpassungen von den Lehrpersonen als von oben, von der Bildungspolitik, initiierte Top-down-Reformen interpretiert. Die PH muss sich deshalb zusammen mit der Schule mit diesen Veränderungen weiterhin aktiv auseinandersetzen und ihre Studierenden «fit» für die Schule der Zukunft machen, die immer neue Herausforderungen bringen wird.

Vor rund zwei Jahren haben Sie für eine Woche eine Klasse der Volksschulstufe unterrichtet. Darüber wurde dann auch in den Zeitungen berichtet. Ging es dabei auch um die Glaubwürdigkeit der Pädagogischen Hochschule oder des Rektoratsamtes?

Der Ursprung für diese Woche war ganz ein anderer: Ein Vorstandsmitglied des Zürcher Lehrerverbandes hat geklagt, dass er zwar gerne an unserer Hochschule ein Weiterbildungsangebot nutzen möchte, aber keine Stellvertretung für diese Zeit finde. So haben wir vereinbart, dass ich die Stellvertretung für eine Woche übernehme. Dabei war auch Eigeninteresse im Spiel: Ich wollte einfach nach so vielen Jahren wieder einmal selbst erleben, wie «Schule funktioniert». Und ich habe dabei insbesondere die viel diskutierte Heterogenität direkt erfahren. Dies hat mir viele Erkenntnisse und Bestätigungen im Umgang mit einer sehr heterogenen Klasse gebracht.

Es wird ja immer wieder diskutiert, ob Dozierende an Pädagogischen Hochschulen selbst in einer Zielstufe der Ausbildung tätig gewesen sein sollen. Denken Sie, dass der Rektor einer Pädagogischen Hochschule selber im Lehrberuf tätig gewesen sein sollte?

Ich bin nicht der Meinung, dass es zwingend ist, dass ein Rektor selbst aus der Profession stammen und grosse Praxiserfahrung haben muss. Für mich persönlich aber war es nützlich, denn so hatte ich einen guten «Draht» zu Lehrpersonen und ihren Exponenten. Ich kenne ihre berufsspezifische Kultur, in der sie eingebunden sind, und kann mich darin gut bewegen. Dazu gehört übrigens als wesentlicher Bestandteil die Fähigkeit, ihre professionsspezifische Sprache zu sprechen. Die Aufgabe des Rektors ist aber hauptsächlich eine Managementaufgabe, der Rektor muss es verstehen, die Expertise von anderen Personen einzubeziehen und zu nutzen. Selbst würde ich mich als Allrounder bezeichnen, der gut vernetzen und Themen verknüpfen kann.

Ihre Laufbahn entspricht auch insofern einem eher traditionellen Muster, als Sie parallel zum beruflichen Aufstieg auch im Militär Karriere machten. Dies hat ja früher fast schon als Managementausbildung gegolten.

Ich bin wohl tatsächlich einer der Letzten, der diese parallele Entwicklung gemacht hat. Die militärische Kaderausbildung ist nach wie vor eine einmalige Chance, sein eigenes Führungsverhalten zu exponieren und zu hinterfragen. Selbstverständlich muss man dann aber das eigene Führungsverhalten auf die jeweilige Unternehmungskultur adaptieren. Was ich als Stabsoffizier in der Armee besonders gelernt habe, ist, unter erschwerten Bedingungen und hohem Zeitdruck zu arbeiten und richtige Entscheidungen zu treffen. Ich habe mich aber auch in anderen Institutionen im Management weitergebildet, so am IAP und an der Universität Zürich. Dort lernte ich Verhaltenskodizes und -muster aus Unternehmungskulturen verschiedenster Branchen kennen und mit ihnen umzugehen.

«Ich nutzte alle vorhandenen Lehrfreiheiten»

In die Lehrerbildung eingestiegen sind Sie – nach einem Geografiestudium – am Seminar für Pädagogische Grundausbildung und anschliessend am Primarlehrerseminar in Oerlikon. Dieses Primarlehrerseminar macht – von heute aus betrachtet – den Eindruck einer sehr überschaubaren Einrichtung.

Ich war damals für das Fach «Didaktik der Realien» zuständig. Dieses Schulfach umfasste Geschichte, Geografie und Biologie. Ich habe diese drei Fächer auch tatsächlich studiert, was wohl auch der Grund für die Anstellung war.

Ich habe damals Studierendengruppen jeweils einen ganzen halben Tag, und dies während drei Semestern, in Didaktik der Realien unterrichten können. Das Grundverständnis für die Fachdidaktikausbildung lag in der Orientierung «aus der Praxis für die Praxis». Ich habe mit den Studierenden vor allem «methodische und didaktische skills» aufgearbeitet, also Settings, die sie direkt auf den eigenen Unterricht übertragen konnten. Das Studienprogramm beinhaltete viele reale Anschauungen wie Feldarbeiten oder Exkursionen und bezog die Bedürfnisse der Studierenden mit ein – ich nutzte alle vorhandenen Lehrfreiheiten.

Ihr eigenes Promotionsthema – «Zur Gletscher- und Klimageschichte des Saastales: glazialmorphologische und dendroklimatologische Untersuchungen» – ist ja nicht sehr schulnah. Das Thema hat Sie kaum für die Lehrerinnen- und Lehrerbildung qualifiziert.

Der Titel täuscht da ein wenig. Die Forschungsarbeit war ausgesprochen interdisziplinär aufgebaut. Die Fragestellung verknüpfte naturwissenschaftliche und historische Methoden zu einer Synthese, deren Ergebnisse für die Gletscherforschung neue Erkenntnisse zeigten und auch heute noch einen Schulbezug ermöglichen.

Nach der Tätigkeit als Schulleiter des Primarlehrerseminars Oerlikon wurden Sie Direktor des Real- und Oberschullehrerseminars. Es entsteht der Eindruck einer ambitionierten Berufslaufbahn.

Ich betrachte es heute als ein grosses Glück, dass ich immer wieder die Chance hatte, nach einer bestimmten Zeit eine neue Aufgabe in der Lehrerbildung wahrnehmen zu können. Ich bin jetzt seit 35 Jahren in der Lehrerinnen- und Lehrerbildung tätig, aber ich habe im Durchschnitt alle sieben Jahre die Aufgabe gewechselt.

Gleichwohl: Ein kontinuierlicher Aufstieg. Ist für Sie die Zeit als Rektor an der Pädagogischen Hochschule der Höhepunkt Ihrer Berufslaufbahn?

Der Höhepunkt der Berufslaufbahn ist die Zeit als Rektor der PH Zürich bestimmt – von allen Funktionen und Aufgaben, die ich in den 35 Jahren Zürcher Lehrerbildung wahrgenommen habe, war die Leitung und Entwicklung der PH die komplexeste, anforderungsreichste und gleichzeitig auch die spannendste Herausforderung. Und ich darf heute feststellen, dass die PH Zürich eine der führenden Lehrerbildungsinstitutionen der Schweiz ist.

«Eine meiner Eigenschaften ist wohl, dass ich gut mit Veränderungen umgehen kann»

In Ihrer Funktion als Rektor haben Sie verschiedene Aussenkontakte wahrgenommen und gepflegt. Zum Beispiel in der COHEP resp. der Kammer Pädagogische Hochschulen im Rahmen von swissuniversities.

Bei diesen Kontakten mit anderen Kolleginnen und Kollegen war interessant, wie sich die Zusammenarbeit in den verschiedenen Entwicklungsphasen der Pädagogischen Hochschulen verändert hat. In der Aufbauphase wurde ein konstruktiver Austausch unter den Rektorinnen und Rektoren gepflegt. Die anschliessende Konsolidierungsphase war mehr durch Konkurrenzverhalten und Abgrenzung geprägt.

Mit dem Hochschulförderungs- und -koordinationsgesetz HFKG sollten die einzelnen Pädagogischen Hochschulen vermehrt ihre Ressourcen bündeln, um das Profil der Pädagogischen

Hochschule zu schärfen. Denn nur so können sich die Pädagogischen Hochschulen in der schweizerischen Hochschullandschaft erfolgreich etablieren.

Das Forum Lehrerinnen- und Lehrerbildung versucht ebenfalls, den von Ihnen beschriebenen Austausch zwischen den Führungspersonen der Pädagogischen Hochschule zu pflegen. Und hier hatten Sie auch eine wichtige Funktion.

Das Forum Lehrerinnen- und Lehrerbildung war für mich immer auch eine Art Freiraum, wo Themen diskutiert werden konnten, ohne direkte Konsequenzen für die Beteiligten und die Hochschulen. Das Forum hat sich zu einem «familiären» Anlass entwickelt, der wohl gerade deshalb Bestand haben konnte, weil es diesen offenen Raum geschaffen hat. Solche Räume sind äusserst wichtig für einen freien Meinungsaustausch.

Sie haben des Öfteren als Anspruch formuliert, dass Pädagogische Hochschulen weit über den heutigen Schulalltag hinausdenken müssen, weil sie Lehrpersonen ausbilden, die auch in einigen Jahrzehnten noch unterrichten werden. Aber wie ist es Ihnen als Rektor gelungen, bei den vielen Alltagsgeschäften tatsächlich «weit hinaus» zu denken? Gibt es diesen notwendigen Freiraum?

Das habe ich mir in der Tat anders vorgestellt, als ich mich für die Position als Rektor beworben habe. Meine Vorstellung war: 30 Prozent könne ich mich der Entwicklung widmen, also mich weiterbilden, an Kongresse und Tagungen gehen und quasi mich auf dem Laufenden halten. Und 70 Prozent seien Hochschulgeschäfte. Nun bin ich allerdings zu mehr als 100 Prozent in diesen Geschäften drin. Das könnte man nun ja so interpretieren, dass ich mir die erforderlichen Freiräume eben nicht eingerichtet hätte. Dies würde ich, könnte ich nochmals beginnen, anders machen. Dazu müssten die Führungsstrukturen anpasst werden. Und vor allem wäre die Governance zwischen der PH und der Bildungsverwaltung bzw. der Bildungspolitik neu zu denken bzw. zu optimieren.

Wenn Sie Ihre Zeit als Rektor überblicken: In welchen Entwicklungen der PH Zürich kommt die Person Walter Bircher am besten zum Ausdruck?

Ich beziehe die in den letzten Jahren an der PH gemachten Entwicklungen nicht einzig auf meine Person. Ich wusste immer, ich stehe jetzt zwar zuvorderst, aber alleine könnte ich eigentlich nichts ausrichten. Ich habe immer versucht, die Fachpersonen optimal einzubinden und günstige Voraussetzungen für Entwicklungen zu schaffen.

Eine meiner Eigenschaften ist wohl, dass ich gut mit Veränderungen umgehen kann. Ich klammere mich nicht an Bestehendes und habe kein Problem, auf einen Weg zu gehen, auch wenn ich das Ziel noch nicht genau kenne. Und ich habe einen gewissen Optimismus und Vertrauen in die Mitarbeitenden. Dazu gehört auch, dass ich gut motivieren kann und eine positive Grundhaltung ausstrahle.

Wie stellen Sie sich vor, nach der Pensionierung mit der Lehrerinnen- und Lehrerbildung verbunden zu sein?

Da bin ich, ehrlich gesagt, ein bisschen gespalten. Selbstverständlich werde ich mich weiterhin informieren, wie sich die Schule und vor allem die PH Zürich entwickeln. Umgekehrt habe ich auch gelernt, dass man eine Aufgabe loslassen können muss, denn andere Personen mit anderen Ideen setzen dann einen neuen Kurs.

Also auch keine Funktion in einem lehrerbildungsnahen Gremium oder in einer Taskforce?

Natürlich würde ich mir wünschen, noch einige Jahre in lehrerbildungsnahen Projekten eingebunden zu sein und mitwirken zu können. Allerdings, wenn man nicht mehr aktiver Teil des Systems ist, wird es nach einigen Jahren eher schwierig, nachhaltige Inputs geben zu können.

Verzeichnis der Autorinnen und Autoren

Brändli, Sebastian, Dr., seit 2005 Chef Hochschulamt Zürich, davor langjährige Mandate an der Universität Zürich, als Stabschef Bildungsdepartement Aargau, als Generalsekretär ETH-Rat sowie als Zürcher Kantonsrat. Sozialhistoriker mit Schwerpunkt auf Fragen von Bildung, Gesundheit und Staat.

Brunner, Ivo, Prof. Dr., Anglist. Rektor emeritus der Pädagogischen Hochschule Vorarlberg. Von 2007 bis 2013 Vorsitzender der Österreichischen PH-Rektorinnen- und Rektorenkonferenz. Vorstandsmitglied i. R. der Internationalen Bodensee-Hochschule. Publikationen im Forschungsbereich der Fremdsprachendidaktik und zur Weiterentwicklung der PädagogInnenbildung in Österreich.

Fäh, Barbara, Prof. Dr., Prorektorin Ausbildung der Pädagogischen Hochschule Zürich. Langjährige Erfahrung als Berufsschullehrerin, Tätigkeiten in Lehre, Forschung, Aufbau und Leitung an der Hochschule für Soziale Arbeit FHNW. Arbeitsschwerpunkte: Curriculumsentwicklung, Hochschulmanagement, Wissensmanagement an Hochschulen.

Hardegger, Elisabeth, Prof. MSc., Primarlehrerin und Fachpsychologin FSP, Leiterin Abteilung Eingangsstufe der Pädagogischen Hochschule Zürich. 1990 bis 2001 Lehrtätigkeit (Psychologie und Pädagogik) am Primarlehrerseminar des Kantons Zürich. 2007 bis 2015 Präsidentin der Schweizerischen Gesellschaft für Lehrerinnen- und Lehrerbildung (SGL).

Hoffmann-Ocon, Andreas, Prof. Dr., Leiter des Zentrums für Schulgeschichte der Pädagogischen Hochschule Zürich. 2006 bis 2012 Professor für Allgemeine und Historische Pädagogik an der Pädagogischen Hochschule FHNW. Arbeitsschwerpunkte: Historische Bildungsforschung, Theorie der Bildung und Erziehung, Lehrerinnen- und Lehrerbildung.

Keller, Hans-Jürg, Prof. Dr., Innovationsmanagement an der Pädagogischen Hochschule Zürich. Davor Primarlehrer, Dozent für Pädagogik und Psychologie an verschiedenen Lehrerinnen-und-Lehrerbildungs-Institutionen, Schulleiter am Primarlehrerinnen- und Primarlehrerseminar, 2001 bis 2007 Departementsleiter Primarstufe und 2007 bis 2013 Prorektor Ausbildung an der PH Zürich. Leitete die schweizerische Arbeitsgruppe «Bologna in der Lehrerinnen- und Lehrerbildung». Arbeitsschwerpunkte: Reformen in der Lehrerinnen- und Lehrerbildung und Hochschulentwicklung national und international.

Leutwyler, Bruno, Prof. Dr., Leiter Forschung und Entwicklung der Pädagogischen Hochschule Zug. Auf der Bildungsplanung Zentralschweiz wirkte er bei der LLB-Reform in der Zentralschweiz mit, nach der Gründung der PH Zentralschweiz war er Mitarbeiter auf der Direktion PHZ. Seit 2005 arbeitet er an der PH(Z) Zug, zuerst als wissenschaftlicher Mitarbeiter und dann als Co-Leiter des Instituts für internationale Zusammenarbeit in Bildungsfragen IZB, seit 2015 als Leiter F & E.

Meier, Roger, Dr., seit 2009 Verwaltungsdirektor der Pädagogischen Hochschule Zürich. Davor war er während vieler Jahre in leitenden Funktionen in der Privatwirtschaft sowie als Primar- und Berufschullehrer tätig.

Prusse, Michael C., Prof. Dr., Ko-Leiter der Abteilung Sekundarstufe II/Berufsbildung an der Pädagogischen Hochschule Zürich. Von 2008 bis 2010 Leiter der Abteilung Sprachen. Arbeitsschwerpunkte: verantwortlich für die Masterstudiengänge in Fachdidaktik Naturwissenschaften und Schulsprache Deutsch; Fachdidaktiker in der Ausbildung von Sekundarlehrpersonen für das Fach Englisch.

Rhyn, Heinz, Prof. Dr., Leiter Forschung, Entwicklung und Evaluation an der PH Bern. Von 2003 bis 2011 leitete er die Abteilung Qualitätsentwicklung im Generalsekretariat der Schweizerischen Konferenz der kantonalen Erziehungsdirektoren (EDK).

Schärer, Hans-Rudolf, Prof. Dr., Gründungsrektor der PH Luzern und seit Herbst 2014 Präsident der Rektorenkonferenz der Pädagogischen Hochschulen der Schweiz COHEP bzw. der Kammer PH der Rektorenkonferenz der Schweizer Hochschulen swissuniversities.

Suter, Alois, Prof. Dr., Leiter Weiterbildung und Beratung der Pädagogischen Hochschule Zürich und ad interim Prorektor Weiterbildung und Forschung. Bis 2007 wissenschaftlicher Mitarbeiter m. b. A. am Institut für Erziehungswissenschaft der Universität Zürich; Lehraufträge an der HPL Zofingen, am Didaktikum Aarau, an der Höheren Fachschule für Sozialpädagogik Luzern.

Thaler, Reto, Dr., seit 2007 Generalsekretär der Pädagogischen Hochschule Zürich. Von 2001 bis 2006 persönlicher Mitarbeiter des Präsidenten der ETH Zürich. Arbeitsschwerpunkte: Hochschulmanagement, Wissenschaftskommunikation, Lehrerinnen- und Lehrerbildung.

Tremp, Peter, Prof. Dr., Leiter Forschung und Entwicklung der Pädagogischen Hochschule Zürich. Von 2004 bis 2011 war er Leiter der Hochschuldidaktik der Universität Zürich. Arbeitsschwerpunkte: akademische Bildung, Didaktik als Kultivierung des Lehrens und Lernens, Lehrerinnen- und Lehrerbildung.